JN004748

斉藤謡子の
いま作りたい
シンプルな服と
かわいい小物

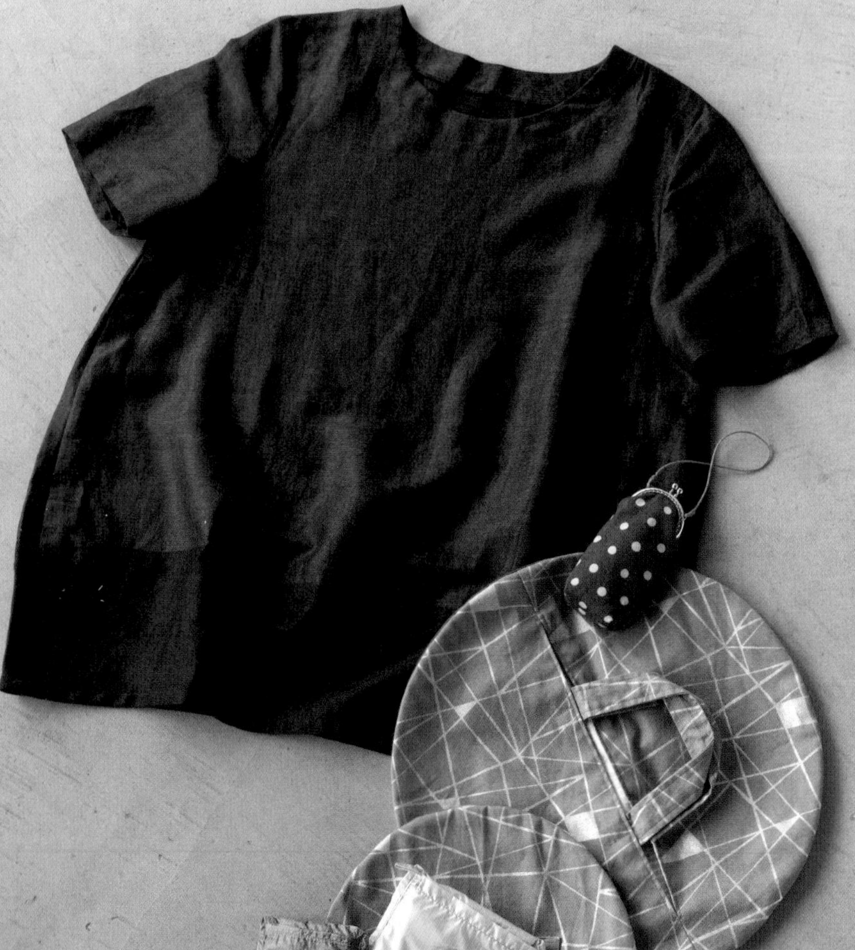

はじめに

世の中の動きとともに、私たちのライフスタイルも変化しました。今回の本では、そうした変化に対応しながらも、長く愛用していただけるような作品作りを心がけました。

洋服は私のデザインの特徴である「作るのも着るのも楽」をコンセプトに、幅広い年齢層の方に着ていただけるものを考えました。一方の小物はマスクポーチやエコバッグなど、まさに「いま作りたいもの」をラインナップ。素材選びや作り方にちょっとした遊び心もプラスしています。作り方も比較的簡単なものばかりで、長くハンドメイドを楽しんでいる方はもちろん、これから挑戦してみようと思っている方にも楽しんでいただける1冊になっていると思います。この本で皆さんの「作りたい」が見つかりますように！

斉藤謠子

Contents

	作品	作り方	型紙
切り替えチュニック	4	44	A
切り替えブラウス	5	44	A
ワンピース a・b	6	39	A
刺しゅう入りストール	7	81	C
長そでブラウス	8	47	B
半そでブラウス a・b	9	46	C
ノーカラージャケット	10	48	B
タックパンツ	11	50	D
タートルネックのベスト	12	52	B
マーガレット	13	54	A
ペチパンツ	14	56	C
ペチコート	14	57	C
丸いバッグ 大・小	16	58	C
パッチワークのバッグ	18	60	
リュック	19	62	B
ワンハンドルバッグ 大・小	20	64	
バッグ & チャーム	22	66	D

	作品	作り方	型紙
ワンマイルバッグ a・b	23	68	D
ナイロンポーチ 大・小	24	70	
ナイロンバッグ	24	72	
ペットボトルケース 大・小	25	74	D
エコバッグ 大・中・小	26	76	
マスクポーチ	28	78	A
除菌グッズケース	28	79	A
マスク a・b	29	80	A
レジ袋入れ 鳥・紙風船 a・b	30	82	B
カンタ風刺しゅうのポーチ	31	84	D
がまぐちポーチ	31	86	C
マルチケース	32	88	
めがねケース	33	90	C
編み針ケース 棒針ケース・かぎ針ケース	34	92	
かぼちゃの小物入れ a・b・c	36	94	D

How to make 作品を作り始める前に —— 37
必要な用具／針／糸 —— 38
バイアス布の裁ち方・はぎ合わせ方 —— 38
刺しゅうのステッチの刺し方 —— 69
手縫いの縫い方 —— 69

切り替えチュニック

ぽってりとふくらんだシルエットがかわいい、バルーン形のチュニック。すそで切り替えた布は身ごろとそでに使った布の裏面です。布のどちらが表か裏かは自分の好みで決めてよいと思っています。

作り方▶44ページ

切り替えブラウス

着丈を少し短くしたブラウス。布の使い方、作り方は左のチュニックと同じ。すそ布には裏面を使うだけではなく、まったく別の色や柄の布、または異素材を組み合わせて楽しむのもいいかもしれませんね。

作り方 ▶ 44 ページ

ワンピース a・b

ゆったりした着心地のロング丈のワンピースは、着回しの利く便利なアイテムです。ハットとレースアップシューズを合わせればお出かけスタイルに。

作り方 ▶ 39 ページ

a

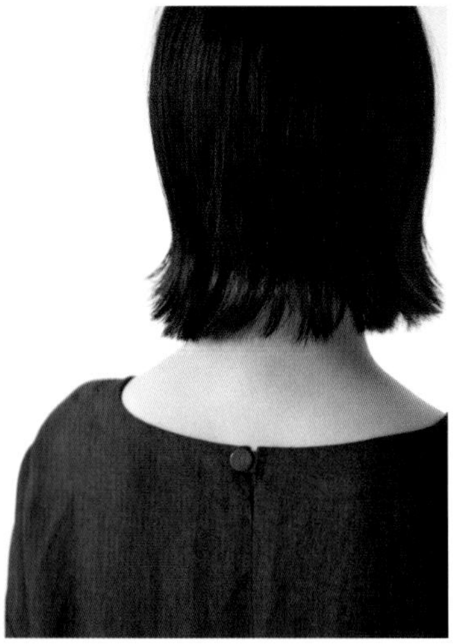

後ろあきはループとボタンで留めます。

色違いで何枚も欲しくなる1着。

刺しゅう入りストール

布を好みの大きさに裁ち、よこ糸とたて糸を抜いてフリンジを作ったストールは、肌ざわりのよい綿麻なのでオールシーズン使えます。白糸でステッチしたボタニカル柄がさりげなくおしゃれ。

作り方 ▶ 81ページ

刺しゅうはすべてアウトライン・ステッチで刺しています。

長そでブラウス

シンプルなプルオーバーの長そでブラウスを、刺しゅう生地を使って大人っぽく仕上げました。白いワイドパンツを合わせて涼しげな初夏の装いに。

作り方 ▶ 47 ページ

a

半そでブラウス a・b

ゆったりした着心地の半そでブラウスは、わきのスリットが若々しいデザイン。長そでブラウスと同様にほどよく詰まったえりぐりが、すっきりとした印象です。

作り方 ▶ 46ページ

ネイビーの無地ならTシャツ感覚で着られます。

b

ノーカラージャケット

総刺しゅうの生地で仕立てたノーカラージャケット。えりぐりと前端をくるんだ別布がアクセントになっています。ボタンなしの前あきなので、季節のかわり目などにさっとはおれる便利なアイテムです。

作り方 ▶ 48 ページ

タックパンツ

前後に深めのタックが入った9分丈パンツ。たてのタックラインがヒップラインをカバーして、すっきりと見せてくれます。着心地が楽なゴムウエストなのもうれしい1着。

作り方 ▶ 50ページ

タートルネックの
ベスト

年齢とともに気になる首回りを隠してくれるタートルネックのベスト。ゆったりした身ごろとそでぐりで重ね着もOK。タートルネックは2つに折ってロールカラーにして着ることもできます。

作り方 ▶ 52ページ

脱ぎ着するときは後ろのボタンを外して。

マーガレット

綿ローンで作ったマーガレットは、夏の冷房対策におすすめ。薄くて軽いので小さくたたんで携帯することもできます。白とブルーグレーの組み合わせが軽やかです。

作り方▶54ページ

ペチパンツ
ペチコート

1枚あると便利なペチパンツとペチコート。ワンピースやスカートの下に合わせれば、透け防止や汗のべたつき防止にもなります。吸湿性のある薄手の木綿などで作るのがおすすめ。

作り方▶56・57ページ

6ページのワンピースの下に合わせてみました。すそからのぞかせて、コーディネートのアクセントに。

ペチパンツはルームウエアとしても着られます。

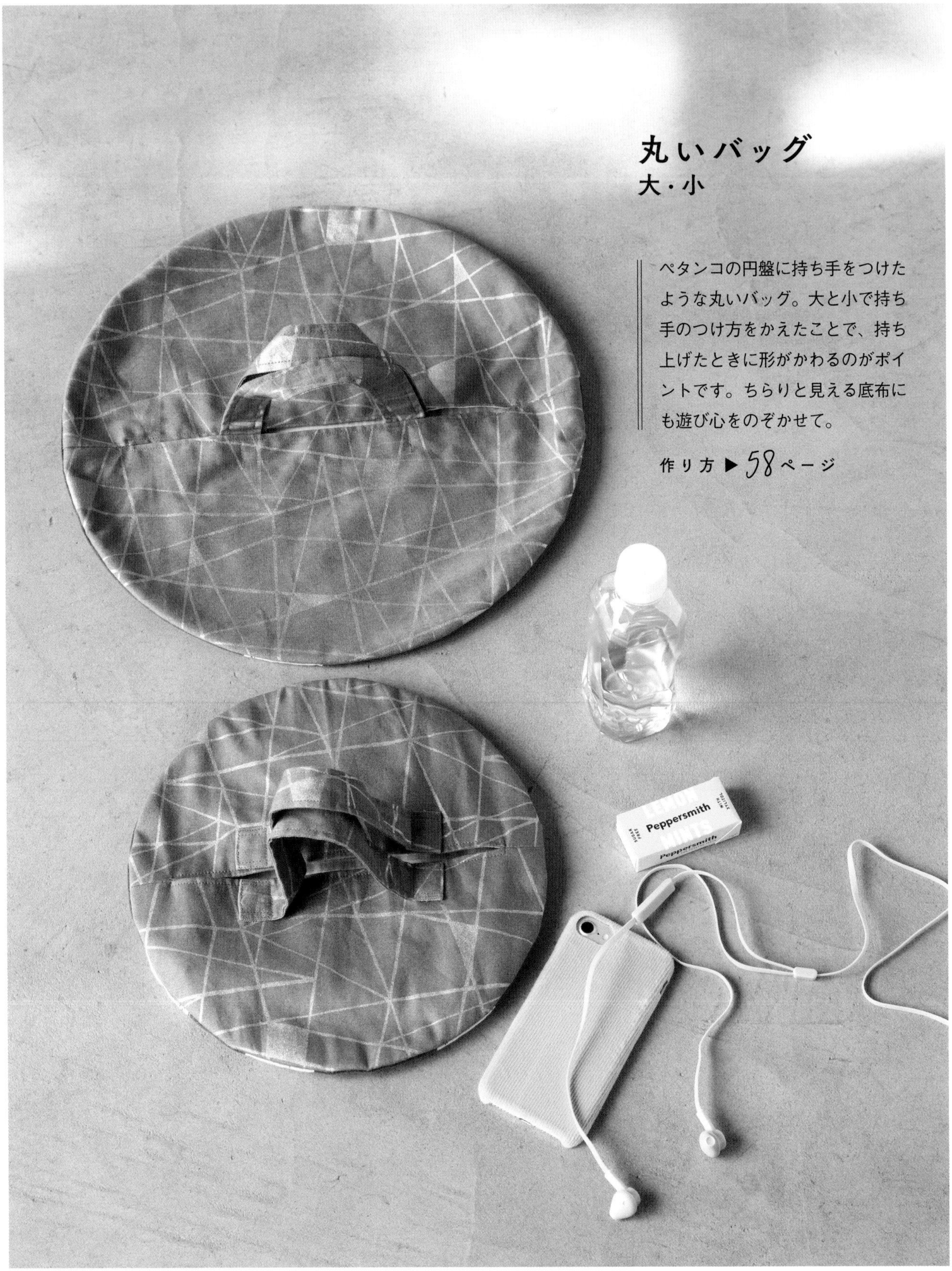

丸いバッグ
大・小

ペタンコの円盤に持ち手をつけたような丸いバッグ。大と小で持ち手のつけ方をかえたことで、持ち上げたときに形がかわるのがポイントです。ちらりと見える底布にも遊び心をのぞかせて。

作り方 ▶ 58ページ

大は持ち手を表布と裏布にはさんでつけたので、
持ち上げるとバッグの口がV字に開きます。

持ち手をバッグの上面に縫いつけた小は、持ち上げても口は閉じたまま。

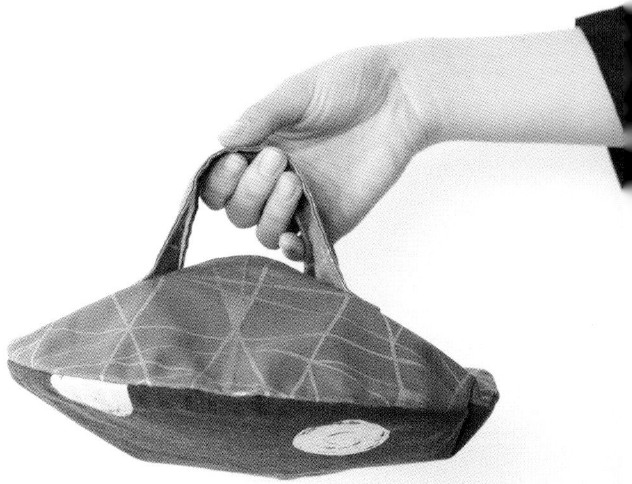

パッチワークのバッグ

ウール地のピースをはぎ合わせてトートバッグを作りました。あえて接着芯を貼らず、ソフトな仕上がりに。持ち手には黒の帆布を使い、素材の違いを楽しんでみました。

作り方 ▶ 60 ページ

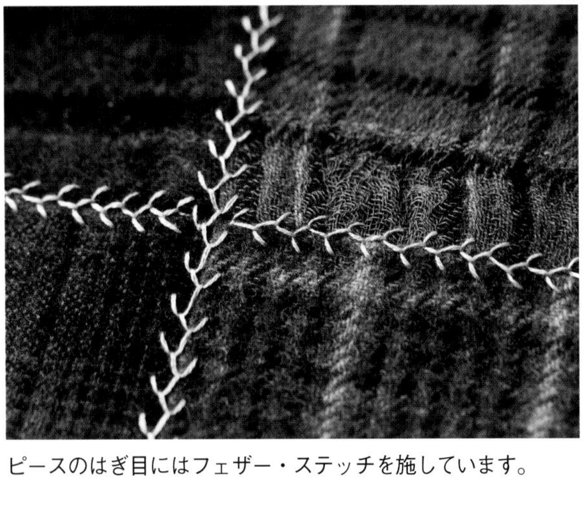

ピースのはぎ目にはフェザー・ステッチを施しています。

中身が見えないように
カバーをつけました。

リュック

両手が使えるリュックは、散策や日帰り旅行の必須アイテム。大きすぎないサイズ感は日々の買い物にも重宝します。両開きのファスナーと外ポケットをつけて、使いやすさも◎。

作り方▶62ページ

内ポケットははさんで縫うだけの簡単な作り。

ワンハンドルバッグ
大・小

シンプルな形で使いやすさが魅力の四角いバッグ。B4サイズがすっぽり入る大きいバッグは長めの持ち手でショルダーバッグに。スマートフォンと財布が入る小さいバッグはお散歩のお供に。

作り方 ▶ 64ページ

刺しゅう生地はきれいな柄合わせができるよう、わきで二つ折りにしています。

小さいサイズの表はレザー。ミシンで縫える厚さのレザーを選びましょう。

バッグ＆チャーム

赤いハートのチャームが目を引くバッグ。本体に接着芯を貼っていないので小さくたたむことができます。肩にかけられる長さの持ち手と見た目以上の容量で、旅行のサブバッグとしても重宝しそう。

作り方▶66ページ

立体的なハートのチャームがアクセントに。入れ口はボタンとループで留められます。

ワンマイルバッグ　a・b

ちょっとそこまでのお出かけにちょうどよい、持ち手一体型のワンマイルバッグは、底をつけて容量をアップしたaと、ペタンコタイプのbの2種類。用途に合わせて作ってください。

作り方▶68ページ

a

別布でつけただ円形の底には、厚みのある接着芯を貼ってしっかりと仕立てました。

b

ナイロンポーチ 大・小

軽くて汚れに強いナイロン生地のポーチは、バッグインバッグにぴったり。持ち手をつければ使いやすさもアップします。防水性のある生地で作ればぬれた傘や水着入れにもなりますよ。

作り方 ▶ 70 ページ

ナイロンバッグ

はっ水性のある生地を使ったナイロンバッグは、雨の日に持ちたいアイテム。スタイリッシュなグレー×黒の組み合わせは、ビジネスシーンでも活躍しそう。男女兼用で使えます。

作り方 ▶ 72 ページ

ペットボトルケース　大・小

花のアップリケと刺しゅうがかわいいペットボトルケース。内側に保冷・保温シートを使っているので、適温の飲み物が楽しめます。持ち手をつけて持ち運びしやすくしています。

作り方▶74ページ

使っていないときは四角い底を内側に折りたたんで。

エコバッグ
大・中・小

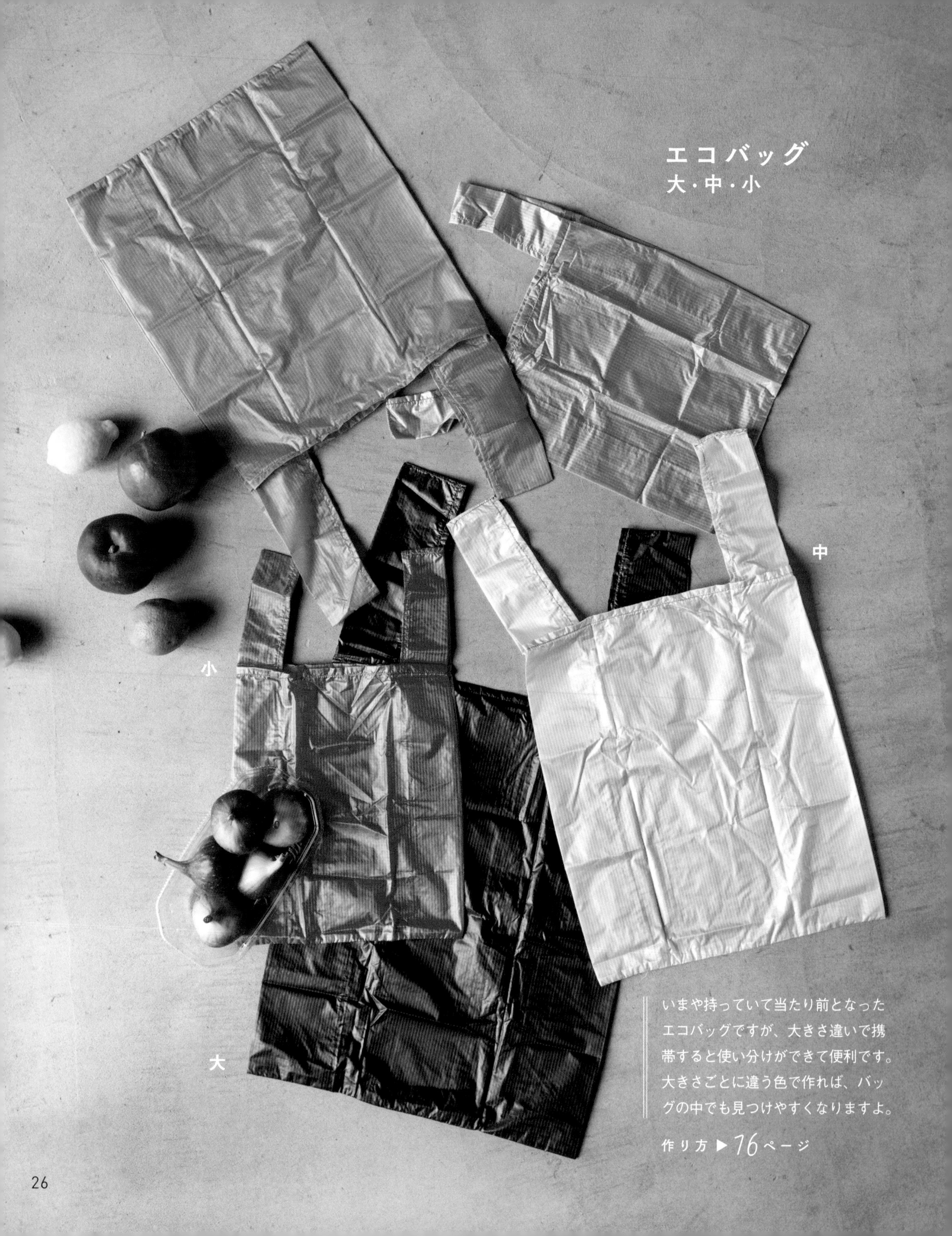

いまや持っていて当たり前となったエコバッグですが、大きさ違いで携帯すると使い分けができて便利です。大きさごとに違う色で作れば、バッグの中でも見つけやすくなりますよ。

作り方 ▶ 76ページ

とても薄くて軽いナイロン生地
なので小さくたためます。

カラフルな色使いは気分
も上がりますね！

マスクポーチ

バッグの中の必携アイテムとなったマスクを入れるポーチを作りました。内側にはナイロンを使い、サッと拭いて除菌できるようにしています。

作り方 ▶ 78 ページ

除菌グッズケース

ボトルタイプの除菌グッズを入れるがまぐち口金を使ったケースは、つりひもをつけてバッグの持ち手につけられるようにしました。

作り方 ▶ 79 ページ

マスクポーチの後ろは、除菌シートを入れられるポケットつき。

ケースの内側にもナイロンを使っています。

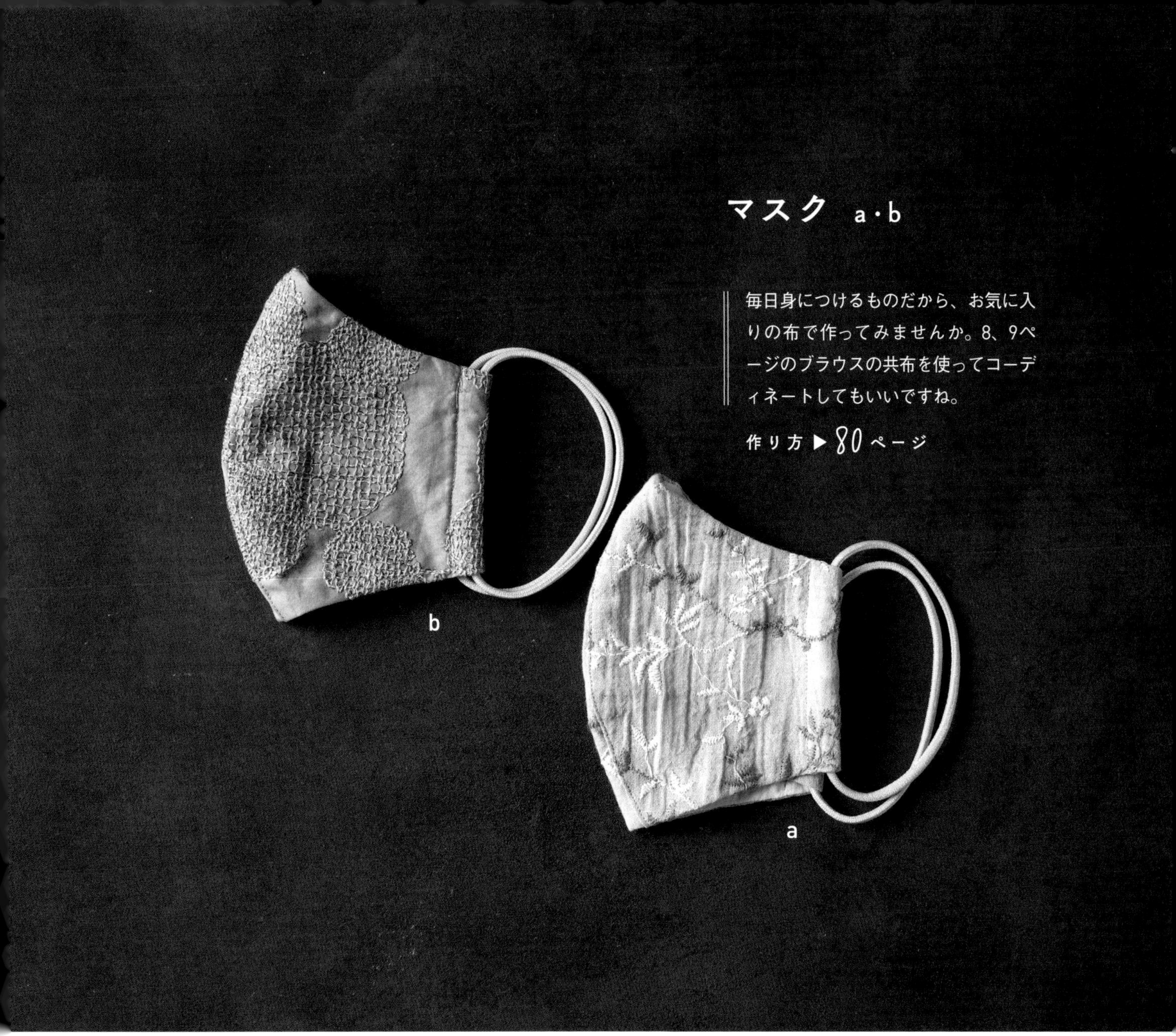

マスク a・b

毎日身につけるものだから、お気に入りの布で作ってみませんか。8、9ページのブラウスの共布を使ってコーディネートしてもいいですね。

作り方▶80ページ

左のマスクポーチは、このマスクがちょうど入るサイズです。

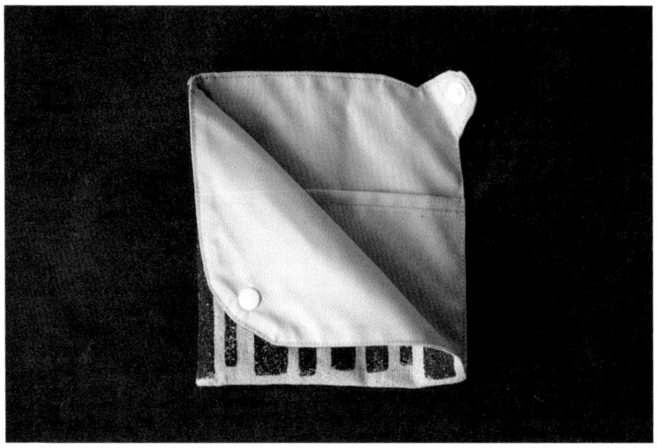

マスクポーチの内ポケットには予備のマスクを入れて。

レジ袋入れ
鳥・紙風船 a・b

レジ袋を持ち歩くための、かわいい入れ物。チャーム形になっているので、バッグの持ち手などにつけて使います。鳥と紙風船の2種類。どちらも底の穴から袋を出し入れします。

作り方 ▶ 82ページ

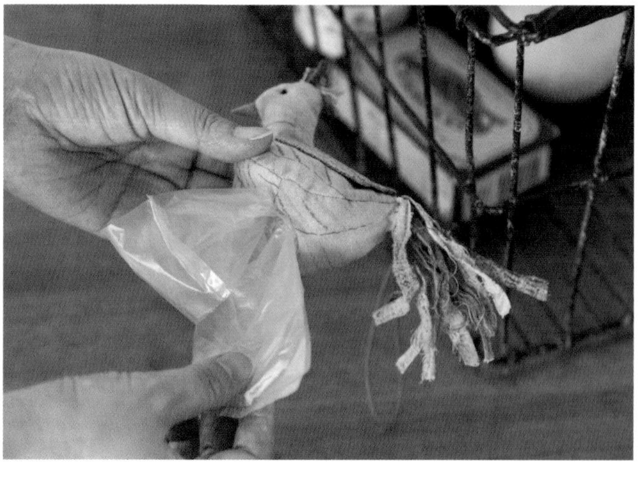

袋はたたまず、クシャっと入れると取り出しやすいです。

カンタ風
刺しゅうのポーチ

インドの伝統的な刺しゅうの技法「カンタ」を模して、ポーチの全面を刺しゅうで刺し埋めました。チョコレートのブロックのような台形は容量たっぷりで実用的です。

作り方 ▶ 84ページ

がまぐちポーチ

大きく開いて中身が見やすいがまぐち口金と、汚れや水けに強いナイロンを内側に使った、使い勝手のよいポーチ。小さなボトルなら立てたまま入るサイズも魅力です。

作り方 ▶ 86ページ

マルチケース

ハンディーサイズの手帳形マルチケース。カードやノート、ペン、イヤホンといったこまごましたものを1つにまとめられます。ファスナーつきポケットには常備薬などを入れても。

作り方 ▶ 88ページ

2つにたたんだところ。探しやすいように、表布は明るいライムグリーンで。

めがねケース

バッグのアップリケがかわいい、三角形のスリムなめがねケース。本体にプラスチックボードを入れているので、バッグの中でもつぶれずにめがねをガードしてくれます。

作り方▶90ページ

裏布には起毛の木綿を使って、レンズを保護。

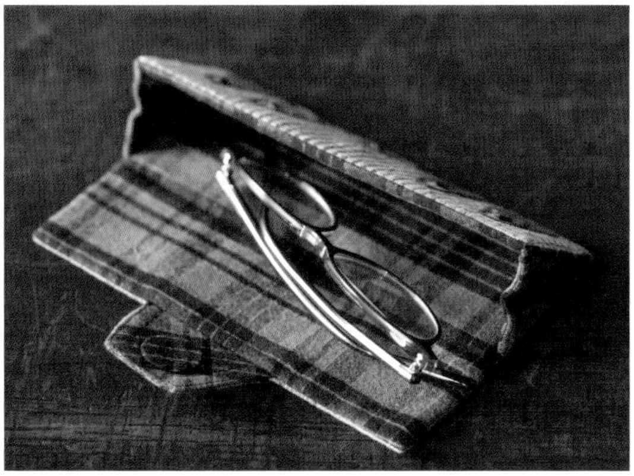

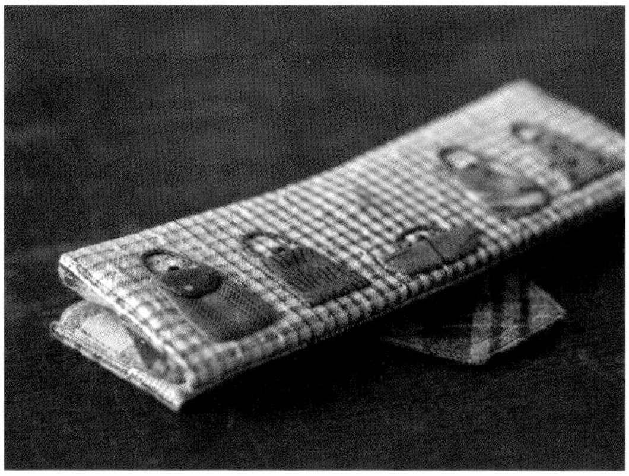

まちを折り込むと平らにたためます。

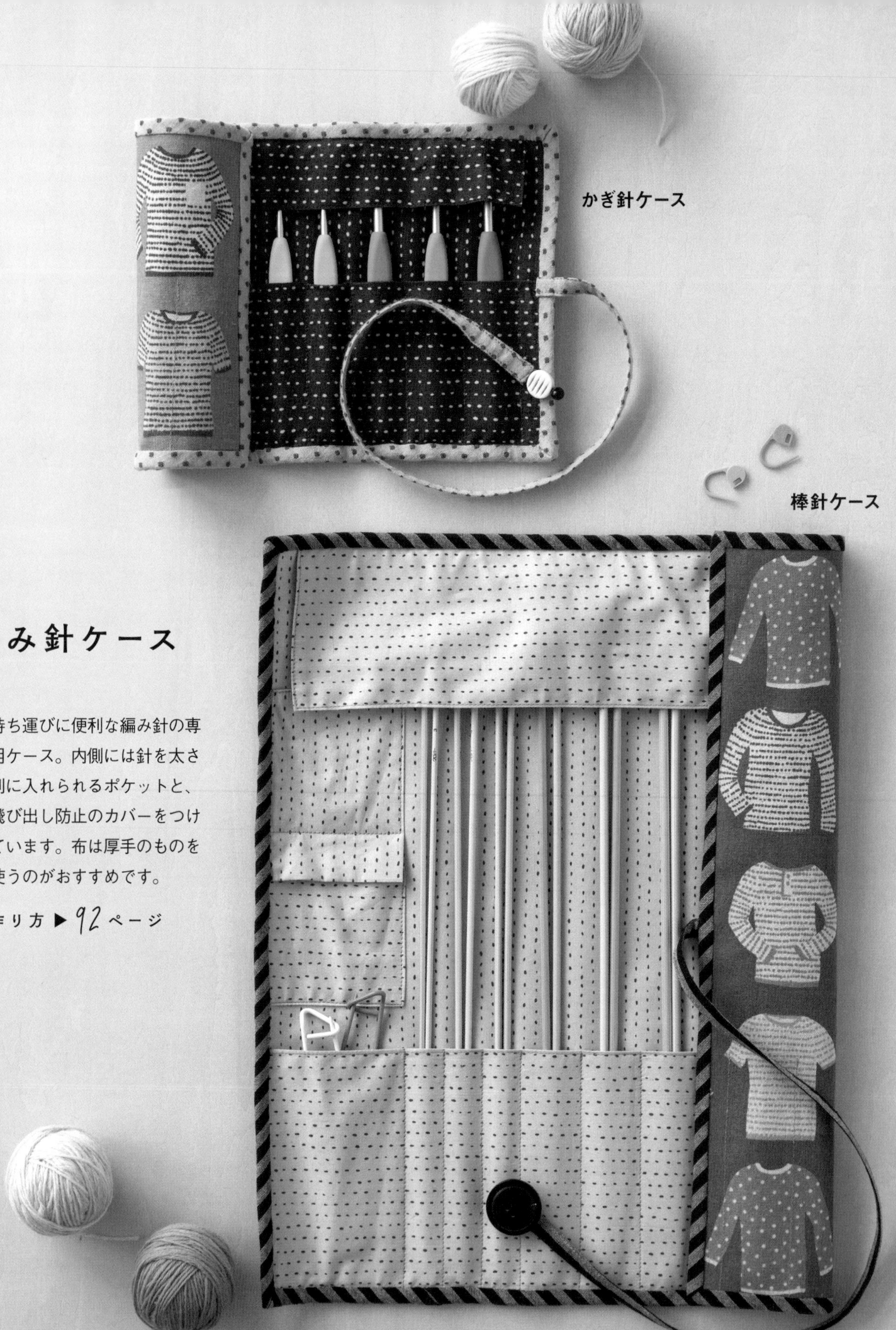

編み針ケース

持ち運びに便利な編み針の専用ケース。内側には針を太さ別に入れられるポケットと、飛び出し防止のカバーをつけています。布は厚手のものを使うのがおすすめです。

作り方▶92ページ

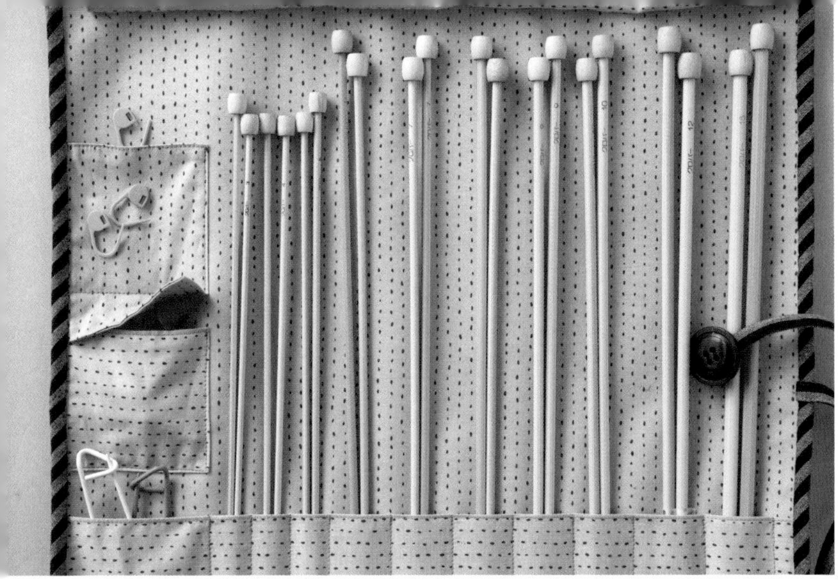

棒針ケースには、キャップなどの用具を入れるポケットつき。

太さ別にかぎ針が1本ずつ入るポケット。

くるくる巻けばコンパクトに。持ち運びにも便利。

側面に綿を入れてふっくらとさせたかぼちゃのような小物入れは、手芸用品の収納やお菓子入れにぴったり。持ち手をつけてバスケット形にしてもいいですね。

作り方▶94・95ページ

かぼちゃの小物入れ
a・b・c

底や入れ口のサイズ、高さは自由にかえられます。

How to make

作品を作り始める前に

- ●図中の寸法の単位は「cm（センチメートル）」です。「S」は「ステッチ」の略です。
- ●バッグなどの「寸法図」は一部を除いて縫い代を含まない出来上がり寸法を表記しています。指定の縫い代をつけて裁断します。縫い代込みの場合、または縫い代をつけない場合は「裁ち切り」と表記しています。
- ●洋服の「裁ち合わせ図」は本書で使用した布を基準にしています。布幅や柄ゆきがかわると型紙の配置もかわります。図中の縫い代をつけて裁断します。
- ●39ページの「ワンピースa・b」以外は「材料」からしつけ糸、ミシン糸を省略しています。
- ●しつけ糸、刺しゅう糸と指定以外は布地の色めに近い色を使います。
- ●ミシンは事前に糸調子をチェックし、実際に縫う布地を使って必ず試し縫いをしましょう。
- ●縫い目がほつれないように縫い始めと縫い終わりは必ず返し縫いをします。
- ●「刺しゅうのステッチの刺し方」、「手縫いの縫い方」は69ページに掲載しています。

サイズについて

＊本書に掲載した洋服はすべてM・L・LL（またはM〜L）のサイズ展開です。下記の適応サイズ表を参照し、ワンピース、チュニック、ブラウス、ジャケット、ベストはバストの、パンツ、スカートはヒップの寸法に合わせてサイズを選びます。各作品の作り方ページに表記した出来上がり寸法もあわせて参考にしてください。

＊着丈を調整したい場合は、丈とすそ線を平行に移動させます。お手持ちの洋服のバストや着丈などの寸法を参考にするとサイズ感がつかみやすいでしょう。

適応サイズ表　単位：cm

サイズ	M	L	LL
バスト	83	87	93
ヒップ	92	96	102

※本書のモデルは身長167cm、Mサイズを着用しています。

型紙について

＊付録の実物大型紙には一部を除いた作品の各パーツとアップリケ、刺しゅう図案を掲載しています。刺しゅう図案には刺しゅう糸の配色も表記しています。

＊付録の実物大型紙を使って型紙を作ります。作り方ページに表記している「使用型紙」のパーツを確認し、付録の実物大型紙の中から型紙を別紙に写し取ります。直線もカーブも定規を使います。カーブは短めの定規を使うと描きやすいでしょう。布目線や合い印も忘れずに写し取りましょう。

印つけ・裁断

出来上がり線の印をつける場合は、外表に合わせた布の間に手芸用両面複写紙をはさみ、ルレットで出来上がり線をなぞって印をつけます。合い印も忘れずに写しておきましょう。

型紙の線種

布目線
布のたて地と線を平行に合わせる

わ
左右対称に続けて布を裁つ

合い印
パーツどうしを合わせる印

タック
斜線が下がる方向へたたむ

麻の水通しについて

麻は洗濯で縮みやすいので、裁断前に水通しをします。水通しは布に水が浸透するまでつけ、10秒間ほど脱水して干します。生乾きのときに布目のゆがみを直しながらアイロンをかけます。

必要な用具

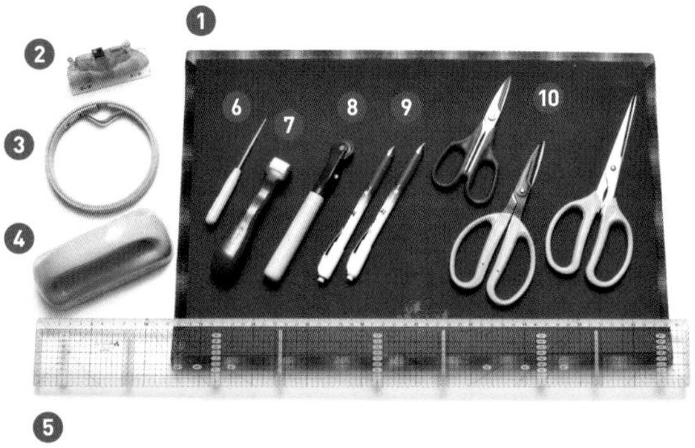

❶ パッチワーク用ボード
やすり面とカバーの柔らかい面があり、本書ではルレットやへらで折り目をつけるときにカバーの柔らかい面を使用。裏側の布地面はアイロン台として使用できる。

❷ 糸通し
手縫い用の針に糸を通すときに使う。

❸ 刺しゅう枠
刺しゅうをするときに使用。輪の小さいものが使いやすい。

❹ 文鎮
型紙の出来上がり線を布に描き写す場合や、裁断のときにおもしとして使う。

❺ 定規
型紙を別紙に描き写したり、すそやそで口に折り目をつけるときに縫い代寸法を測ったりするために使用。60㎝程度の長いものと、30㎝程度の短いものを準備する。

❻ 目打ち
袋状に縫った角をきれいに整えたり、布に穴をあけたりする場合に使う。

❼ 折り目つけローラー
縫い代を割ったり、折り目をつけたりする場合に使用。ない場合はアイロンを使う。

❽ ストレート歯のルレット（またはへら）
複写紙を使って布に縫い線を写したり、折り目をつけたりする場合に使う。

❾ 布用印つけペン
刺しゅう図案を写す場合に使用。濃い色の布地用と薄い色の布地用の2色あると便利。

❿ はさみ
左から糸用、紙・キルト綿用、布用。3種類用意して使い分けると刃が傷みにくく長もちする。

針

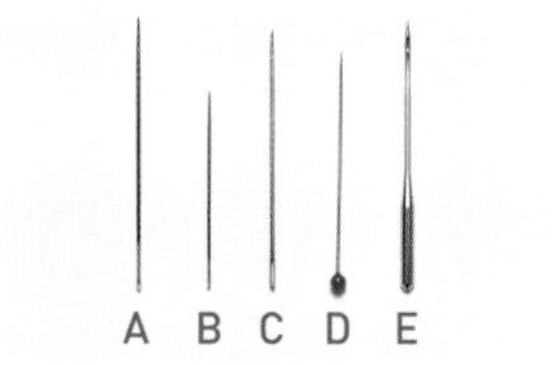

A しつけ針…しつけをかけるときに使う。
B 縫い針…手縫いのときに使う。
C 刺しゅう針…刺しゅうをするときに使う。
D 待ち針…布を仮留めするときなどに使う。
E ミシン針…ミシン用の針。布地の厚さによって太さをかえる。本書では指定以外は普通地用の11号針を使用。

糸

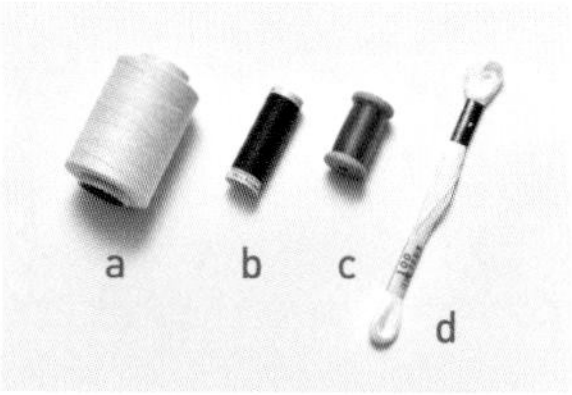

a しつけ糸…しつけをかけるときに使用する。
b ミシン糸…ミシン用ポリエステル糸。本書では普通地用の60番を使用。
c 手縫い糸…まつり縫いなどの手縫いのときに使用。本書ではポリエステル60番を使用。
d 刺しゅう糸…刺しゅう用の糸。本書では25番刺しゅう糸を使用。

そのほかに型紙用紙（ハトロン紙など下の線が透けて見える紙）、厚紙（型紙用）、ライトテーブル、手芸用クリップ、鉛筆、手芸用両面複写紙、指ぬき、ゴム通し、アイロン、アイロン台、ミシン、手芸用接着剤、竹串など。

バイアス布の裁ち方（3.5㎝幅の場合）

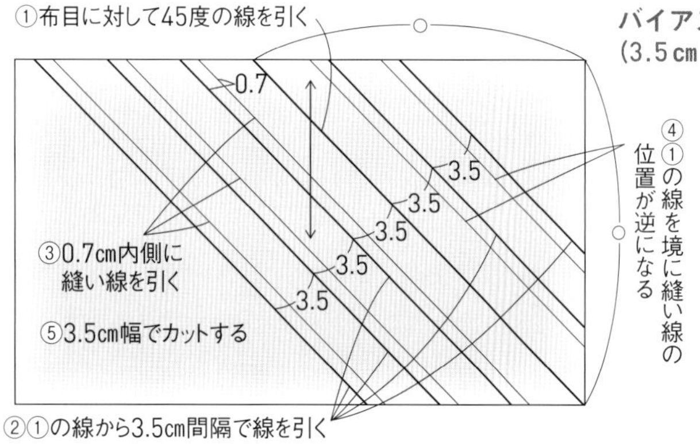

バイアス布のはぎ合わせ方

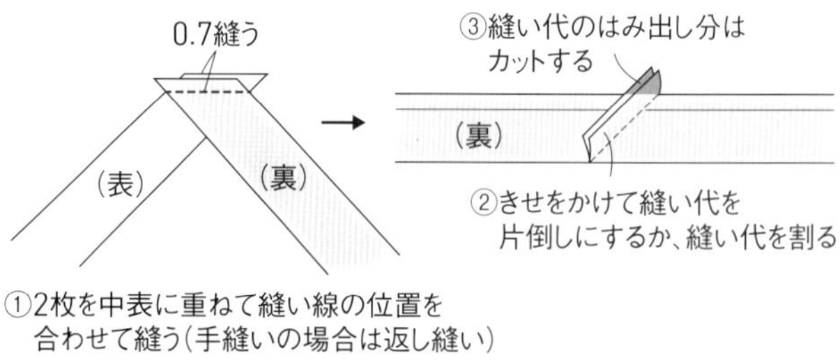

P.6

ワンピースa・b

a

b

使用型紙（A面）

前身ごろ　後ろ身ごろ　そで　前見返し
後ろ見返し　袋布

● 出来上がり寸法　（a・b共通）
M…バスト120cm　そで丈32.5cm
着丈109.5cm
L…バスト124cm　そで丈33cm
着丈110cm
LL…バスト130cm　そで丈33.5cm
着丈110.5cm

材料

a
❶麻ビスコース…145cm幅　250cm
❷ボタン…直径1.3cm　1個
❸ポリエステルミシン糸60番
b
❶綿麻…137cm幅　250cm
❷❸はaと共通

作り方のポイント

作品a・bは生地は違うが、作り方は同じ。

布の裁ち方

＊裁ち合わせ図を参考に、布に型紙を配置し、縫い代をつけて各パーツを裁つ。前身ごろ、前見返しは前中央をわにして各1枚、後ろ身ごろ、後ろ見返し、そでは左右対称に各1枚、袋布は左右対称に各2枚裁断する。
＊ループは型紙を作らずに裁ち合わせ図の寸法で布を裁つ。

a・bの裁ち合わせ図

＊指定以外の縫い代は1cm

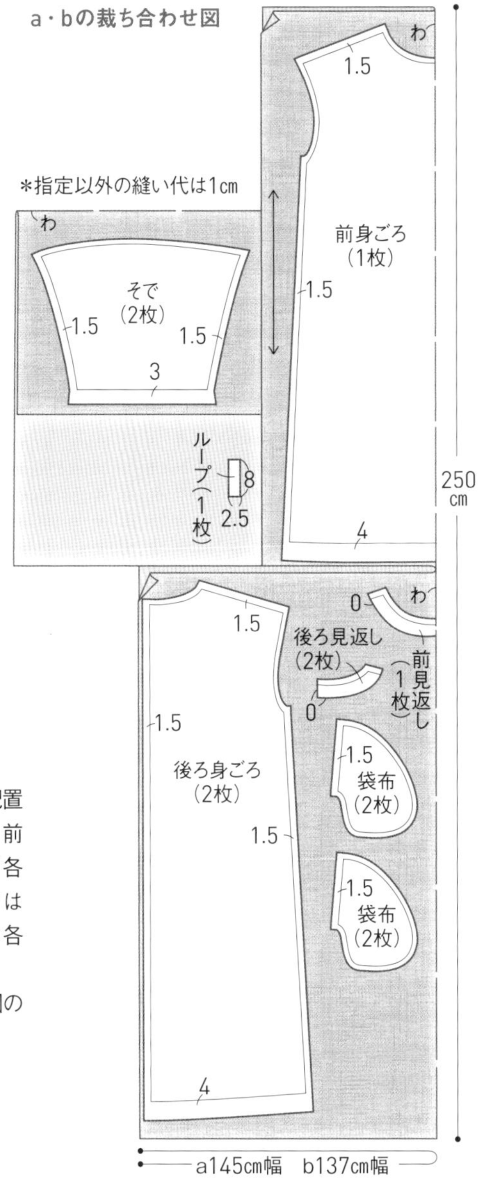

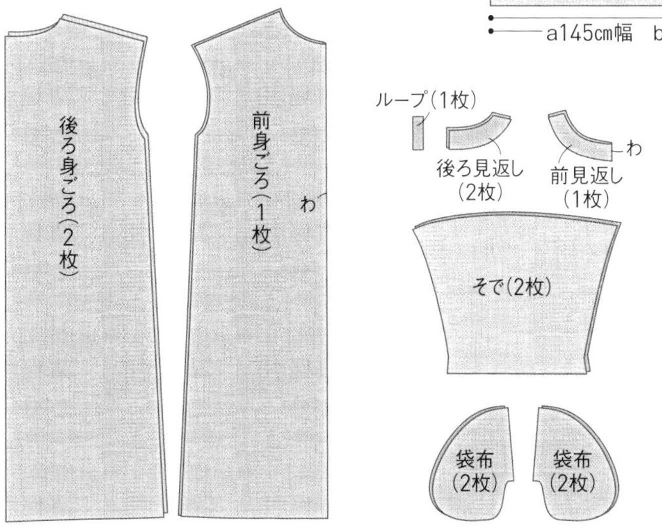

下準備

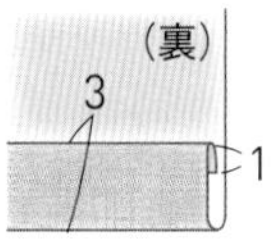

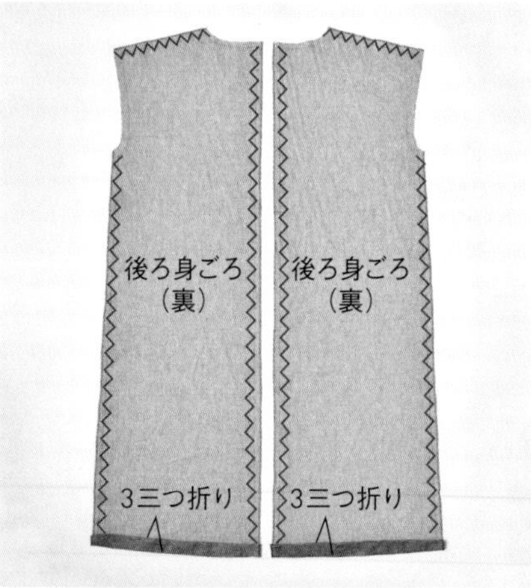

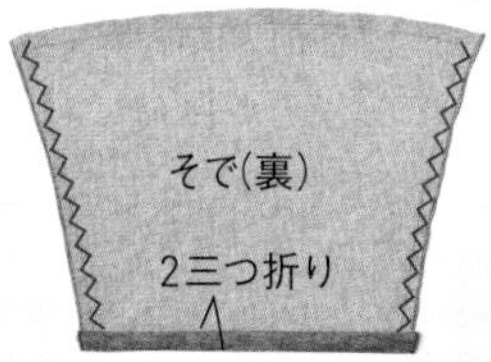

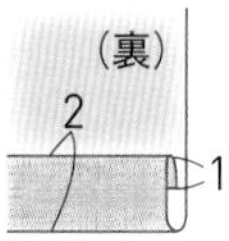

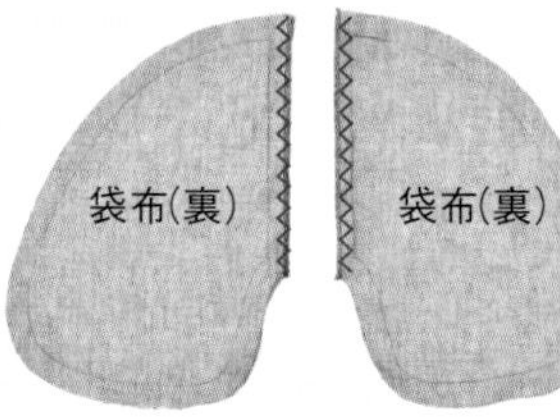

前身ごろ、後ろ身ごろ、そでは、それぞれすそまたはそで口を三つ折りにしてから一度開き、後ろ中央、肩、わき、そで下、袋布のポケット口の縫い代にジグザグミシン（またはロックミシン。写真はロックミシン。以下同）をかける。

すそ、そで口の三つ折りのし方

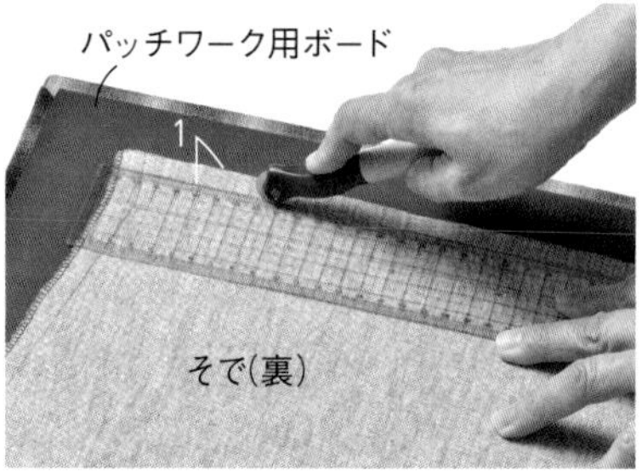

1 パッチワーク用ボードの上に布の裏面を上にしておき、そで口（またはすそ）の縫い代端から1cm内側に定規を当て、ストレート歯のルレットでなぞる。

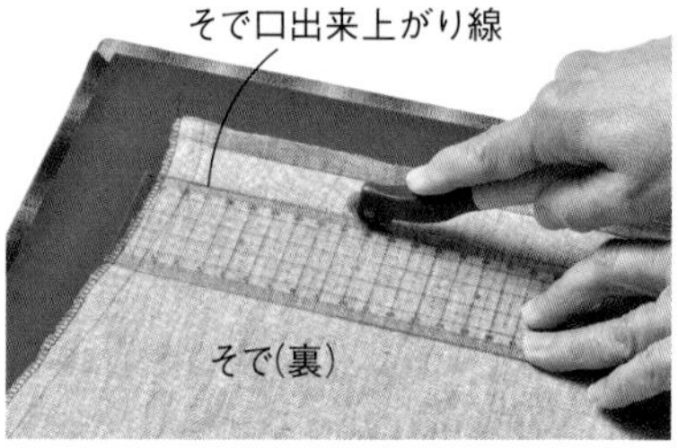

2 次に、出来上がり線に定規を当てて、**1**と同様にルレットでなぞる。

3 **1**の折り目から布端1cmを裏面に折り、折り目つけローラーでこすってしっかり折る。

4 出来上がり線で縫い代を裏面に折って三つ折りにし、ローラーでしっかり折る。

作り方

❶ ポケット口に袋布をつける
❷ 後ろ中央を縫う
❸ 肩を縫う
❹ えりぐりに見返しをつける
❺ そでをつける
❻ そで下〜わきを縫い、ポケットを作る
❼ そで口の始末をする
❽ すその始末をする
❾ ボタン、ループをつける

縫い方順序

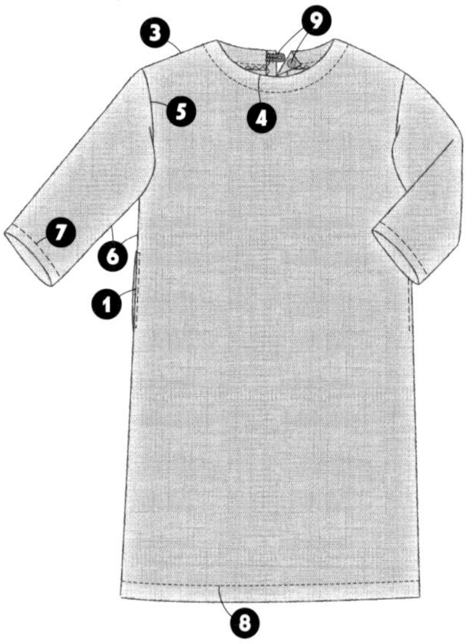

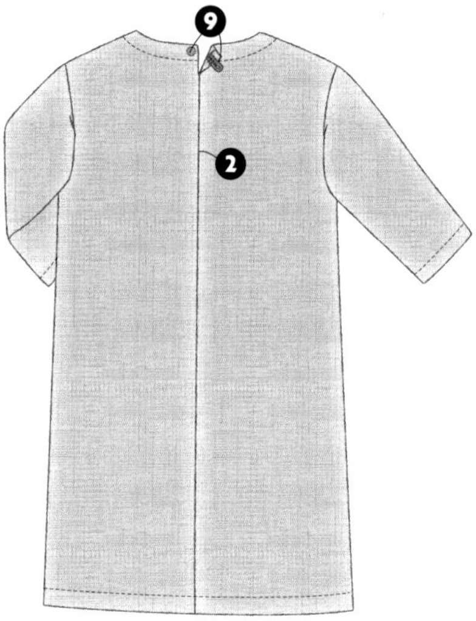

❶ ポケット口に袋布をつける

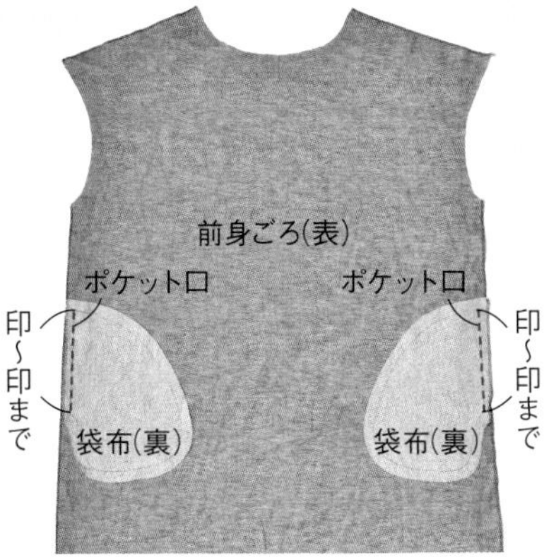

1 前身ごろのわきのポケット口に袋布のポケット口を中表に合わせ、印〜印まで縫う。ミシンの縫い始めと縫い終わりは返し縫いをする。

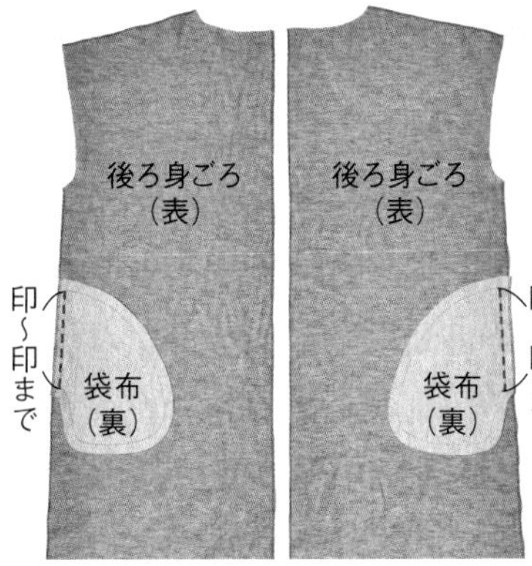

2 後ろ身ごろのポケット口にも前身ごろと同様に袋布をつける。

3 ポケット口の縫い代を前身ごろ側にアイロンで倒す。後ろ身ごろも同様にアイロンで倒す。

❷ 後ろ中央を縫う

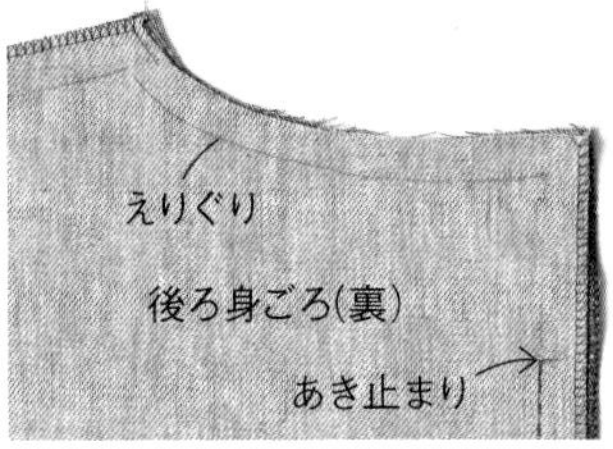

1 すその三つ折りの折り目を開き、左右の後ろ身ごろを中表に合わせ、後ろ中央をあき止まり〜すそまで縫う。

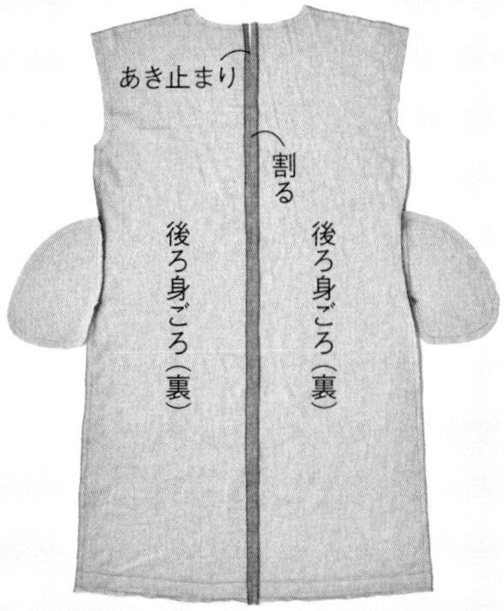

2 後ろ中央の縫い代をアイロンで割る。

❸ 肩を縫う

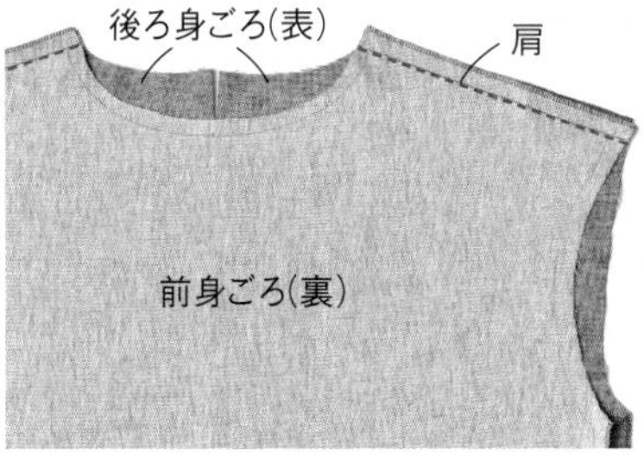

1 前身ごろと後ろ身ごろの肩を中表に合わせて縫う。

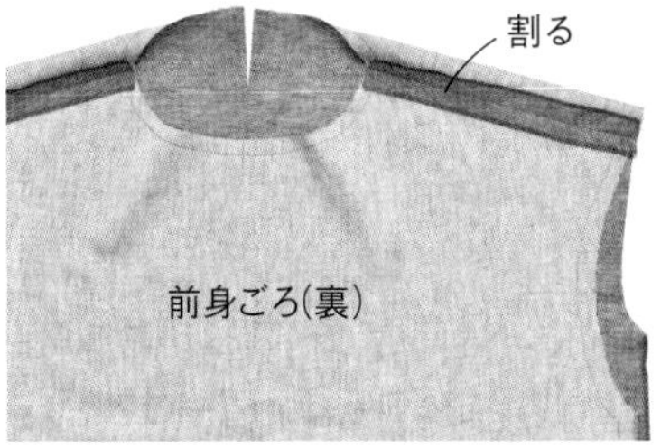

2 縫い代はアイロン（または折り目つけローラー）で割っておく。

❹ えりぐりに見返しをつける

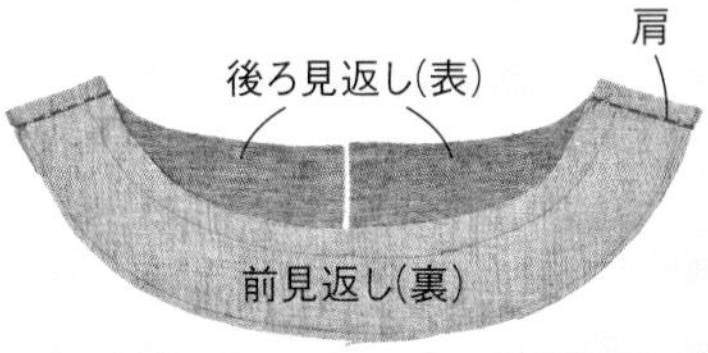

1 前見返しと後ろ見返しの肩を中表に合わせて縫う。

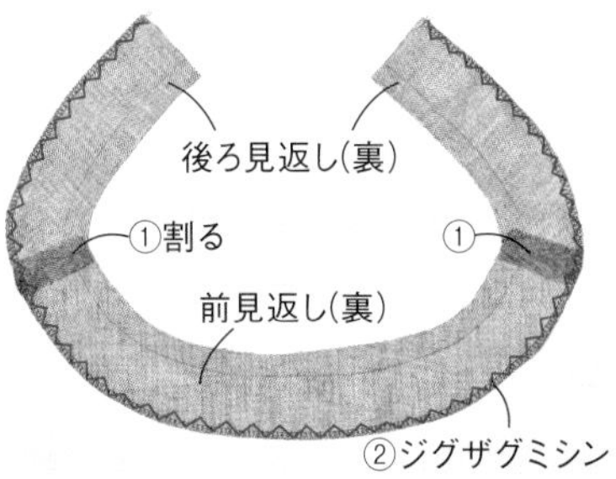

2 見返しの肩の縫い代をアイロンで割る（①）。次に外回りにジグザグミシンをかける（②）。

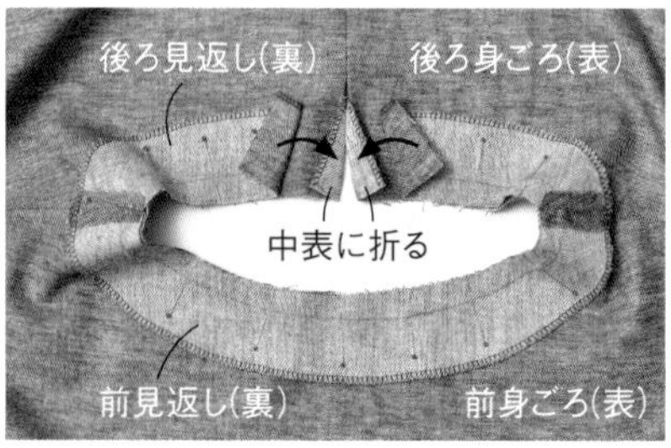

3 後ろ身ごろの後ろ中央の縫い代を中表に折り、身ごろのえりぐりに見返しを中表に合わせて待ち針で留める。

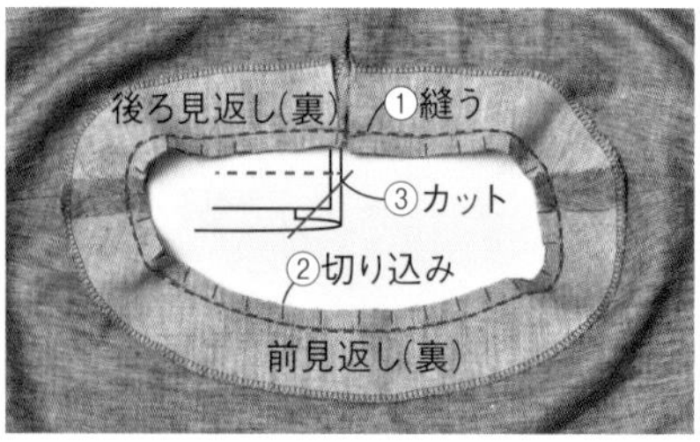

4 えりぐりを縫い（①）、えりぐり縫い代のカーブ部分に約1.5cmの間隔で、ミシン目の0.2cmぐらい手前まで切り込みを入れる（②）。縫い代の角を斜めにカットする（③）。

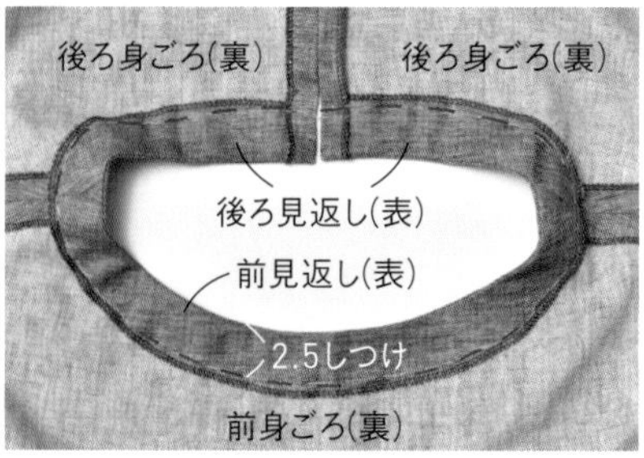

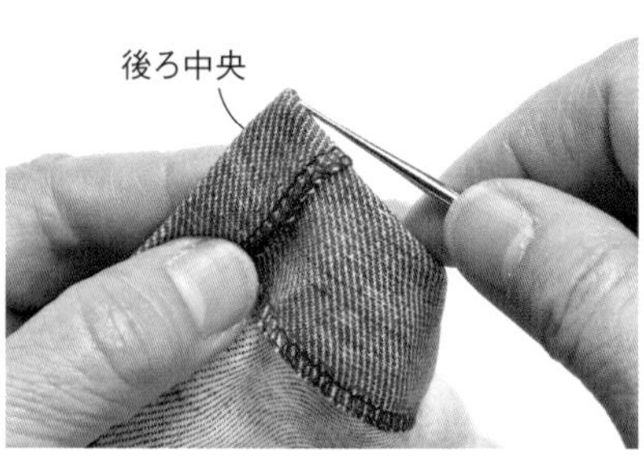

5 見返しを身ごろの裏面に返してアイロンで整え、えりぐりから2.5cmの位置にしつけをかける。後ろあきの角は目打ちで出す。

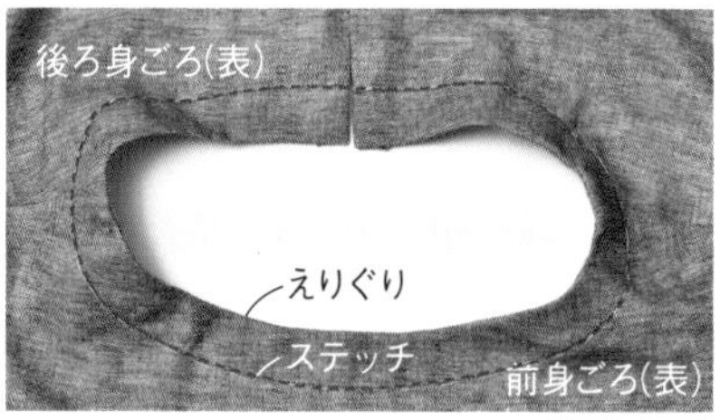

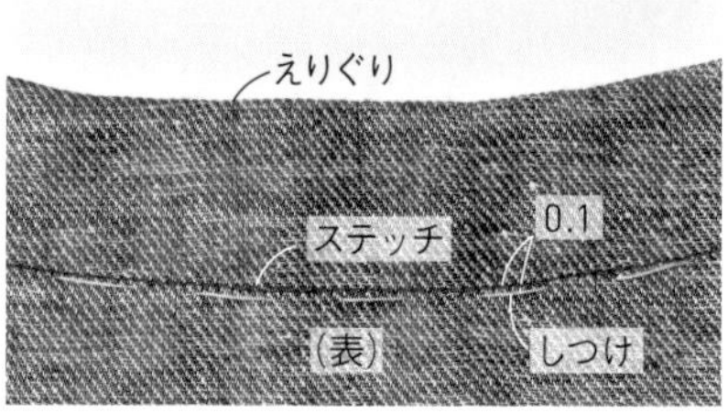

6 しつけの0.1cmえりぐり側に表面からステッチをかける。えりぐりのしつけを外す。

5 そでをつける

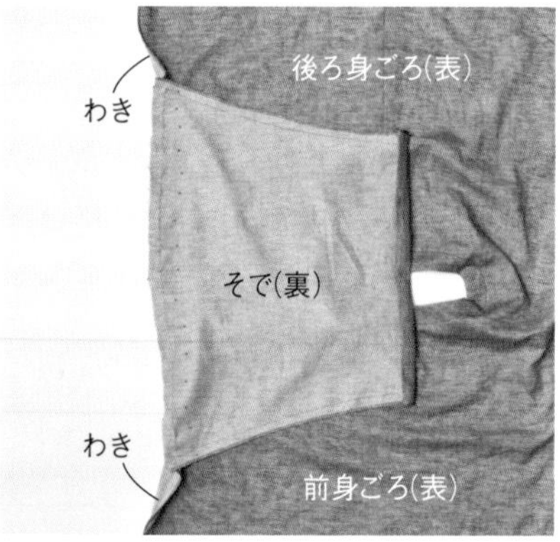

1 身ごろのそでぐりに、そでを中表に合わせて待ち針で留める。

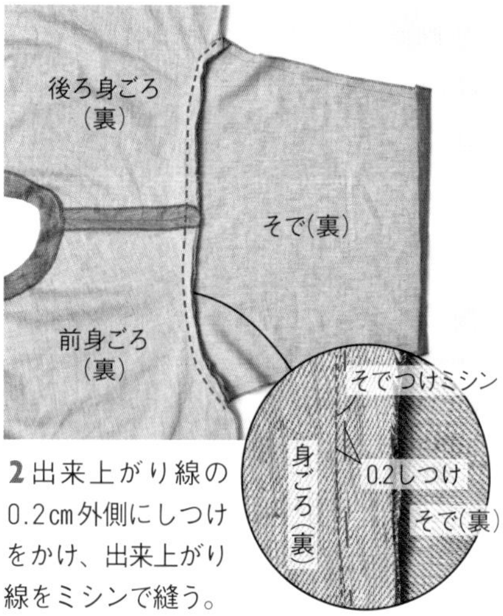

2 出来上がり線の0.2cm外側にしつけをかけ、出来上がり線をミシンで縫う。

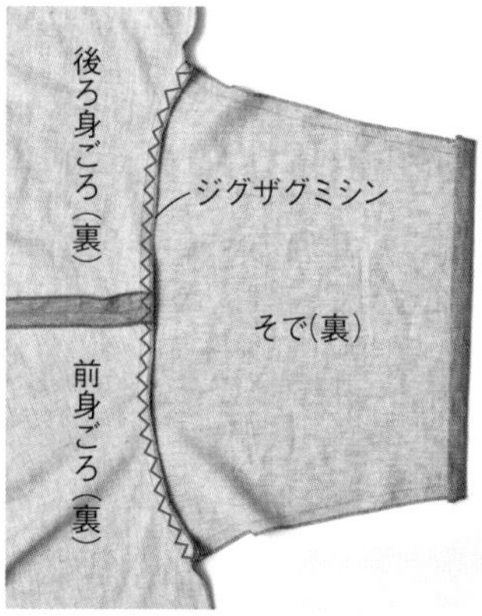

3 そでつけ縫い代は2枚一緒にジグザグミシンをかける。縫い代はそで側に倒す。

6 そで下～わきを縫い、ポケットを作る

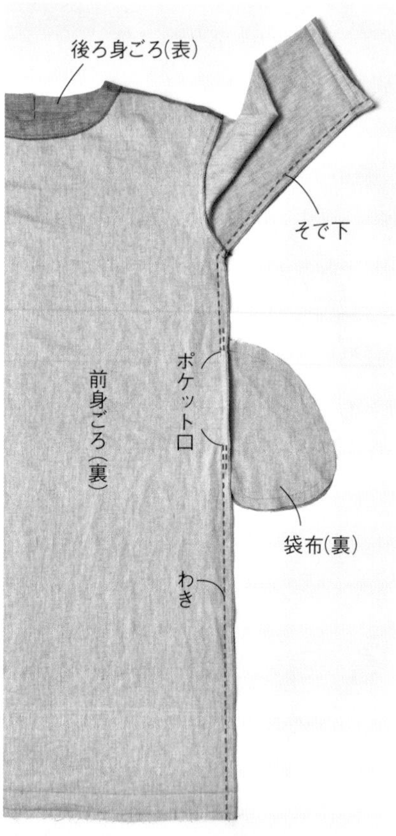

1 そで口、すその三つ折りにした縫い代を開き、前身ごろと後ろ身ごろのそで下、わきを中表に合わせる。ポケット口を残して、そで下～わきを続けて縫うが、ポケット口の上下は返し縫いをする。縫い代はアイロンで割る。

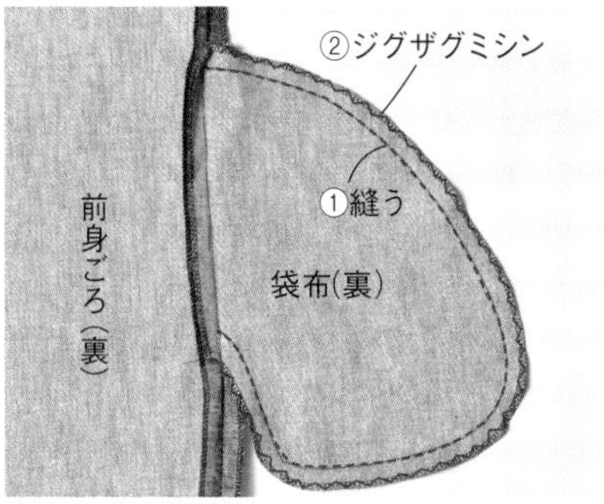

2 袋布を中表に合わせて、外回りを縫う（①）。縫い代は身ごろをよけて2枚一緒にジグザグミシンをかけるが、前側のポケット口の縫い代は図のように折って一緒にジグザグミシンをかける（②）。

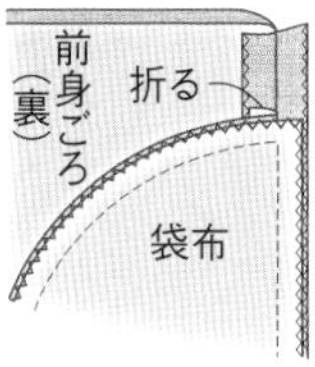

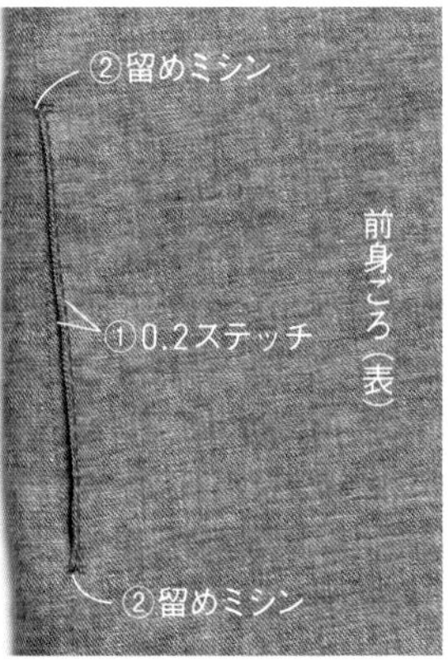

3 前身ごろのポケット口に袋布側から0.2cm幅でステッチをかけ（①）、ポケット口の上下に2〜3回重ねて留めミシンをかける（②）。

7 そで口の始末をする

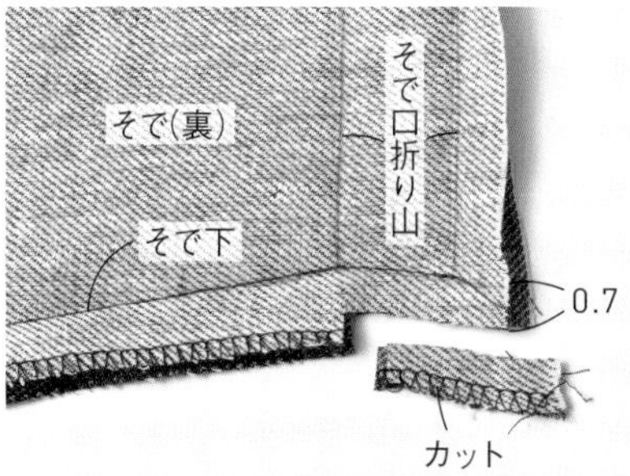

1 そで口のそで下縫い代を写真のようにカットする。

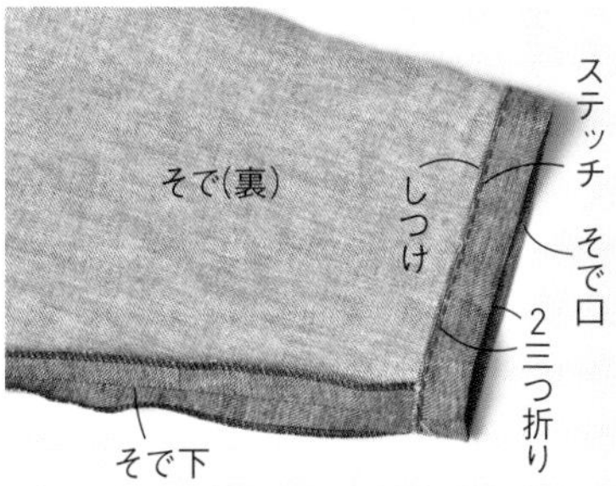

2 そで口の三つ折りを再度整えて、しつけを折り山のきわにかけ、ステッチは表面からしつけのそで口側のきわを縫う。

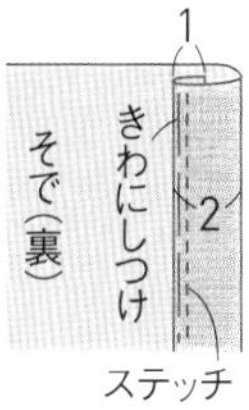

8 すその始末をする

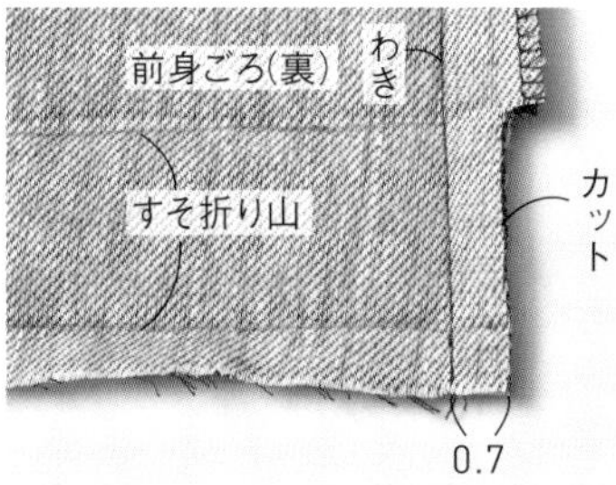

1 すそのわき縫い代と後ろ中央縫い代を写真のようにカットする。

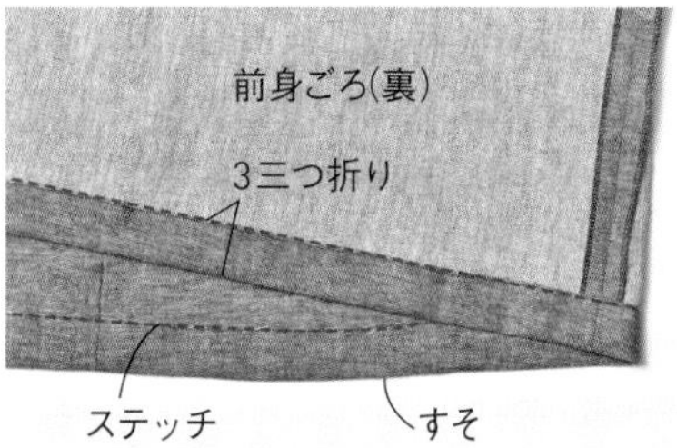

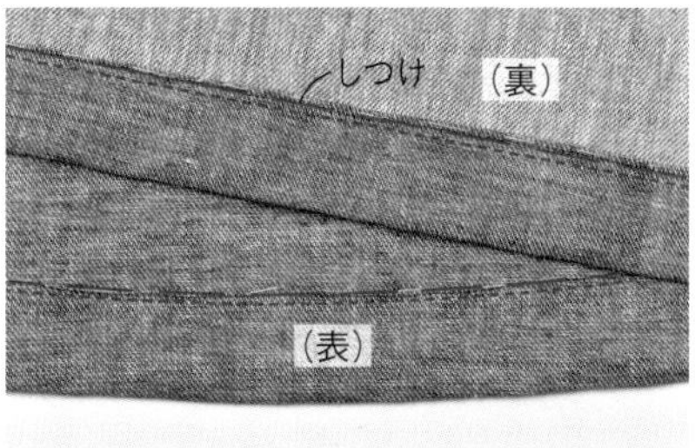

2 すその三つ折りを再度整えて、しつけを折り山のきわにかけ、ステッチは表面から、しつけのすそ側のきわを縫う。

9 ボタン、ループをつける

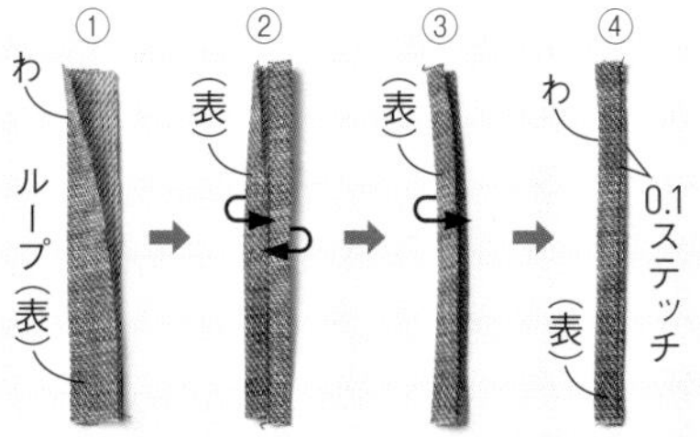

1 ループ布を外表に二つ折りにして一度開き、中央に折り目をつける（①）。中央の折り目に向かって両端を折る（②）。次に①の折り目で再度折って四つ折りにする（③）。端にステッチをかける（④）。

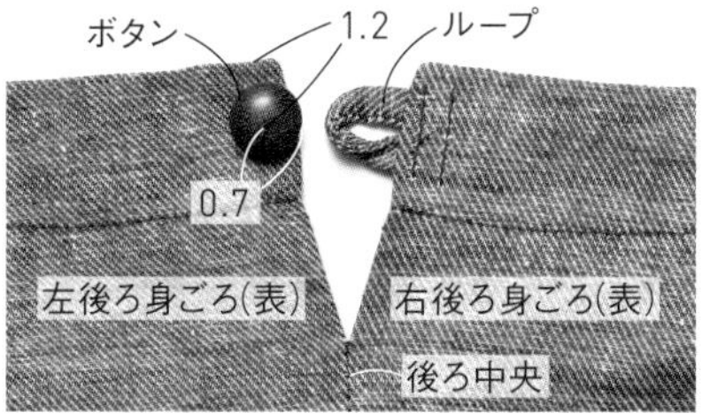

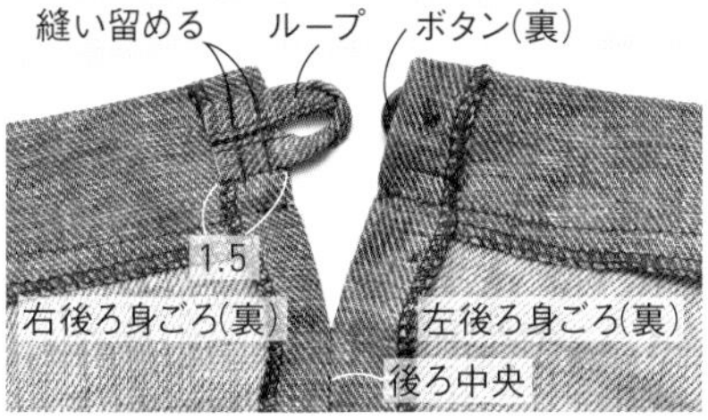

2 後ろあきの左後ろ身ごろ側にボタンをつけ、ボタンの大きさに合わせてループを右後ろ身ごろのえりぐり裏面に縫い留める。ループの余分は縫い代端でカットする。

3 そで口とすそのしつけを外す。出来上がり。

P. 4,5

切り替えチュニック
切り替えブラウス

使用型紙(A面)

前身ごろ　後ろ身ごろ　前すそ布
後ろすそ布　そで　前見返し　後ろ見返し

●出来上がり寸法
M…バスト106cm　そで丈23.5cm
チュニック 着丈71.5cm
ブラウス 着丈65.5cm
L…バスト110cm　そで丈23.5cm
チュニック 着丈72cm
ブラウス 着丈66cm
LL…バスト116cm　そで丈23.5cm
チュニック 着丈72.5cm
ブラウス 着丈66.5cm

材料

チュニック　綿麻…137cm幅　180cm
ブラウス　麻ビスコース
…137cm幅　170cm
＊すそ布に別布を使用する場合
チュニック　綿麻…137cm幅　140cm
ブラウス　麻ビスコース
…137cm幅　130cm
別布(共通)…110cm幅　50cm
バイアステープ(両折りタイプ)
…1.2cm幅 M120cm／L125cm／
LL130cm

作り方のポイント

＊前後のすそ布は、布地の裏面を表面に使用する。
＊チュニックとブラウスは着丈が違うが作り方は同じ。

作り方

＊肩・わき・そで下の縫い代にジグザグミシン(またはロックミシン)をかけておく。

❶ 前・後ろ身ごろとすそ布を縫う
❷ 肩を縫う→p.41 ❸
❸ えりぐりに見返しをつける
❹ そでをつける
❺ そで下〜わきを縫う
❻ そで口の始末をする
❼ すそをバイアステープで始末する

裁ち合わせ図

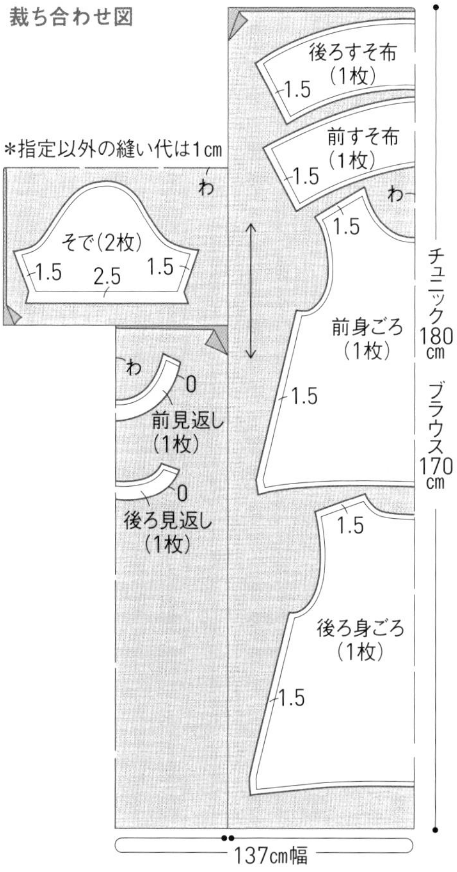

縫い方順序

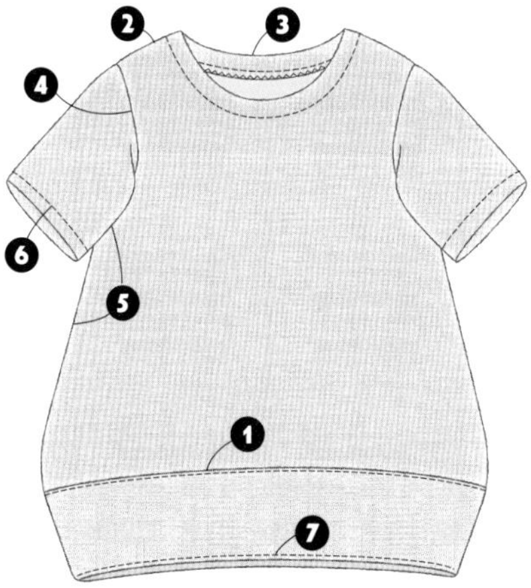

❶ 前・後ろ身ごろとすそ布を縫う

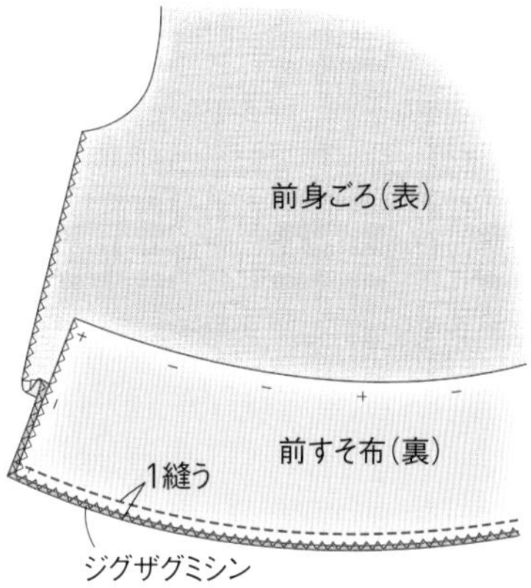

1 前身ごろと前すそ布を中表に合わせて縫う。縫い代は2枚一緒にジグザグミシンをかける。

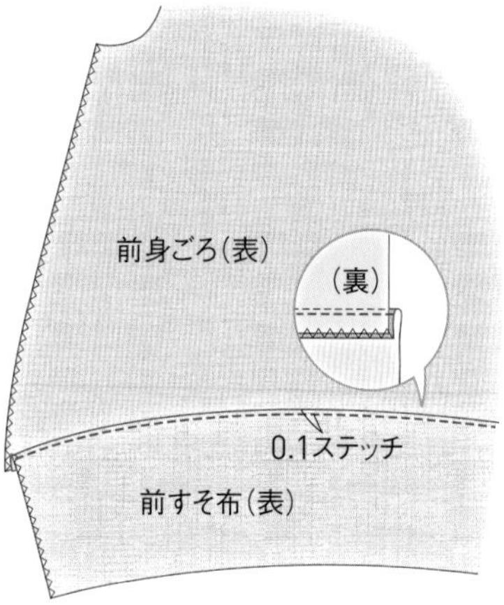

2 縫い代を前すそ布側にアイロンで倒し、すそ布側の縫い目のきわにステッチをかける。後ろ身ごろと後ろすそ布も同様にして縫う。

❸ えりぐりに見返しをつける

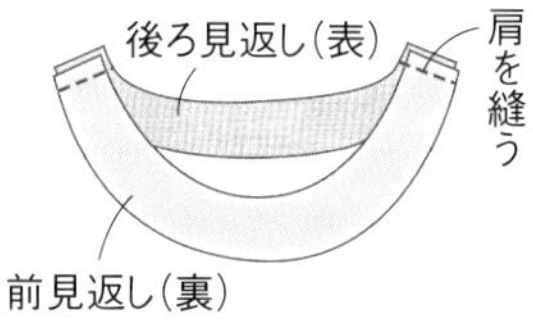

1 前見返しと後ろ見返しの肩を中表に合わせて縫う。

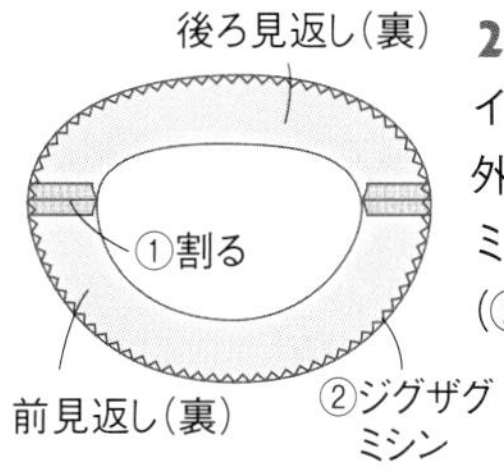

2 肩の縫い代をアイロンで割り(①)、外回りにジグザグミシンをかける(②)。

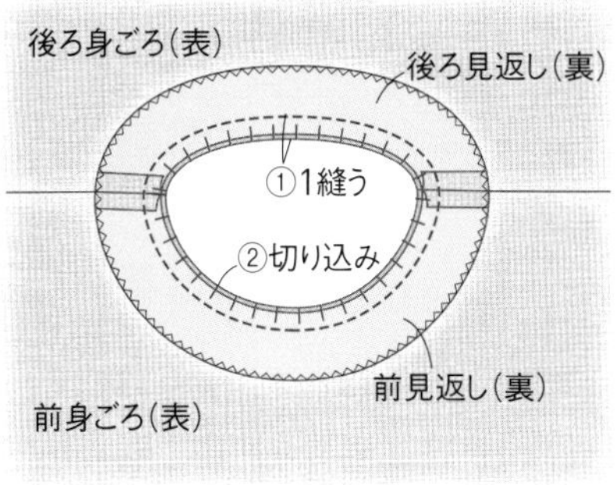

3 身ごろのえりぐりに見返しを中表に合わせて縫い(①)、えりぐりの縫い代に1〜2cm間隔で切り込みを入れる(②)。

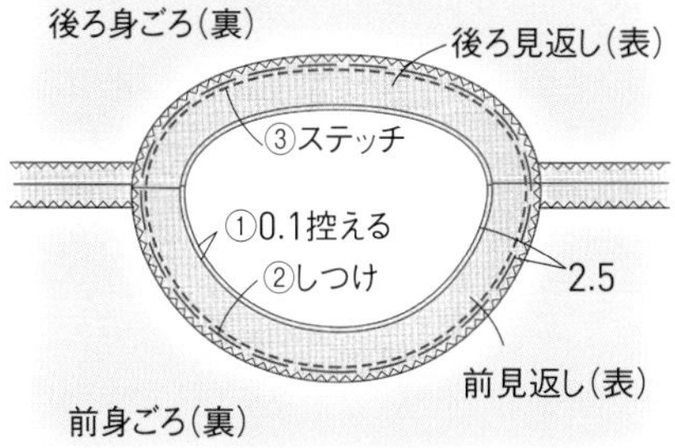

4 見返しを身ごろの裏面に返し、0.1cm控えてアイロンで整える(①)。えりぐりから2.5cmの位置にしつけをかけ(②)、しつけのえりぐり側のきわに表面からステッチをかける(③)。しつけを外す。

❹ そでをつける

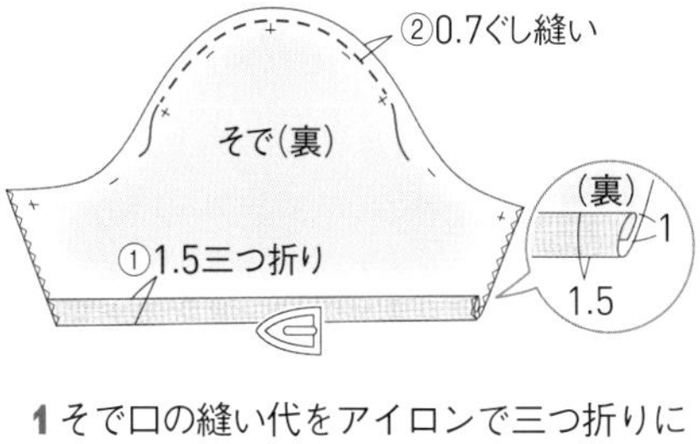

1 そで口の縫い代をアイロンで三つ折りにする(①)。そで山の縫い代を合い印〜合い印まで細かい針目でぐし縫いする(②)。

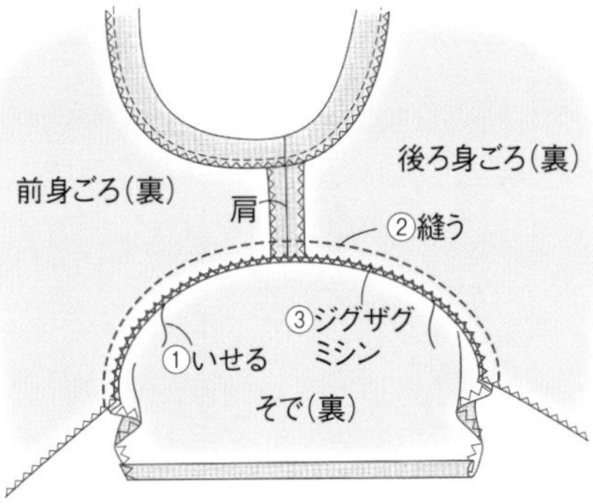

2 身ごろのそでぐりにそでを中表に合わせ、そでぐりに合わせてぐし縫いの糸を引いてそで山をいせる(①)。合い印を合わせて待ち針で留めて縫う(②)。縫い代は2枚一緒にジグザグミシンをかけ、そで側に倒す(③)。

❺ そで下〜わきを縫う

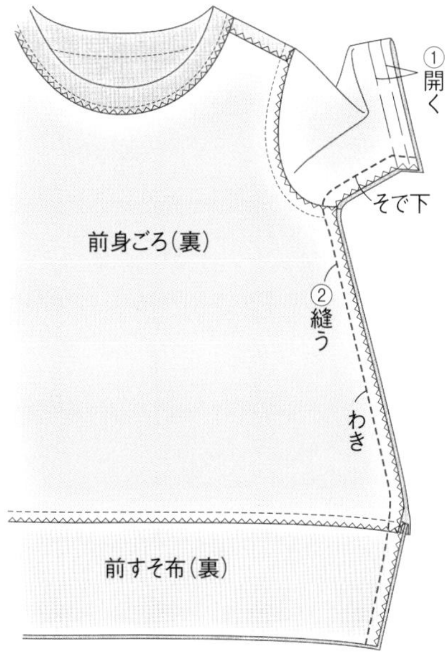

そで口の三つ折りにした縫い代を開き(①)、前身ごろと後ろ身ごろを中表に合わせ、そで下〜わきを続けて縫う(②)。縫い代はアイロンで割る。

❻ そで口の始末をする

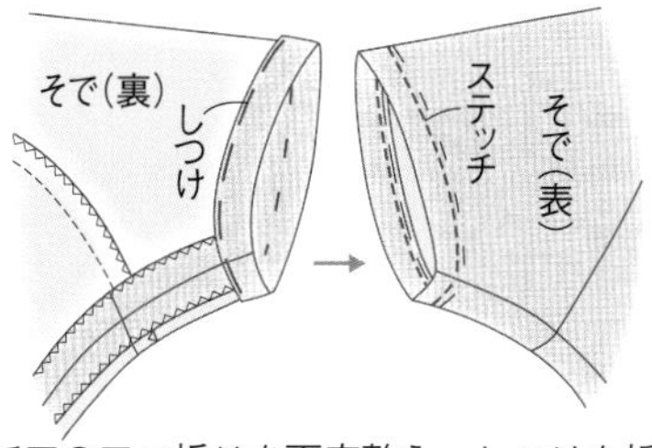

そで口の三つ折りを再度整え、しつけを折り山のきわにかけ、しつけのそで口側のきわに表面からステッチをかける。

❼ すそをバイアステープで始末する

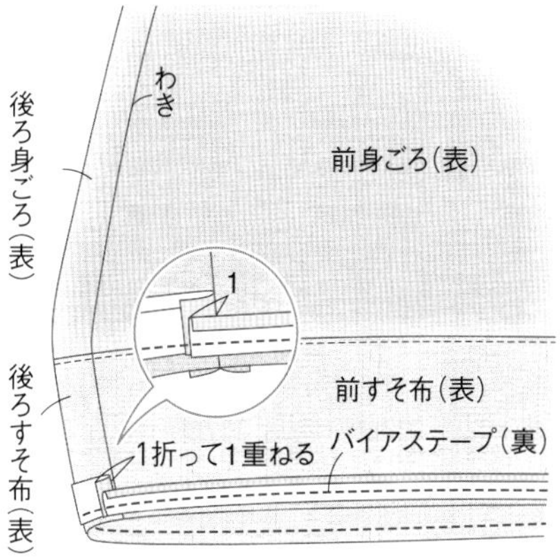

1 両折りタイプのバイアステープの一方を開き、折り目とすその出来上がり線を中表に合わせて縫う。バイアステープの端は1cm折って1cm重ねる。

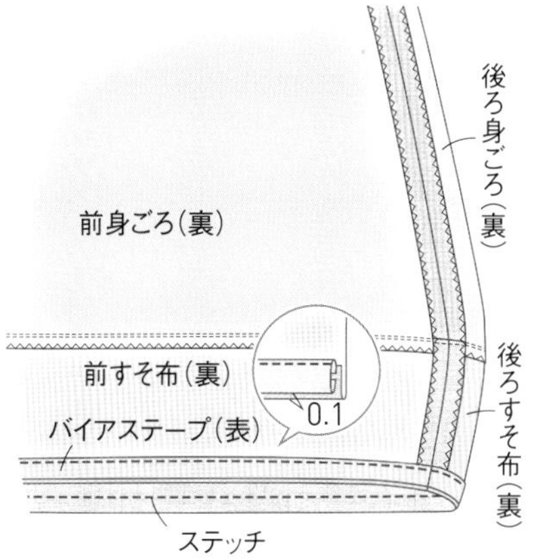

2 バイアステープをすそ布の裏面に返し、すそ布から0.1cm控えて整える。バイアステープの端にしつけをかけ、表からステッチをかける。そで口とすそのしつけを外す。

P. 9

半そでブラウス
a・b

使用型紙（C面）

前身ごろ　後ろ身ごろ　そで　前見返し　後ろ見返し

●出来上がり寸法
M…バスト114cm　そで丈20.5cm
着丈65.5cm
L…バスト118cm　そで丈21cm
着丈66cm
LL…バスト124cm　そで丈21.5cm
着丈66.5cm

材料

a
木綿　刺しゅう布…99cm幅　190cm
b
麻ビスコース…145cm幅　110cm

作り方のポイント

作品a・bは生地は違うが、それ以外の作り方は同じ。

作り方

＊肩・わき（スリット部分含む）・そで下の縫い代、各見返しの外回りにジグザグミシン（またはロックミシン）をかけておく。

❶ 肩を縫う→p.41 ❸
❷ えりぐりに見返しをつける
❸ そでをつける→p.42 ❺
❹ そで下〜わきを縫う→p.45 ❺
❺ そで口の始末をする→p.43 ❼
❻ すそとスリットあきの始末をする

❷ えりぐりに見返しをつける

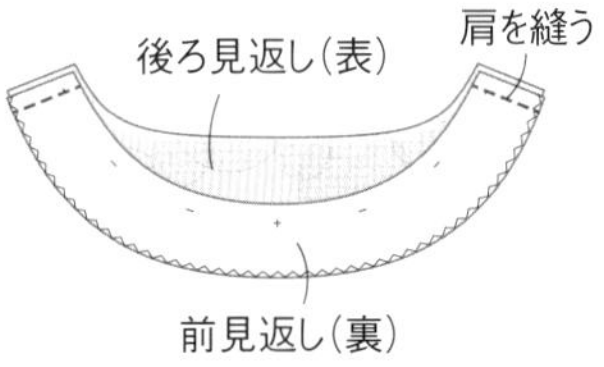

1 前見返しと後ろ見返しの肩を中表に合わせて縫う。

裁ち合わせ図

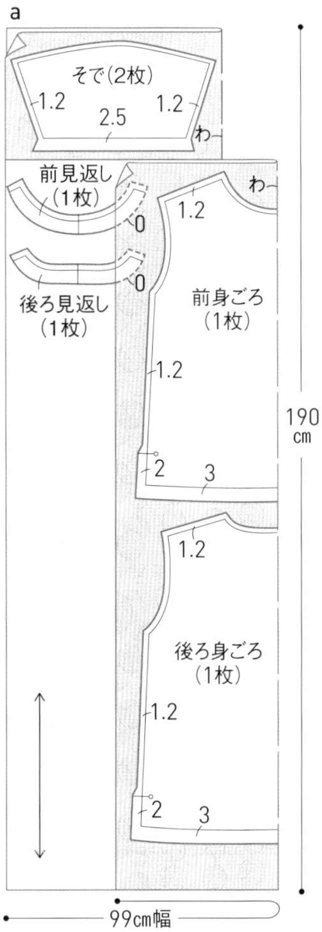

＊指定以外の縫い代は1cm

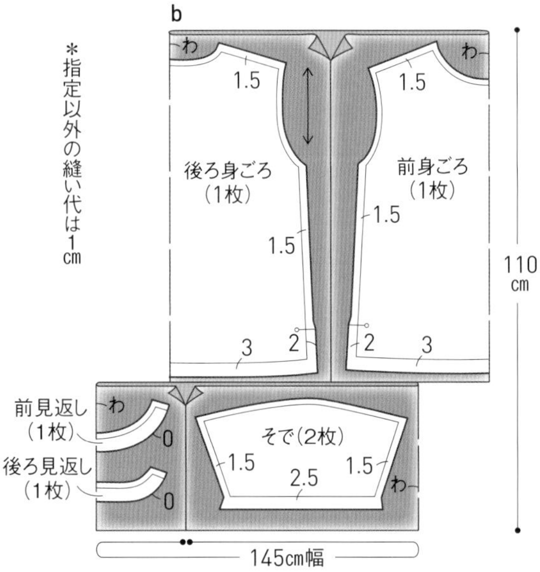

縫い方順序

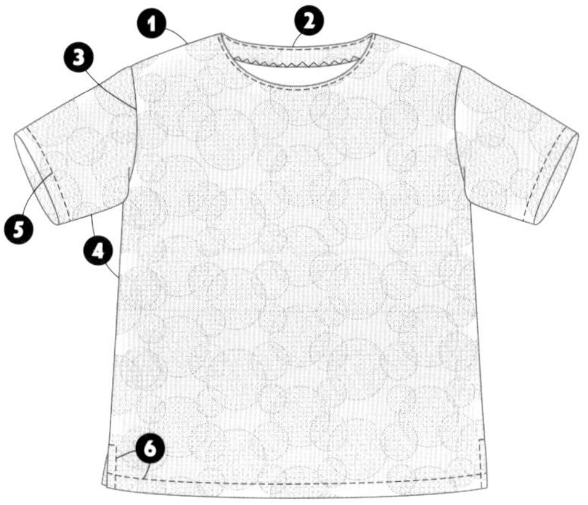

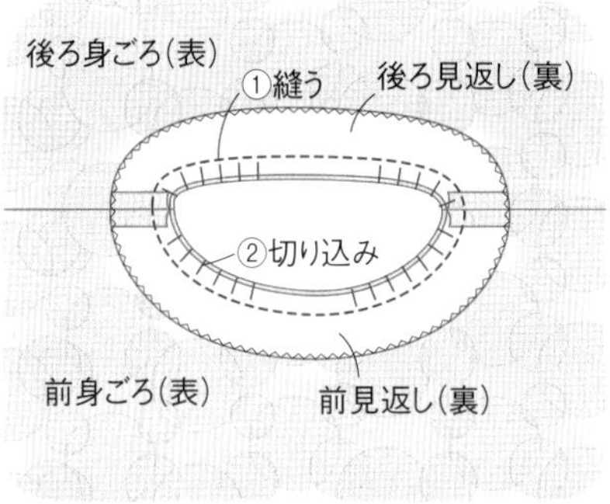

2 身ごろのえりぐりに見返しを中表に合わせて縫う（①）。えりぐりの縫い代のカーブ部分に1.5cmの間隔で切り込みを入れる（②）。

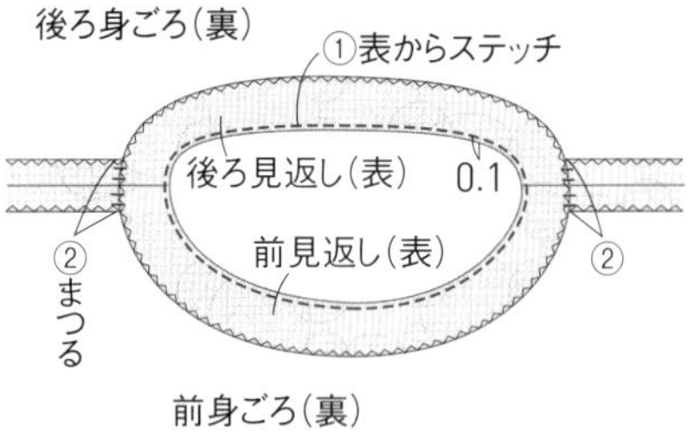

3 見返しを表に返してえりぐりを整え、えりぐりに表面からステッチをかける（①）。見返し端を肩の縫い代にまつる（②）。

❻ すそとスリットあきの始末をする

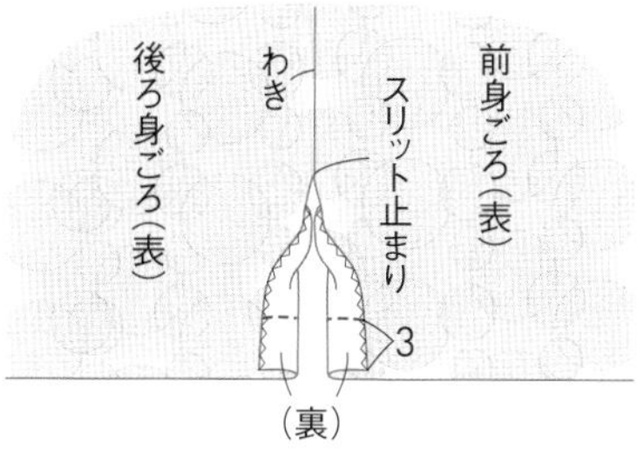

1 スリットの縫い代を中表に折り、スリットのすそを縫う。

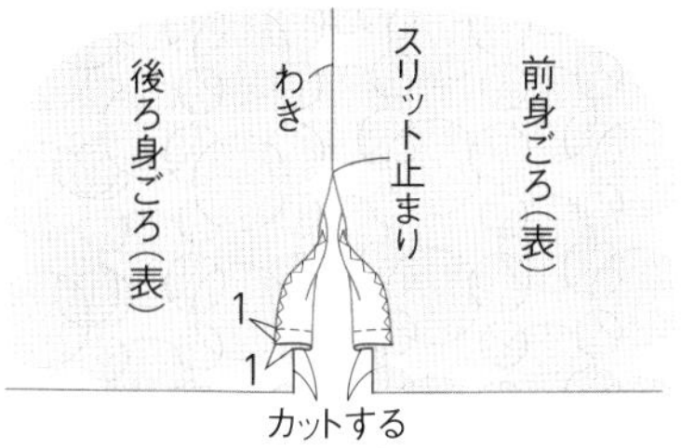

2 スリットのすその縫い代の余分をカットする。

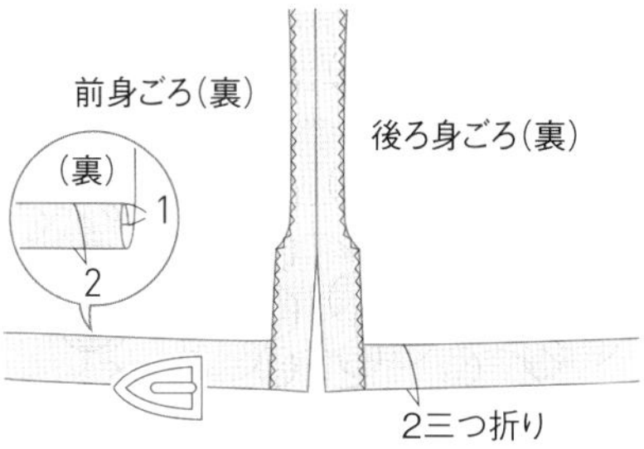

3 スリットの縫い代を出来上がり線で身ごろの裏面に折り、すそを三つ折りにしてアイロンで整える。

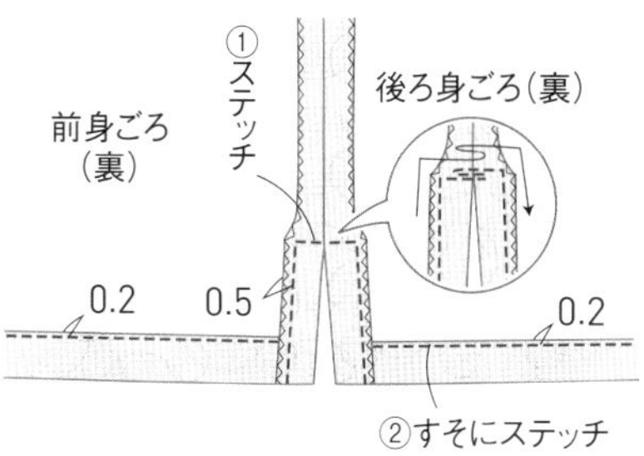

4 スリットあきにステッチをかける。スリット止まりは2〜3回重ねて縫う(①)。すその三つ折り端にステッチをかける(②)。

P.8

長そでブラウス

使用型紙(B面)

前身ごろ　後ろ身ごろ　そで
前見返し　後ろ見返し

●出来上がり寸法
M…バスト123cm　そで丈39cm
着丈66cm
L…バスト127cm　そで丈39.5cm
着丈66.5cm
LL…バスト133cm　そで丈40cm
着丈67cm

材料

木綿　刺しゅう布…125cm幅　200cm
(刺しゅう部分107cm幅)

作り方

＊肩・わき・そで下の縫い代、各見返しの外回りにジグザグミシン(またはロックミシン)をかけておく。

❶ **肩を縫う→p.41 ❸**
❷ **えりぐりに見返しをつける→p.46 ❷**
❸ **そでをつける→p.42 ❺**
❹ **そで下〜わきを縫う→p.45 ❺**
❺ **そで口の始末をする→p.43 ❼**
❻ **すその始末をする→p.43 ❽**

裁ち合わせ図

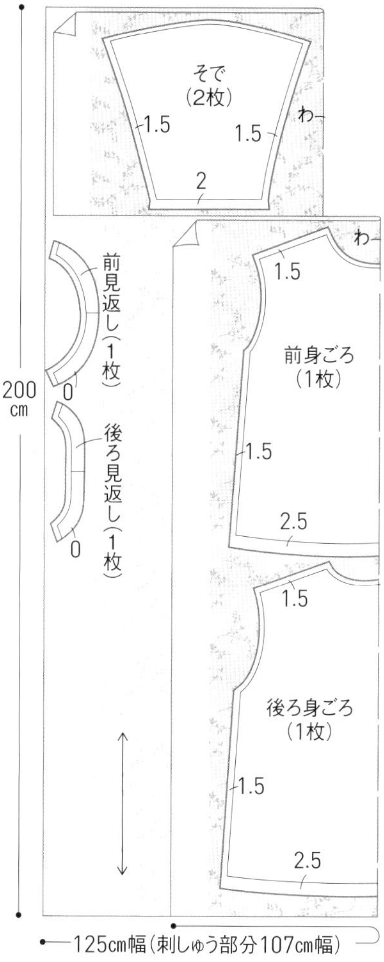

＊指定以外の縫い代は1cm

縫い方順序

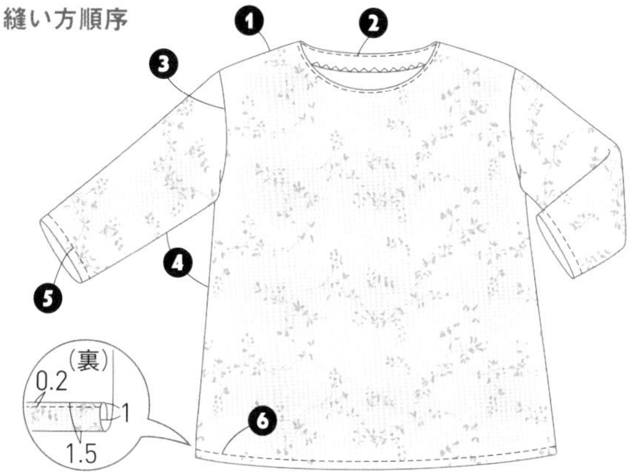

P.10

ノーカラージャケット

使用型紙（B面）

前身ごろ　後ろ身ごろ　そで　前えりぐり布　後ろえりぐり布　袋布

●出来上がり寸法
M…バスト118cm　そで丈51.5cm
着丈　69.5cm
L…バスト122cm　そで丈52cm
着丈70cm
LL…バスト128cm　そで丈52.5cm
着丈70.5cm

材料

表布　ガーゼ刺しゅう布
…90cm幅　260cm
別布　麻ビスコース…60×75cm

作り方のポイント

前立て、前えりぐり布、後ろえりぐり布、袋布の前身ごろ側は別布を使用する。

作り方

＊前立ては型紙を作らずに裁ち合わせ図の寸法で布を裁つ。
＊肩・わき（スリット部分含む）・そで下・袋布のポケット口の縫い代にジグザグミシン（またはロックミシン）をかけておく。
＊前身ごろの裏面に前立てとえりぐり布つけ位置の線、後ろ身ごろの裏面にえりぐり布つけ位置の線を写しておく。

1. 後ろ中央を縫う
2. ポケット口に袋布をつける→p.41 ❶
3. 肩を縫う→p.41 ❸
4. そでをつける→p.42 ❺
5. そで下～わきを縫い、ポケットを作る→p.42 ❻
6. そで口の始末をする→p.43 ❼
7. すそとスリットあきの始末をする
8. 前立てをつける
9. えりぐり布をつける

裁ち合わせ図

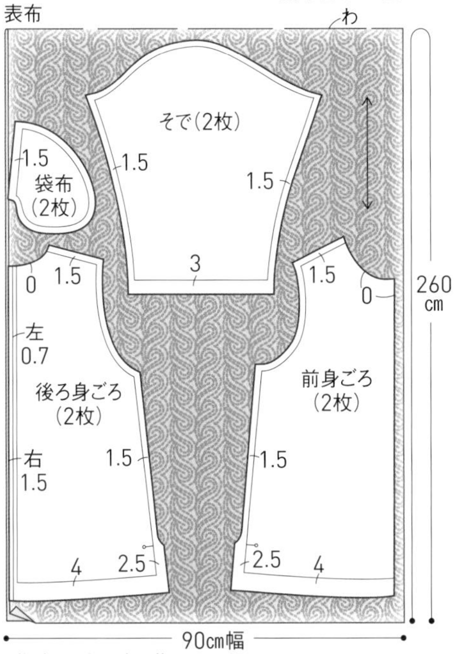

＊指定以外の縫い代は1cm

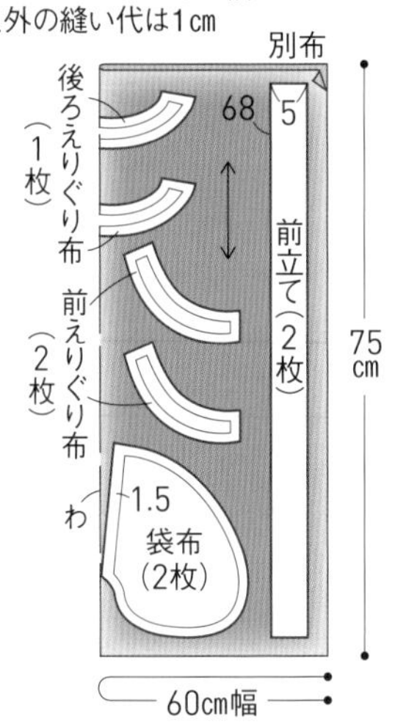

縫い方順序

❶ 後ろ中央を縫う

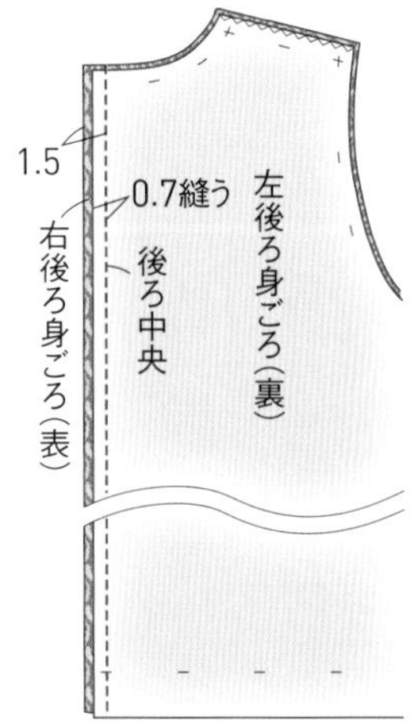

1 後ろ中央を中表に合わせて縫う。

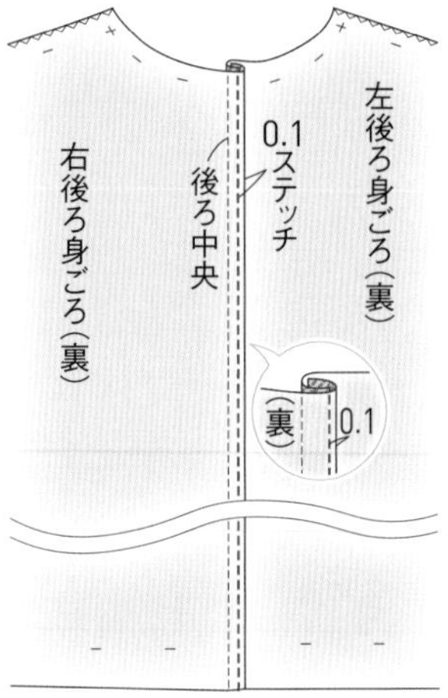

2 広いほう（右身ごろ）の縫い代で狭いほう（左身ごろ）の縫い代をくるみ、左身ごろ側に倒してステッチをかける。

❼ すそとスリットあきの始末をする

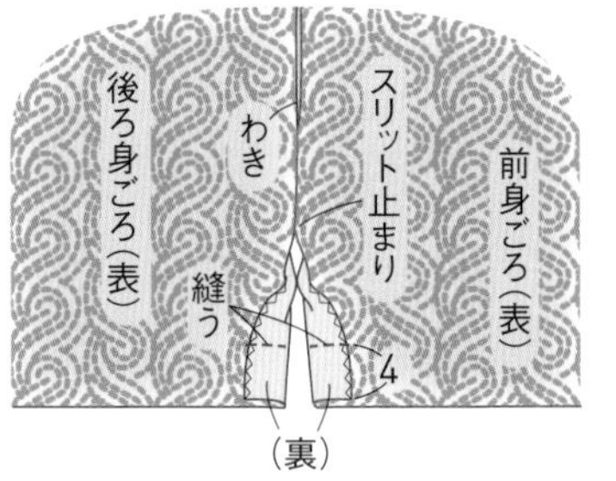

1 スリットの縫い代を中表に折り、スリットのすそを縫う。

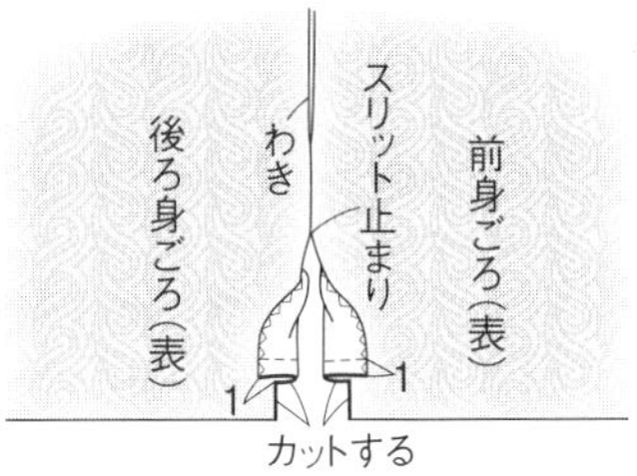

2 スリットすその縫い代を図のようにカットする。

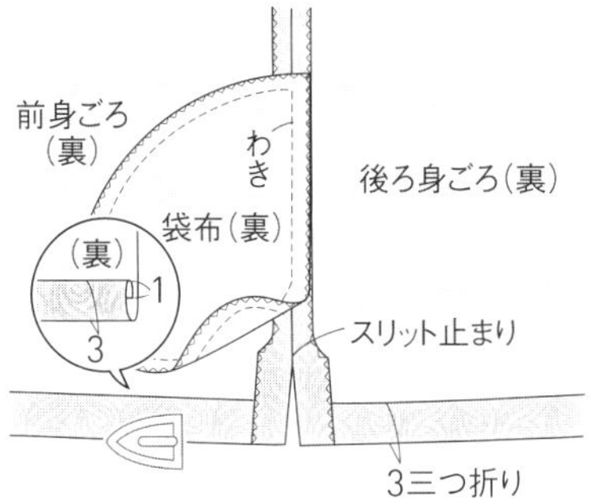

3 スリットの縫い代を身ごろの裏面に返して出来上がり線で折り、すそを三つ折りにしてアイロンで整える。

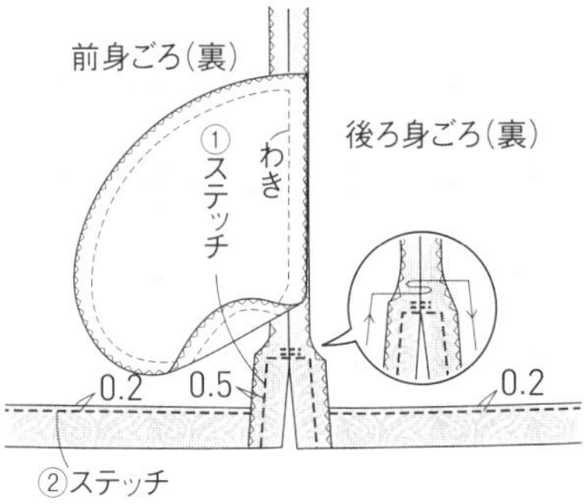

4 スリットあきにステッチをかける。スリット止まりは2〜3回重ねて縫う(①)。すその三つ折り端にステッチをかける(②)。

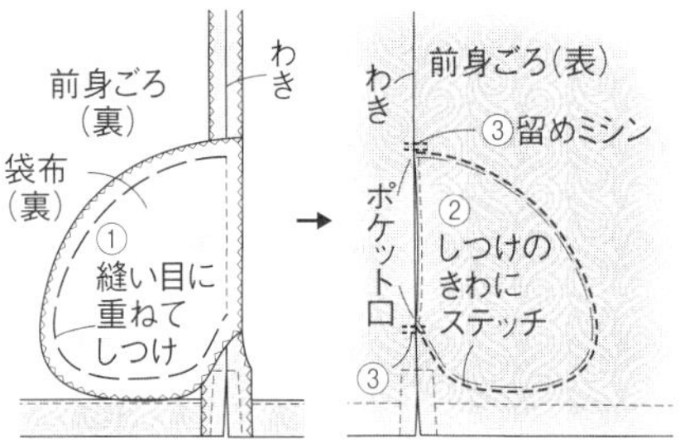

5 袋布を前身ごろの裏面に重ね、外回りの縫い目に重ねてしつけをかける(①)。前身ごろの表面からしつけのきわを縫い(②)、ポケット口の上下に2〜3回重ねて留めミシンをかける(③)。しつけを外す。

8 前立てをつける

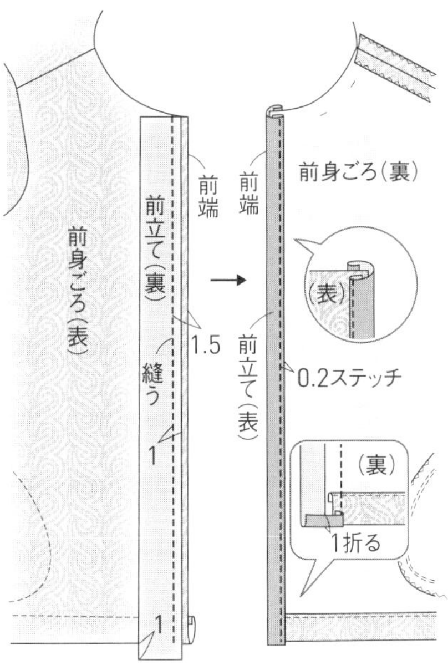

前身ごろの前端に前立てを中表に合わせてつけ位置の線を縫うが、すそは縫い代を1cm出す。すその縫い代を折って前端をくるむように前立てを表に返し、端を折り込んで表面からステッチをかける。

9 えりぐり布をつける

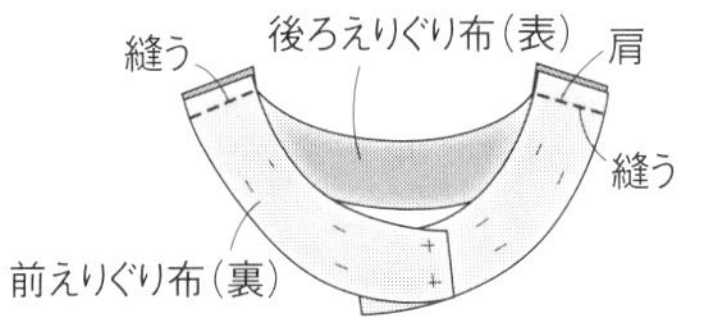

1 後ろえりぐり布と前えりぐり布の肩を中表に合わせて縫い、縫い代を割る(表えりぐり布)。もう1組も同様にして縫う(裏えりぐり布)。

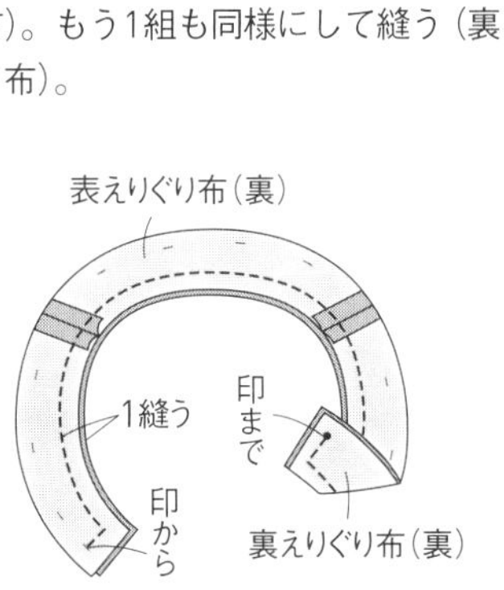

2 表えりぐり布と裏えりぐり布を中表に合わせ、印〜印まで縫う。

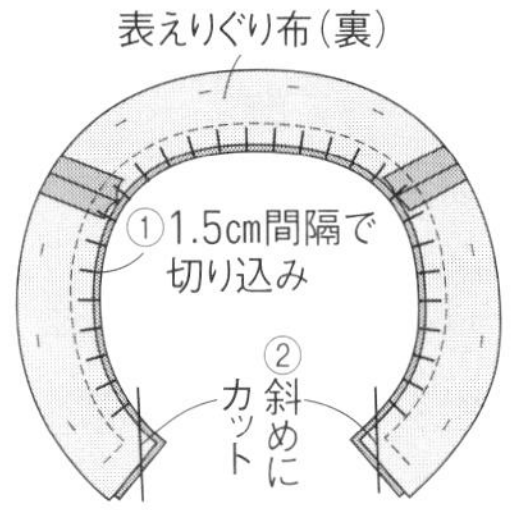

3 内側のカーブに切り込みを入れ(①)、前端の角の縫い代を斜めにカットする(②)。

4 表えりぐり布を表に返してアイロンで整える。

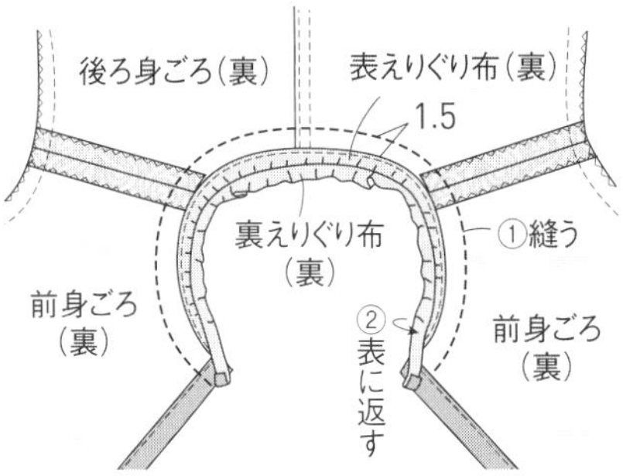

5 身ごろのえりぐりに表えりぐり布を中表に合わせる。表えりぐり布の出来上がり線と身ごろのえりぐり布つけ位置の線を合わせ、裏えりぐり布をよけて縫う(①)。身ごろのえりぐりをくるむようにえりぐり布を表に返す(②)。

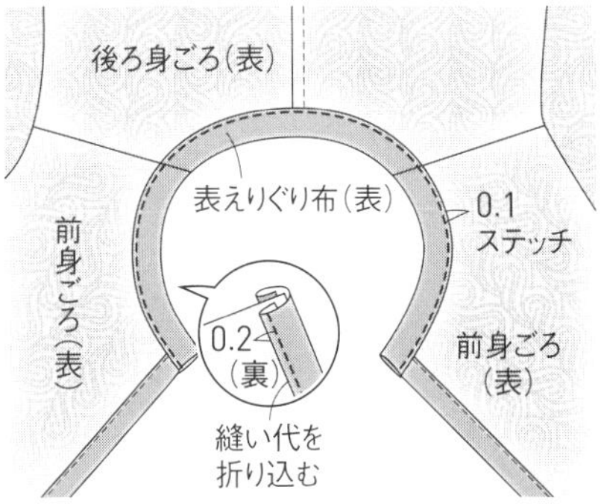

6 裏えりぐり布の縫い代を折り込んで形を整え、表面からステッチをかける。

タックパンツ

使用型紙（D面）

前パンツ　後ろパンツ　袋布

●出来上がり寸法
M…ヒップ110cm　パンツ丈82.5cm
L…ヒップ114cm　パンツ丈83.5cm
LL…ヒップ120cm　パンツ丈84.5cm

材料

木綿…145cm幅　200cm
ゴムテープ…3cm幅　適宜

作り方のポイント

ゴムテープの長さは試着をして決める。

作り方

＊わき・また下・袋布ポケット口の縫い代にジグザグミシン（またはロックミシン）をかけておく。

❶ タックを縫う
❷ ポケット口に袋布をつける
❸ わきを縫い、ポケットを作る
❹ また下を縫う
❺ またぐりを縫う
❻ ウエストの始末をする
❼ すその始末をする

裁ち合わせ図

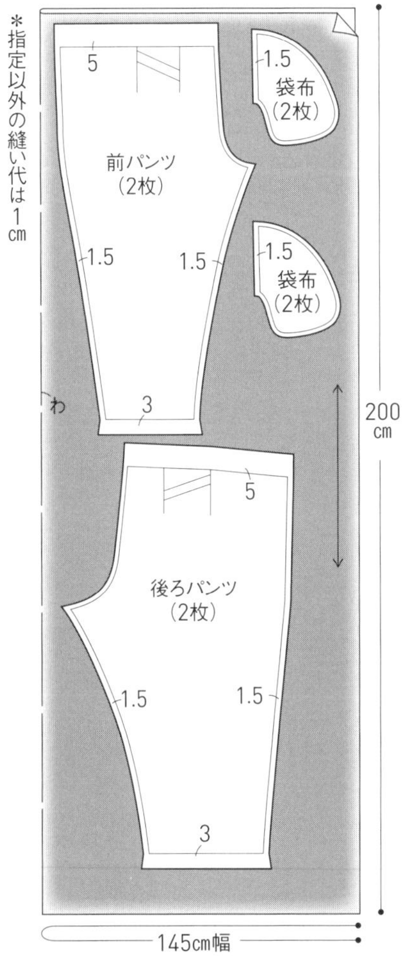

縫い方順序

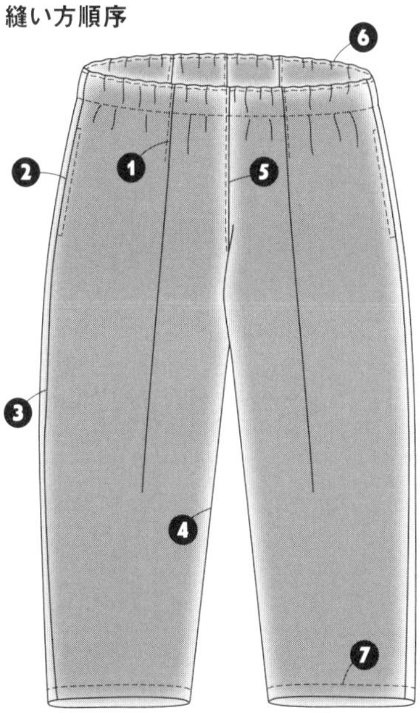

❶ タックを縫う

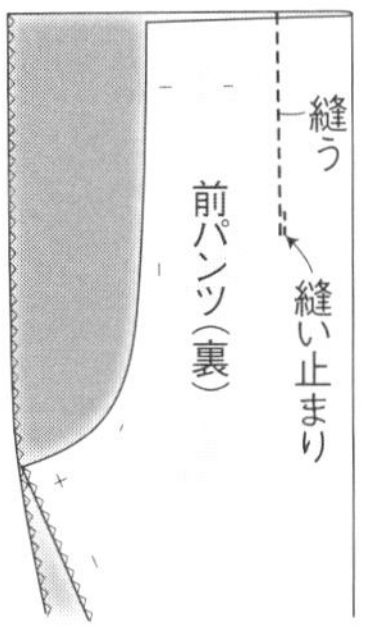

1 前パンツのタック部分を中表に合わせ、ウエスト端から縫い止まりまで縫う。縫い止まりでは返し縫いをする。

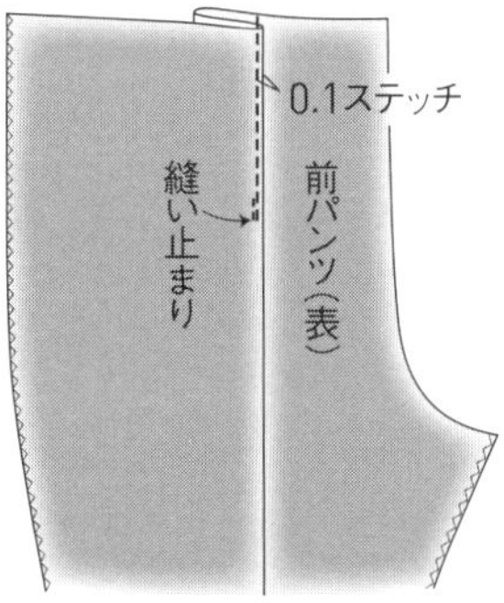

2 タックをわき側に倒してアイロンで整え、縫い目のきわにステッチをかける。もう1枚も同様に縫う。

3 後ろパンツのタックを**1**、**2**と同様に縫う。

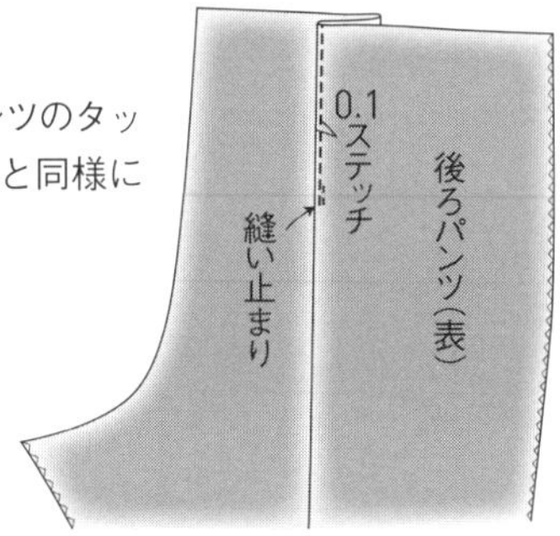

❷ ポケット口に袋布をつける

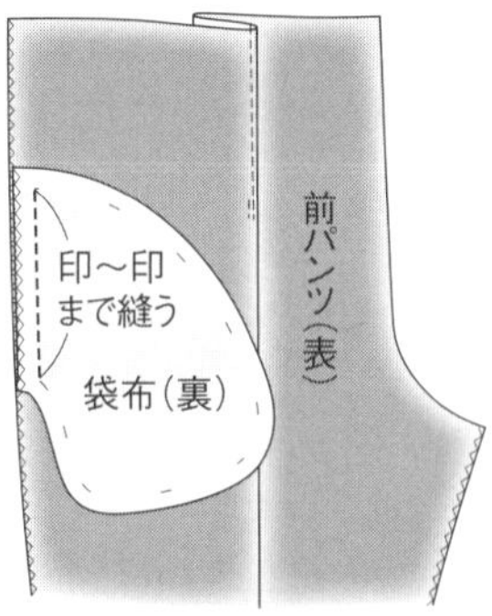

前・後ろパンツのポケット口に袋布を中表に合わせ、ポケット口の印〜印まで縫う。袋布を表に返して、縫い目をアイロンで整える。

❸ わきを縫い、ポケットを作る

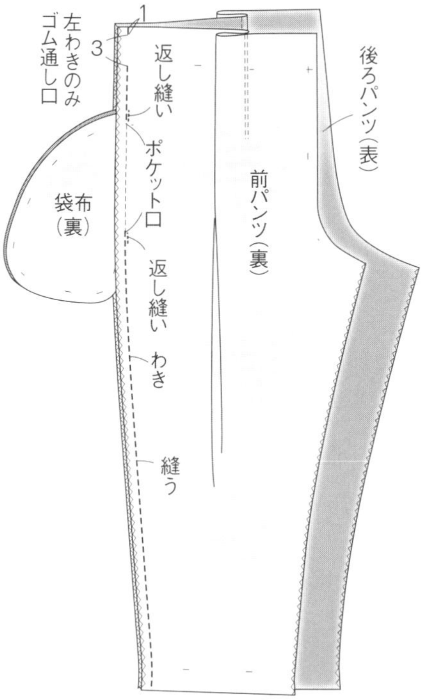

1 前パンツと後ろパンツのわきを中表に合わせ、ポケット口を残して縫う。ポケット口の上下は返し縫いをし、左わきはウエストの縫い代にゴム通し口を縫い残す。わき縫い代はアイロンで割って整える。

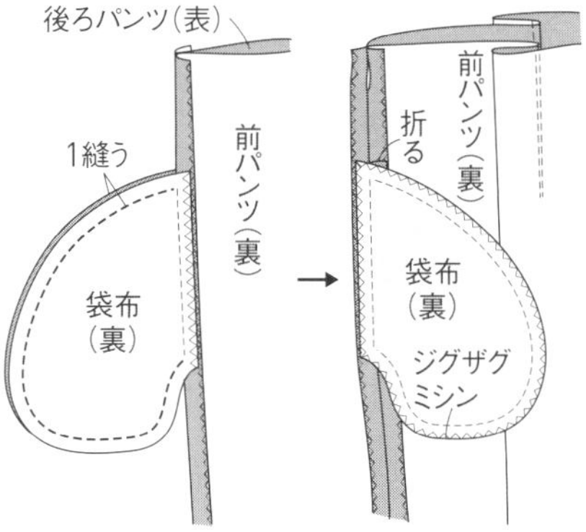

2 前後の袋布を中表に合わせ、前後パンツと縫い代をよけて外回りを印〜印まで縫う。前側ポケット口の縫い代を折り、前後パンツをよけて、2枚一緒にジグザグミシンで始末する。

❹ また下を縫う

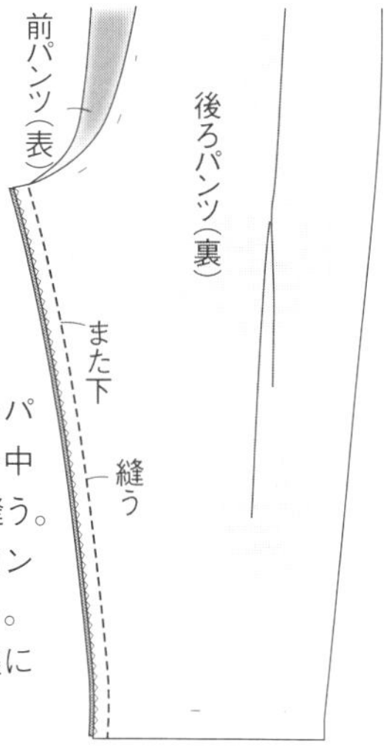

前パンツと後ろパンツのまた下を中表に合わせて縫う。縫い代はアイロンで割って整える。もう1枚も同様に縫う。

❺ またぐりを縫う

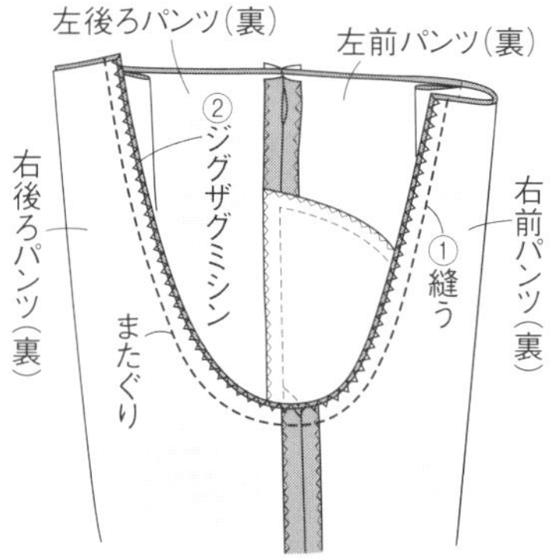

1 右パンツと左パンツを中表に合わせ、またぐりを縫う（①）。縫い代は2枚一緒にジグザグミシンをかける（②）。

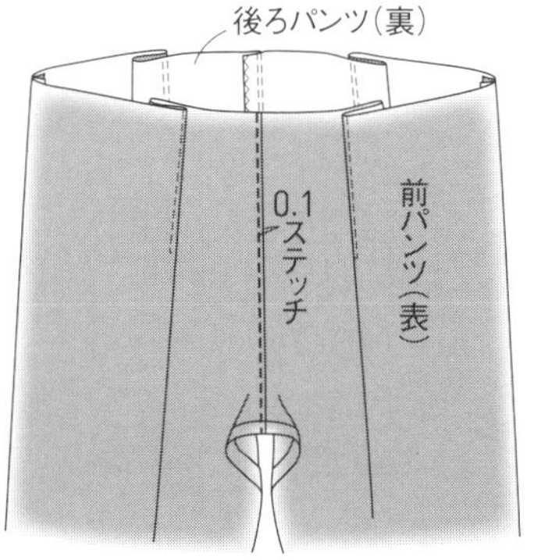

2 表に返し、またぐりの縫い代を右パンツ側に倒してアイロンで整え、縫い目のきわにステッチをかける。

❻ ウエストの始末をする

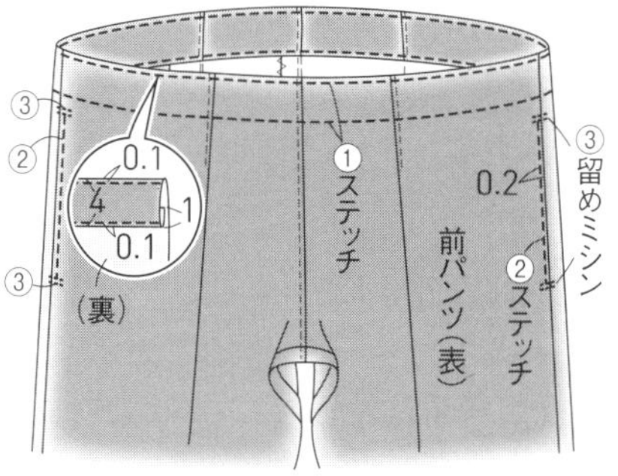

1 ウエストの縫い代を三つ折りにしてアイロンで整え、三つ折りの上下にステッチをかける（①）。ポケット口に袋布側からステッチをかけ（②）、ポケット口の上下に2〜3回重ねて留めミシンをかける（③）。

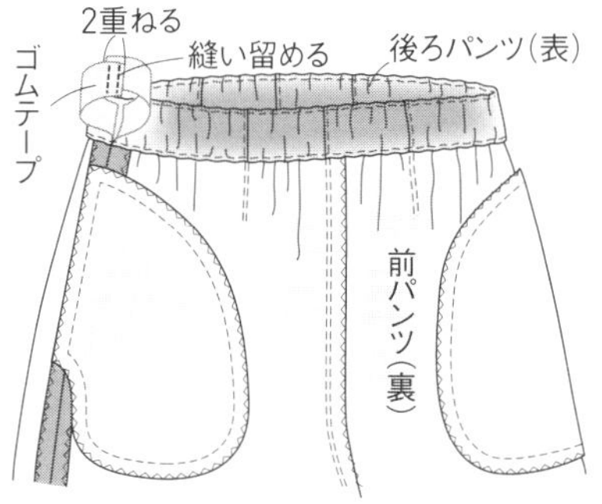

2 ウエストにゴムテープを通す。ゴムテープの長さは試着をして決め、2cmの縫い代をつけてカットし、端を2cm重ねて縫い留める。

❼ すその始末をする

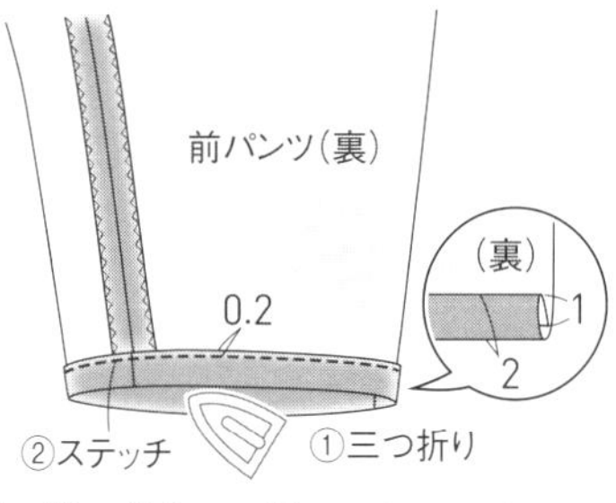

すその縫い代を三つ折りにしてアイロンで整え（①）、ステッチをかける（②）。

タートルネックのベスト

使用型紙（B面）

前身ごろ　後ろ身ごろ　前そでぐり見返し
後ろそでぐり見返し　えり

●出来上がり寸法
M〜L…バスト111cm　着丈69cm

材料

ウールガーゼ…135cm幅　160cm
接着芯…60×35cm
ボタン…直径1.5cm　4個

作り方のポイント

後ろ身ごろの後ろあきの縫い代、各見返し、表えりの左・右後ろ端の裏面に、アイロンで接着芯を貼る。

作り方

＊肩・わき（スリット部分含む）・すそ・後ろあきの縫い代、各そでぐり見返しの外回りにジグザグミシン（またはロックミシン）をかけておく。

1. 後ろ中央を縫い、あきを作る
2. 肩を縫う
3. えりを作ってつける
4. わきを縫う
5. そでぐりを縫う
6. すそとスリットあきの始末をする
7. ボタンホールを作り、ボタンをつける

裁ち合わせ図

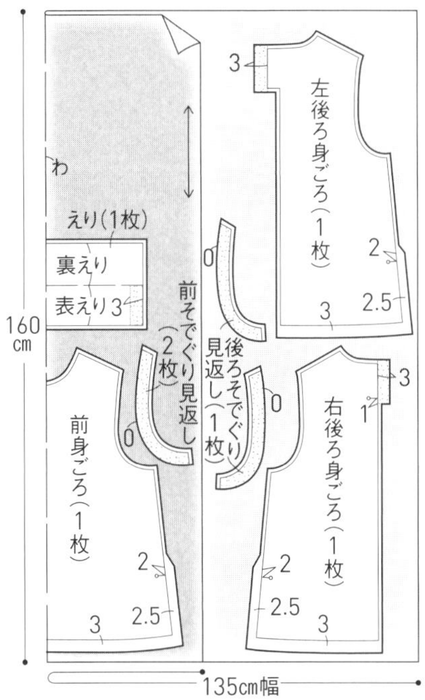

＊指定以外の縫い代は1cm
＊　　接着芯を貼る位置

縫い方順序

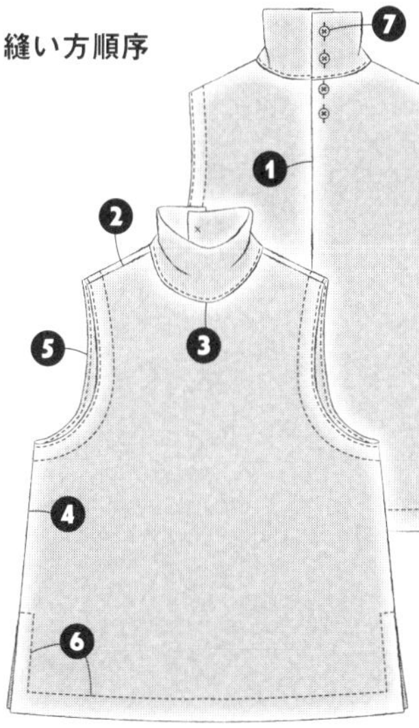

1 後ろ中央を縫い、あきを作る

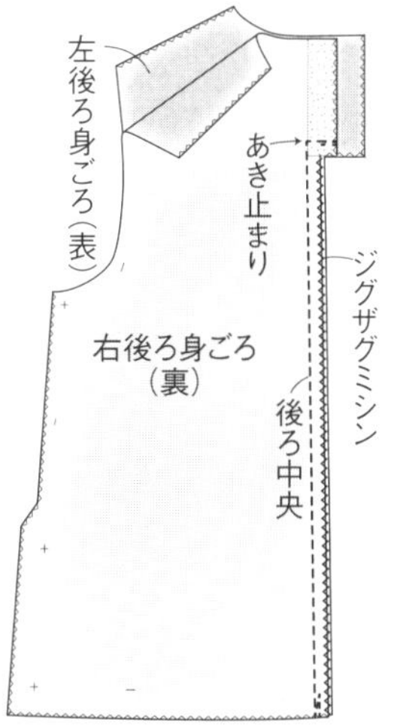

1 左右の後ろ身ごろを中表に合わせ、後ろ中央のあき止まり〜すそまでを図のように縫う。縫い代は2枚一緒にジグザグミシンをかける。

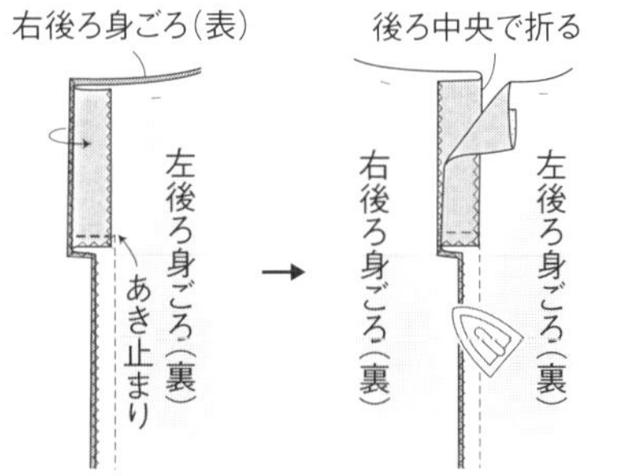

2 左後ろ身ごろの後ろあきの縫い代を裏面に折り、あき止まり位置を**1**のミシン目に重ねて縫う。次に後ろ中央の縫い代を右後ろ身ごろ側に倒し、右後ろ身ごろの後ろあきの縫い代は後ろ中央で裏面に折ってアイロンで整える。

2 肩を縫う

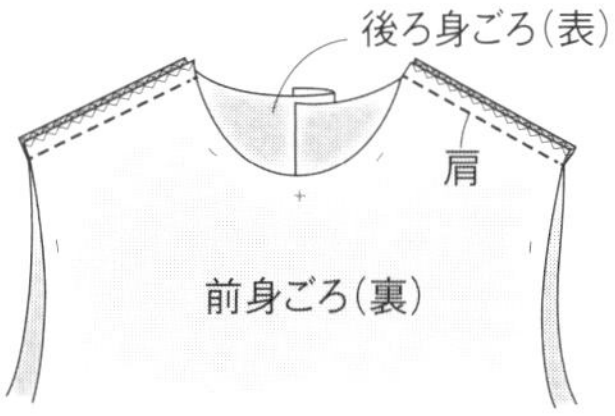

前身ごろと後ろ身ごろの肩を中表に合わせて縫う。縫い代はアイロンで割る。

3 えりを作ってつける

1 えりを中表に折り、両端を縫う。下端は出来上がりの印で縫い止める。

2 えりを表に返してアイロンで整える。

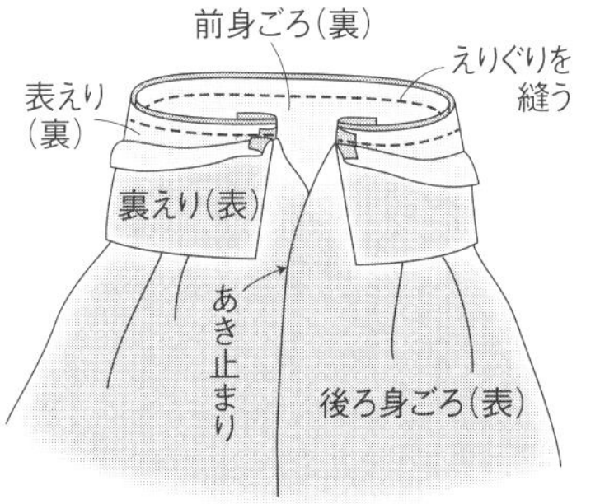

3 身ごろのえりぐりに表えりを中表に合わせ、裏えりをよけてえりぐりを縫う。

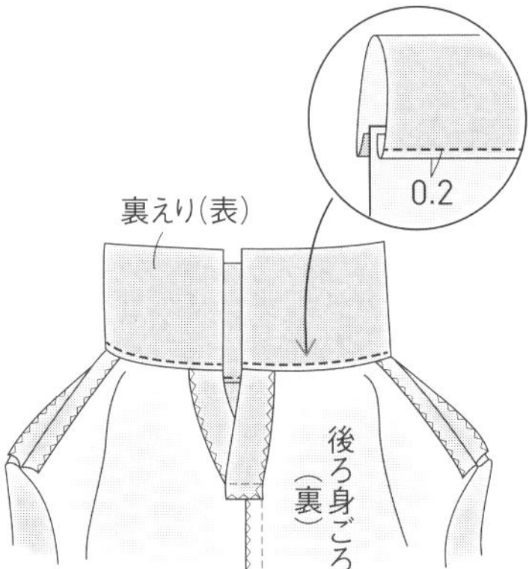

4 身ごろを裏に返し、**3**の縫い代をえり側に倒してアイロンで整え、裏えりの縫い代を内側に折ってステッチをかける。

4 わきを縫う

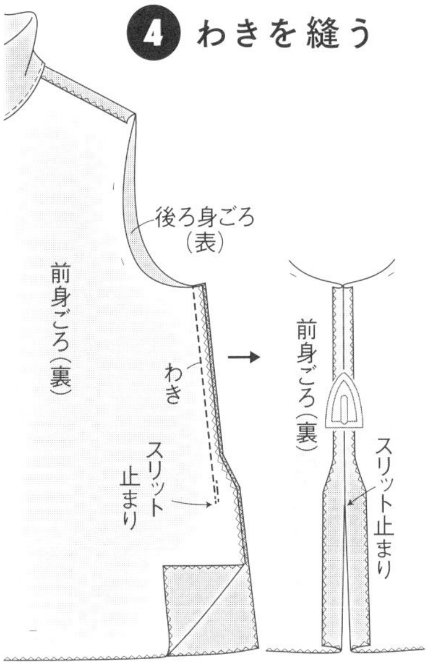

前身ごろと後ろ身ごろのわきを中表に合わせ、スリット止まりまで縫う。スリット止まりはしっかり返し縫いをする。わき縫い代はアイロンで割り、スリットの縫い代はアイロンで割っておく。

5 そでぐりを縫う

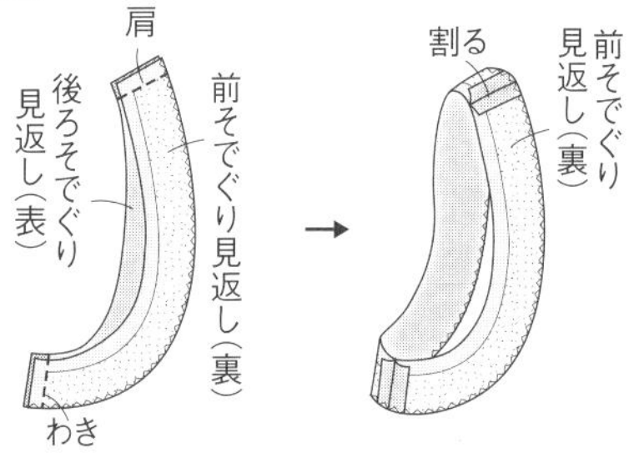

1 前そでぐり見返しと後ろそでぐり見返しを中表に合わせて肩とわきを縫う。縫い代はそれぞれアイロンで割る。

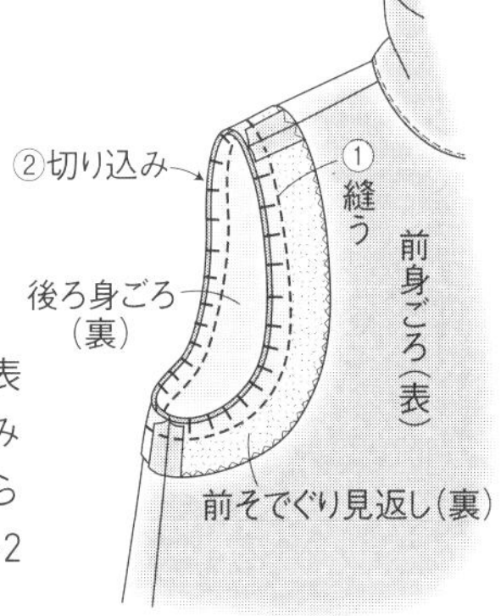

2 身ごろのそでぐりにそでぐり見返しを中表に合わせて縫う(①)。次に縫い代に切り込みを入れる(②)。カーブの強い部分には1㎝ぐらいの間隔で、カーブの緩いところには1.5～2㎝ぐらいの間隔で切り込みを入れる。

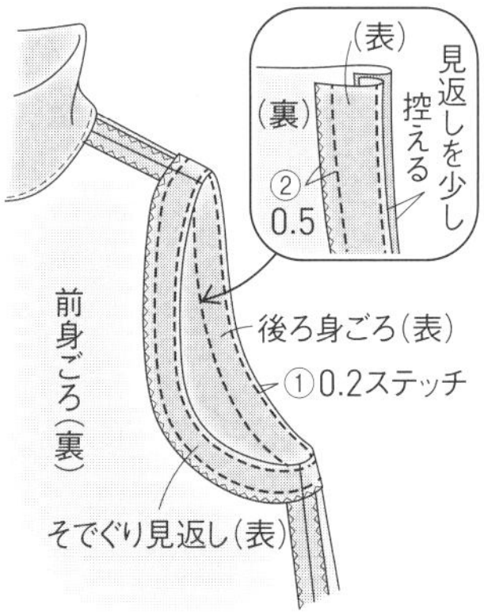

3 そでぐり見返しを身ごろの裏面に返し、見返しを少し控えてそでぐりをアイロンで整える。次にそでぐりにステッチをかけ(①)、さらにそでぐり見返しの端にもステッチをかける(②)。

6 すそとスリットあきの始末をする

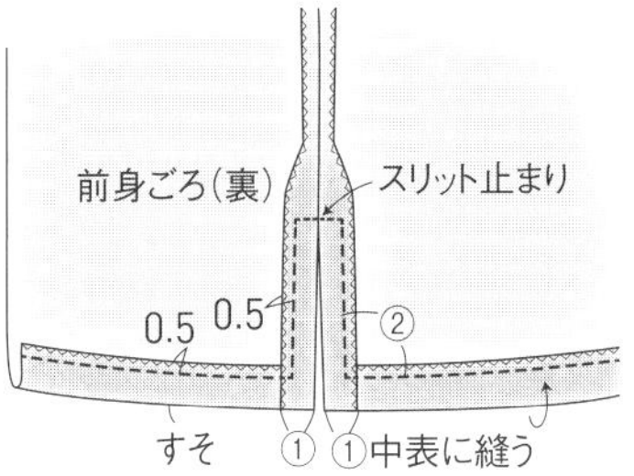

スリットのすそ縫い代を中表に縫い(①)、縫い代を表に返してアイロンで整えて、すそ縫い代もアイロンで折り上げる(47ページ**6**-**1**～**3**参照)。すそ～スリットに続けてステッチをかける(②)。

7 ボタンホールを作り、ボタンをつける

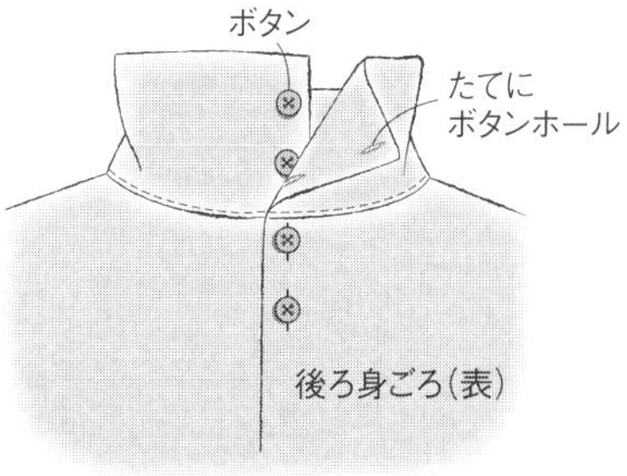

右後ろ身ごろの後ろあきとえりの右後ろ端に、ミシンの機能を使ってたてにボタンホールを作る。左後ろ身ごろとえりの左後ろ端にはボタンをつける。

マーガレット

使用型紙（A面）

身ごろA・B

●出来上がり寸法　着丈82cm

材料

綿ローン　A色
…110cm幅　60cm（身ごろA）
綿ローン　B色
…110cm幅　60cm（身ごろB）
刺し子糸　白…適宜
そのほかに、手縫い糸

作り方のポイント

＊刺しゅうは、刺し子糸を刺しゅう針（5番または6番）に通して刺す。
＊本作品は手縫いで作っているがミシンで作ってもよい。

作り方

1. 身ごろAと身ごろBを縫い合わせる
2. わきを縫い、わきとそで口を始末する
3. えり〜すそを縫う
4. えり〜すその縁に刺しゅうをする
5. あき止まりにかんぬき止めをする

裁ち合わせ図

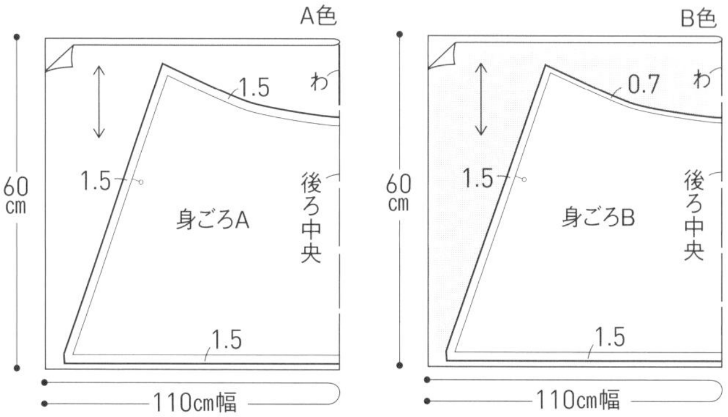

縫い方順序

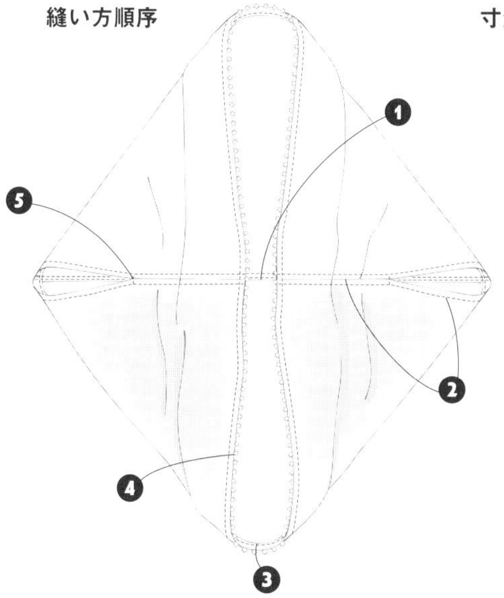

寸法図

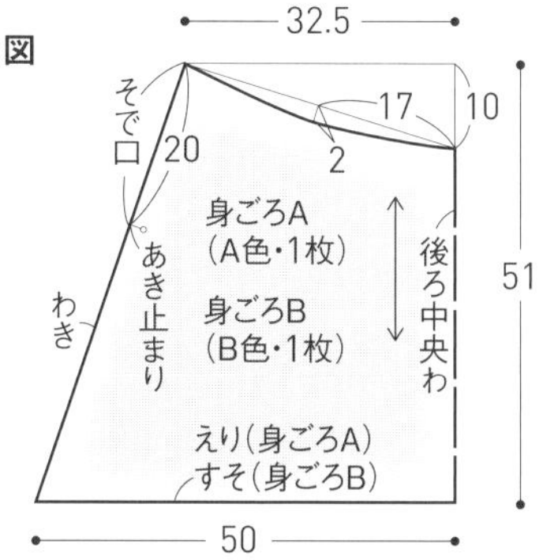

＊指定の縫い代をつけて裁つ

1 身ごろAと身ごろBを縫い合わせる

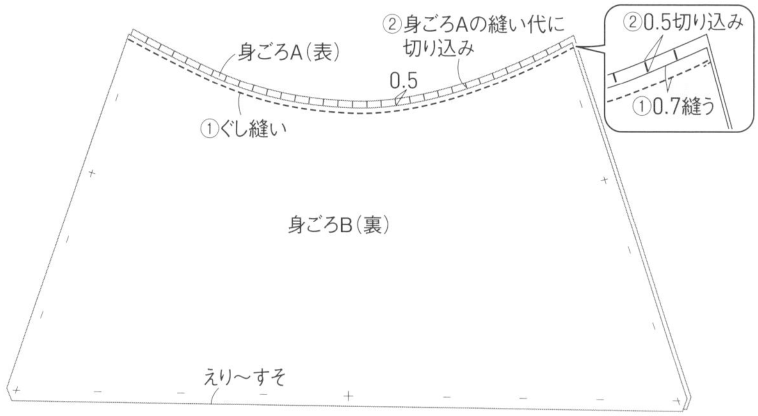

1 身ごろAと身ごろBを中表に合わせてカーブを縫う。手縫い糸1本どりで糸端に玉結びを作り、出来上がり線を端から端までぐし縫いする。縫い始めと縫い終わりは1針ずつ返し縫いをし、縫い終わりは玉留めする（①）。広いほう（身ごろA）の縫い代のみ、1〜1.5cm間隔で切り込みを入れる（②）。

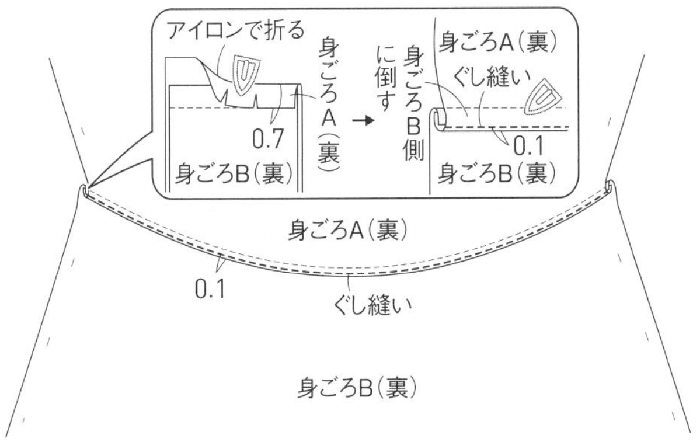

2 広いほう（身ごろA）の縫い代で狭いほう（身ごろB）の縫い代をくるみ、アイロンで押さえる。縫い代を身ごろB側に倒し、折り山から0.1cmをぐし縫いする。

❷ わきを縫い、わきとそで口を始末する

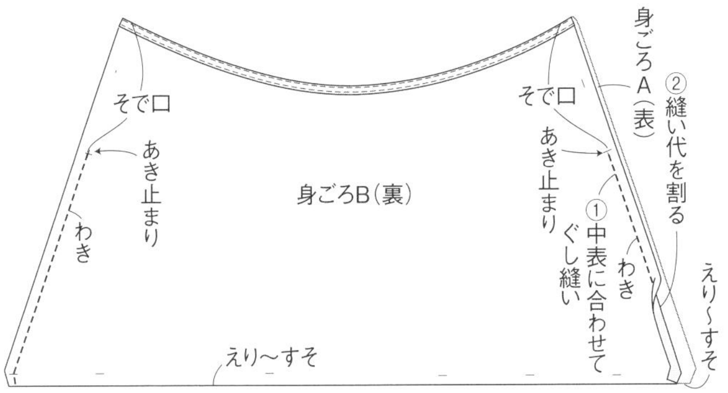

1 ❶-**1** の縫い目から中表に折って身ごろAと身ごろBを合わせ、わきをえり〜すそからあき止まりまで手縫い糸1本どりでぐし縫いする（①）。縫い代はアイロンで割る（②）。

2 縫い代を三つ折りにする（①）。そで口の縫い代もわきの縫い代と同様に折る（②）。手縫い糸1本どりでわきとそで口の縫い代を続けてぐし縫いする（③）。

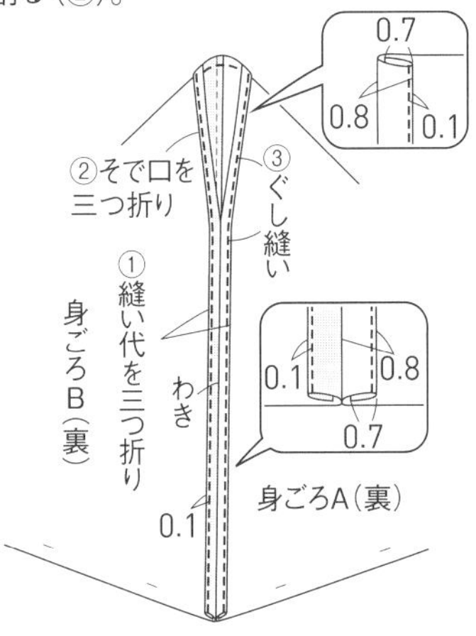

❸ えり〜すそを縫う

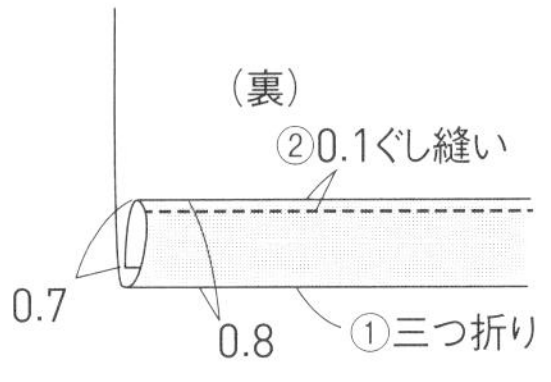

えり〜すその縫い代を三つ折りにし（①）、手縫い糸1本どりでぐし縫いする（②）。

❹ えり〜すその縁に刺しゅうをする

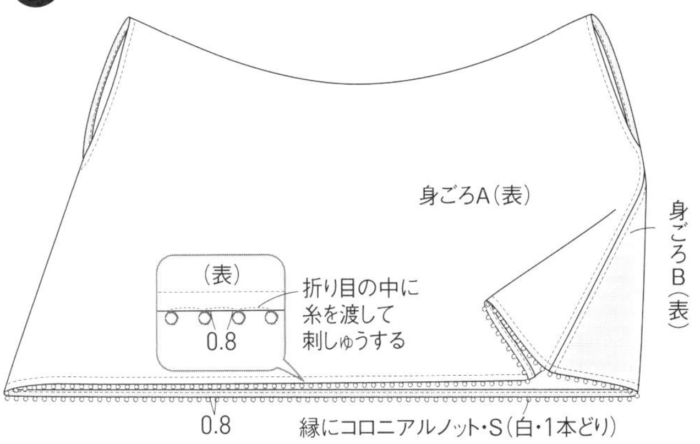

刺しゅう針に刺し子糸を通して1本どりにし、えり〜すその縁にコロニアルノット・ステッチを0.8cm間隔で刺す。

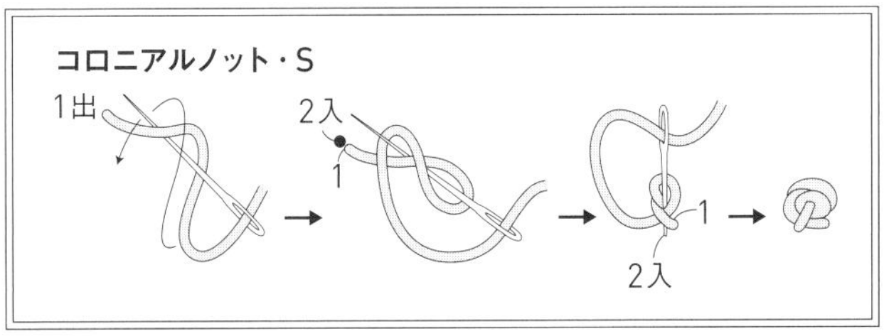

❺ あき止まりにかんぬき止めをする

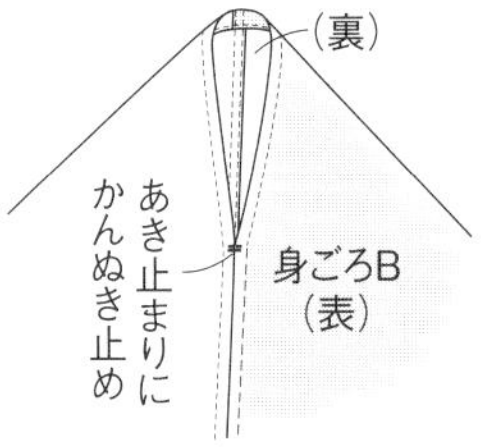

そで口のあき止まりに手縫い糸1本どりでかんぬき止めをする。

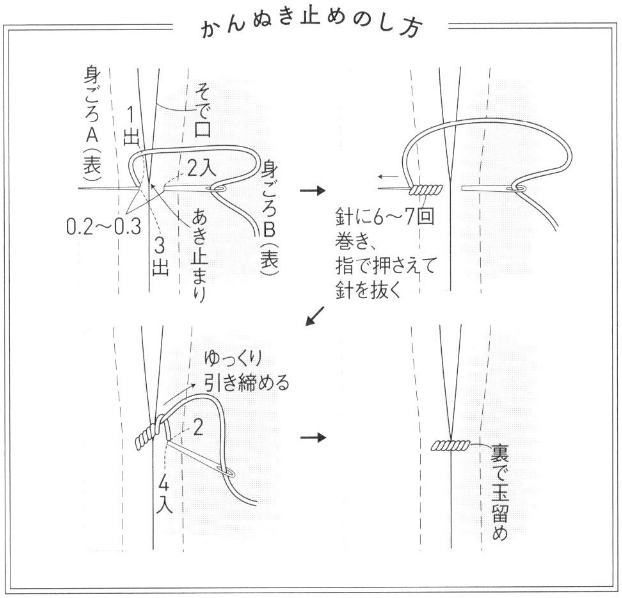

P.14

ペチパンツ

使用型紙（C面）

前パンツ　後ろパンツ

●出来上がり寸法
M…ヒップ110cm　パンツ丈79.5cm
L…ヒップ114cm　パンツ丈80.5cm
LL…ヒップ120cm　パンツ丈81.5cm

材料

木綿…112cm幅　190cm
ゴムテープ…1.5cm幅　適宜

作り方のポイント

＊生地のよこ糸を抜き（フリンジ分0.7cm）、型紙のすそ線を抜いたよこ糸に合わせて布を裁断する。

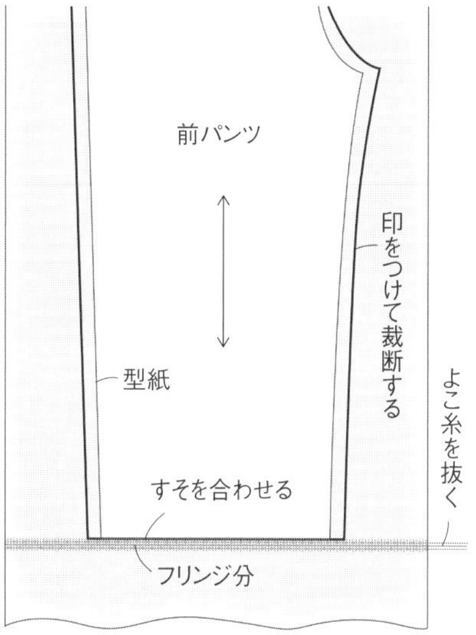

＊ゴムテープの長さは試着をして決める。

作り方

＊わき・また下の縫い代にジグザグミシン（またはロックミシン）をかけておく。

1. わきを縫う
2. また下を縫う
3. またぐりを縫う
4. ウエストの始末をする

裁ち合わせ図

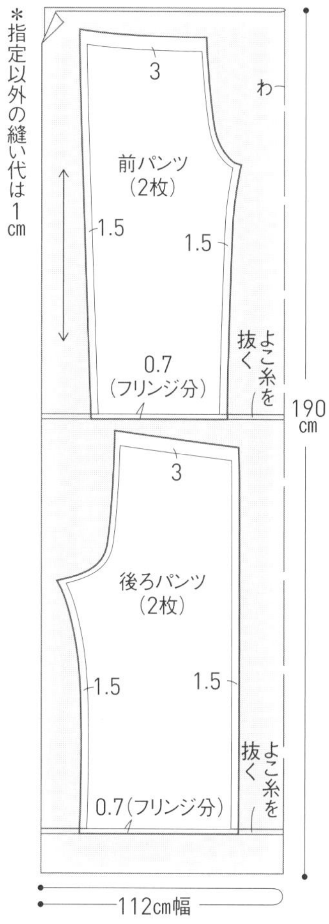

縫い方順序

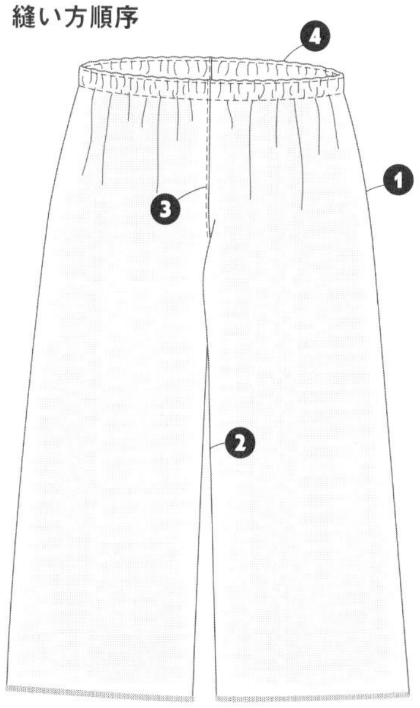

1 わきを縫う

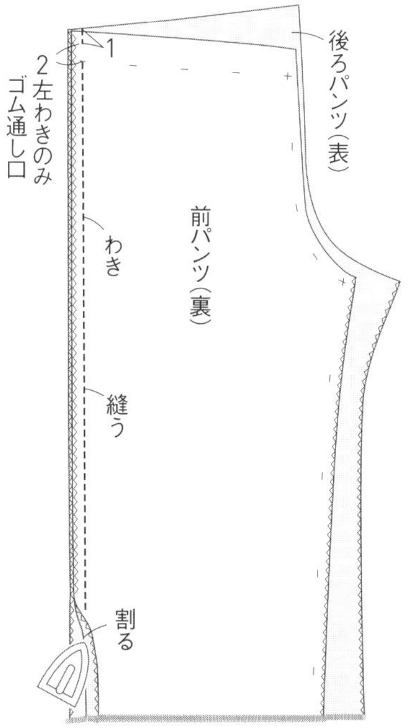

前パンツと後ろパンツのわきを中表に合わせて縫う。左わきはウエスト縫い代にゴム通し口を縫い残し、わき縫い代はアイロンで割って整える。

2 また下を縫う

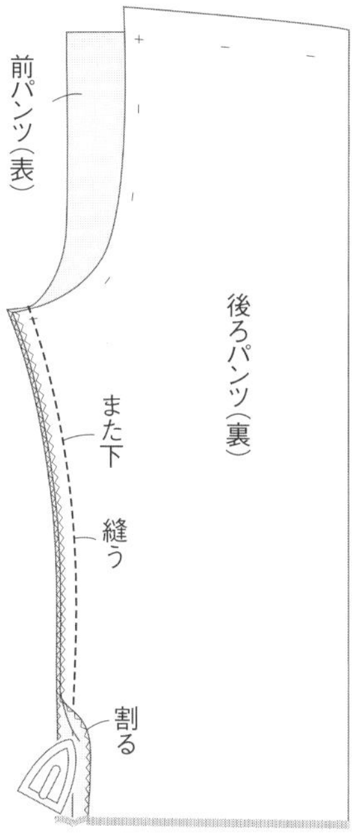

前パンツと後ろパンツのまた下を中表に合わせて縫う。縫い代はアイロンで割って整える。

❸ またぐりを縫う

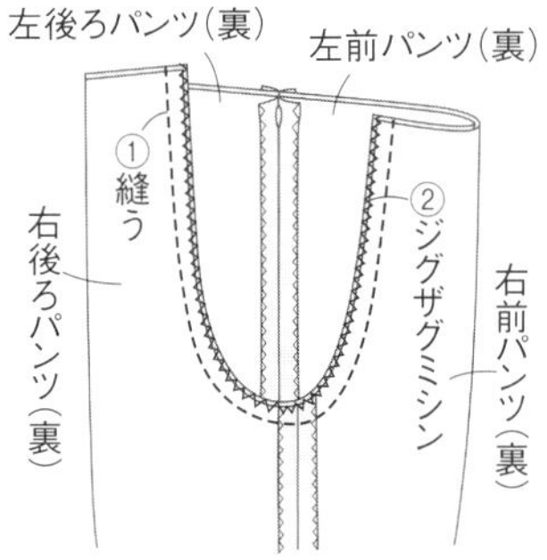

1 右パンツと左パンツを中表に合わせ、またぐりを続けて縫う(①)。縫い代は2枚一緒にジグザグミシンをかける(②)。

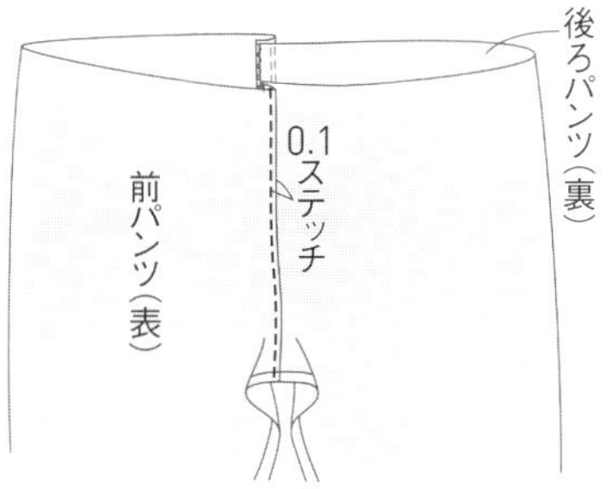

2 表に返し、またぐりの縫い代を右パンツ側に倒してアイロンで整え、ステッチをかける。

❹ ウエストの始末をする

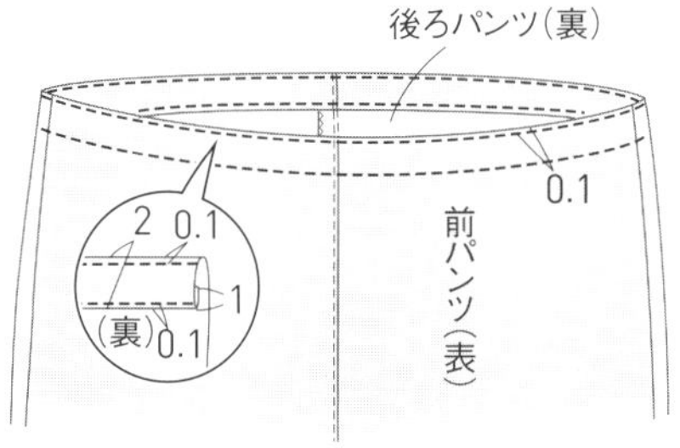

1 ウエストの縫い代を三つ折りにしてアイロンで整え、三つ折りの上下にステッチをかける。

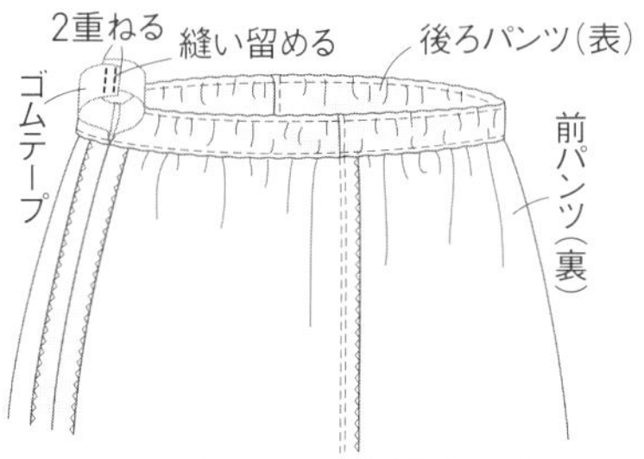

2 ウエストにゴムテープを通す。ゴムテープの長さは試着をして決め、2cmの縫い代をつけてカットし、端は2cm重ねて縫い留める。

P.14

ペチコート

使用型紙(C面)

前・後ろスカート

●出来上がり寸法
M…ヒップ114cm
スカート丈75.5cm
L…ヒップ119cm
スカート丈75.5cm
LL…ヒップ126cm
スカート丈75.5cm

材料

木綿…112cm幅　170cm
ゴムテープ…1.5cm幅　適宜

作り方のポイント

＊生地のよこ糸を抜き(フリンジ分0.7cm)、型紙のすそ線を抜いたよこ糸に合わせて布を裁断する(56ページ参照)。
＊ゴムテープの長さは試着をして決める。

作り方

＊わきの縫い代にジグザグミシン(またはロックミシン)をかけておく。

裁ち合わせ図

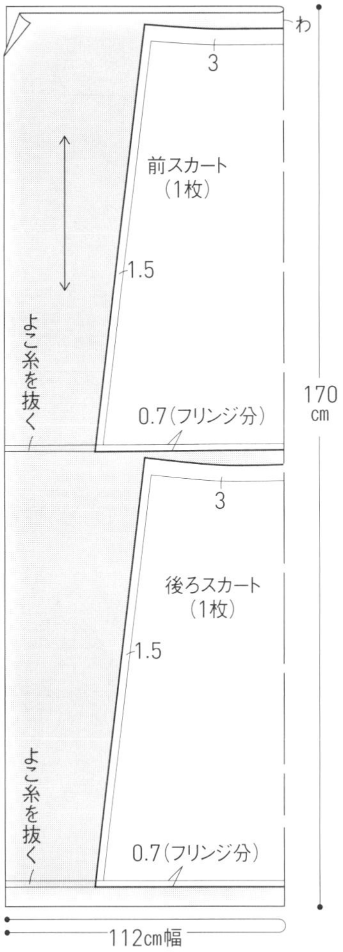

❶ わきを縫う
→p.56 ❶
❷ ウエストの始末をする
→p.57 ❹

縫い方順序

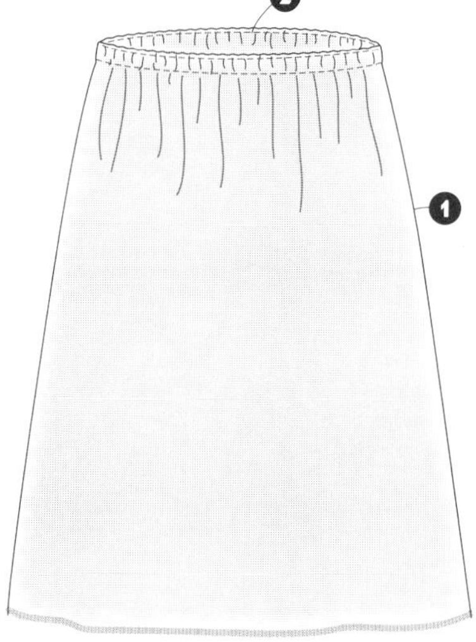

丸いバッグ 大・小

使用型紙（C面）

上面　底面

●出来上がり寸法
大　直径37cm　口幅27cm
小　直径28cm　口幅22cm

材料

大
木綿
柄布㋐…63×39cm
（表上面、持ち手）
柄布㋑…39×39cm（表底面）
柄布㋒…82×39cm
（裏上面、裏底面）

小
木綿
柄布㋐…54×30cm
（表上面、持ち手）
柄布㋑…30×30cm（表底面）
柄布㋒…64×30cm
（裏上面、裏底面）

作り方のポイント

大と小のバッグは、持ち手のつけ方が違うが、それ以外の作り方は同じ。

作り方

＊持ち手は型紙を作らずに寸法図を参照して布を裁つ。

❶ 持ち手を作る
❷ 上面を作る
❸ 上面と底面を縫う

寸法図

大　上面
表上面（柄布㋐）
裏上面（柄布㋒）｝各2枚

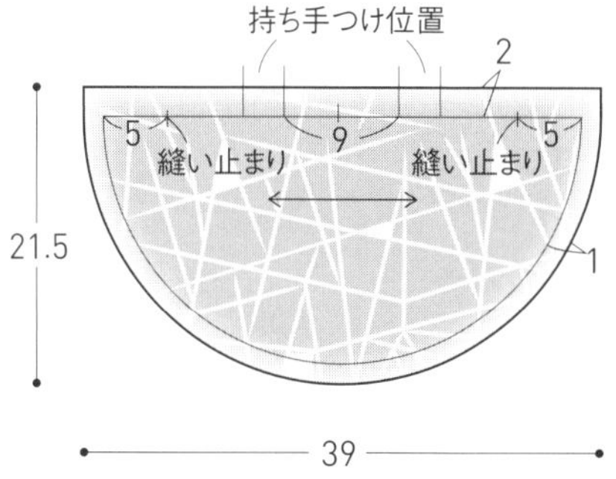

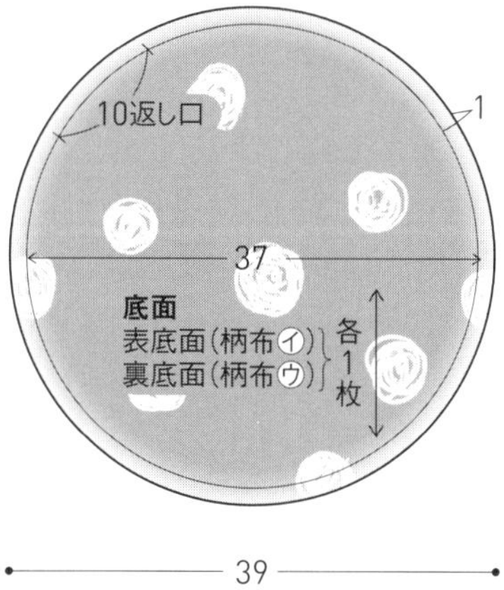

持ち手（柄布㋐）4枚

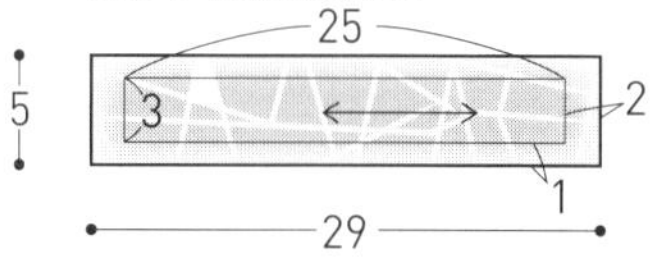

＊持ち手は裁ち切り、上面・底面は型紙に指定の縫い代をつけて裁つ

小

上面
表上面（柄布㋐）
裏上面（柄布㋒）｝各2枚

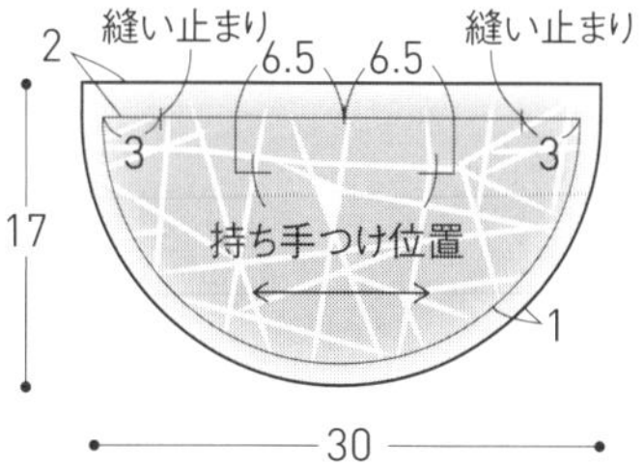

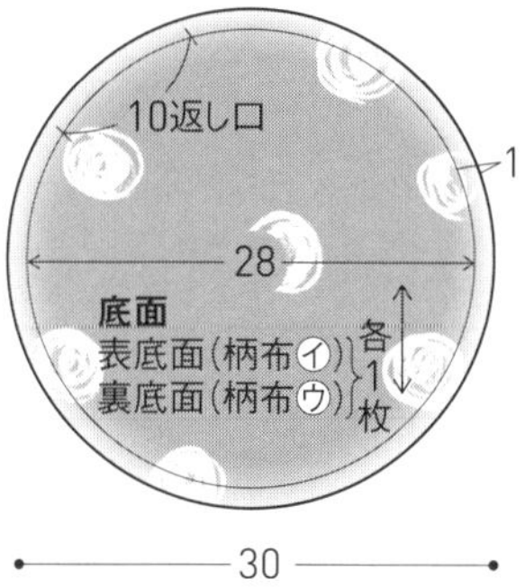

持ち手（柄布㋐）4枚

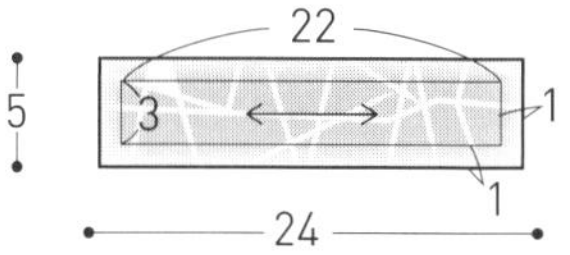

＊持ち手は裁ち切り、上面・底面は型紙に指定の縫い代をつけて裁つ

❶ 持ち手を作る

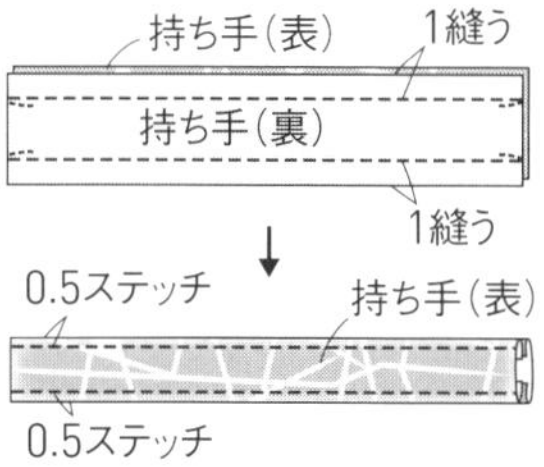

持ち手2枚を中表に合わせて長辺を縫う。表に返して、長辺にステッチをかける。2枚作る。

2 上面を作る

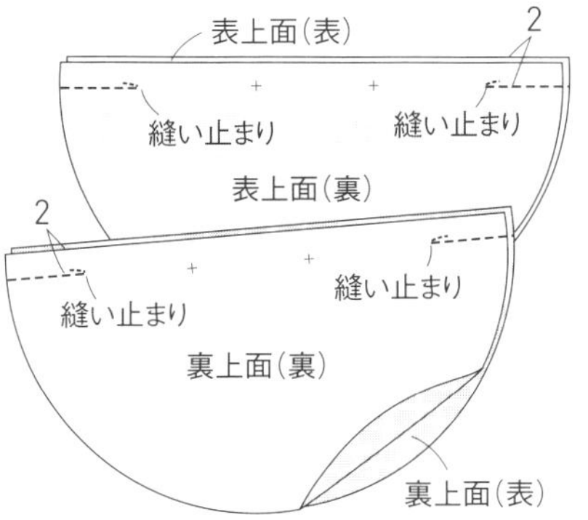

1 表上面を中表に合わせて、口の両側の縫い止まりの印〜布端までそれぞれ縫う。裏上面も同様に縫う。

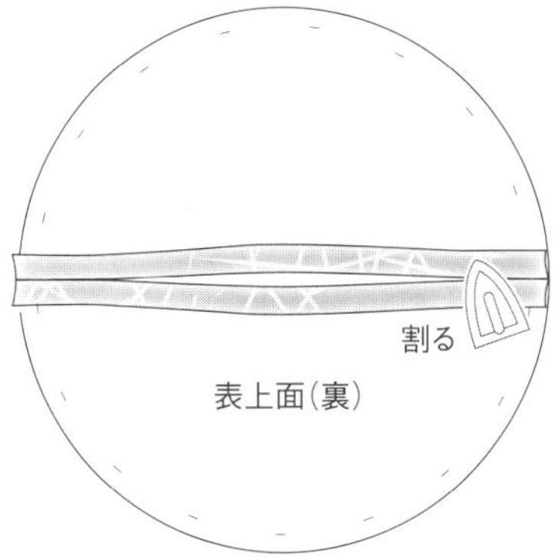

2 表上面の口の縫い代をアイロンで割って整える。裏上面も同様にアイロンで整える。

大のバッグ

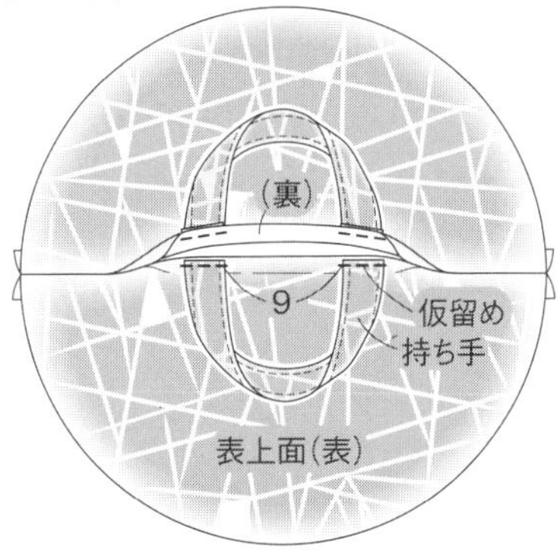

3 大は**2**で割った表上面の縫い代を開き、持ち手つけ位置に持ち手を重ね、縫い代に仮留めする。

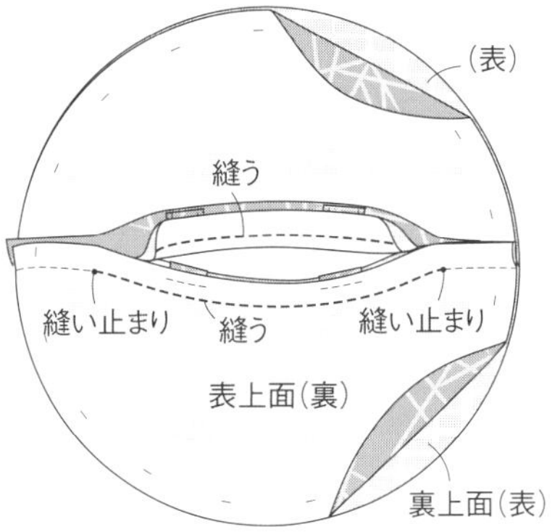

4 表上面と裏上面の口の縫い代を中表に合わせ、反対側の口をよけて縫い止まりの印〜印まで縫う。反対側も同様に縫う。

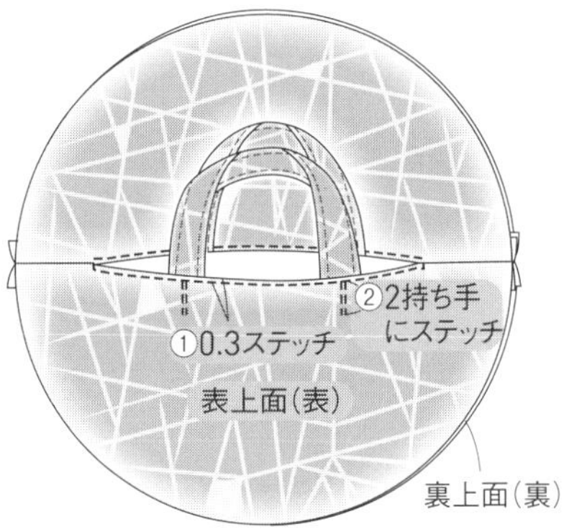

5 口から表に返してアイロンで整える。口回りにステッチをかけ(①)、持ち手の縫い代に補強のためにステッチを2回かける(②)。

小のバッグ

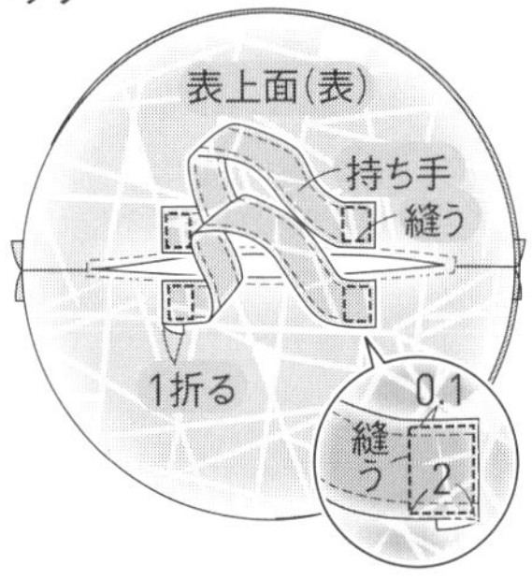

小は、上面を持ち手を仮留めしないで大のバッグと同様に作る。表上面の持ち手つけ位置に持ち手を重ね、両端の縫い代を折り込んで上面に縫い留める。

3 上面と底面を縫う

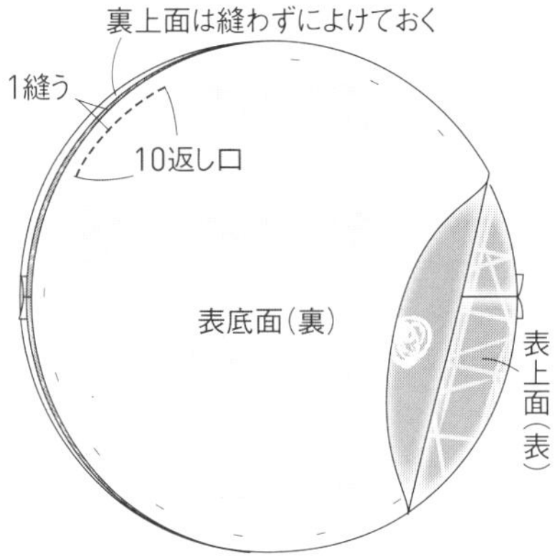

1 表上面に表底面を中表に合わせ、裏上面をよけて返し口部分のみを縫う。

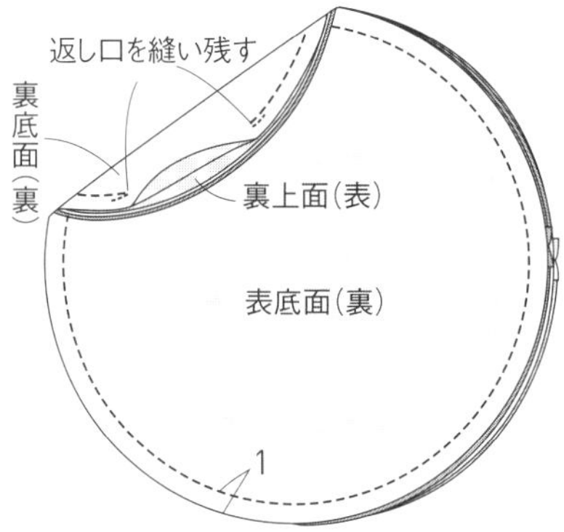

2 裏上面に裏底面を中表に合わせ、返し口を残して周囲を縫う。返し口から表に返す。

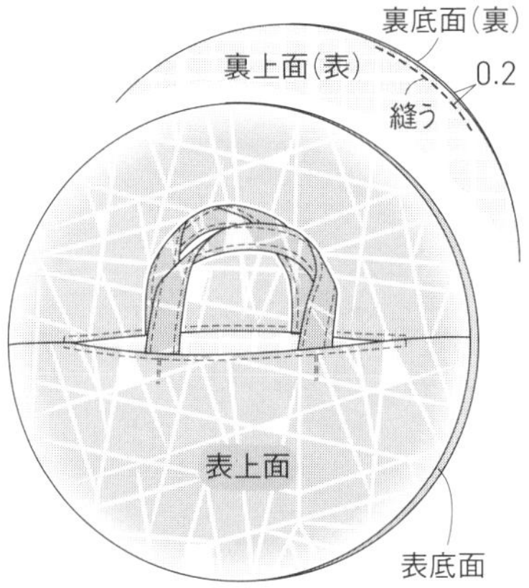

3 裏上面と裏底面の返し口の縫い代を裏面に折り込んでミシンで縫いとじ、表上面、表底面を外側にして形を整える。

P.18

パッチワークのバッグ

●出来上がり寸法　(持ち手を除く)
　幅40cm　丈28cm　まち幅8cm

材料

ウール
　柄布15種…各20×10cm (ピース)
　グレー柄布…42×18cm (底)
　茶色柄布…73×68cm
　(裏本体、カバー、内ポケット)
帆布　黒…24×34cm (持ち手)
25番刺しゅう糸　薄グレー…適宜

作り方

＊各パーツは型紙を作らずに寸法図を参照して布を裁つ。

1. ピースワークをして表本体を作る
2. 表袋を作る
3. 持ち手を作る
4. 裏袋を作る
5. 表袋と裏袋を縫い合わせる

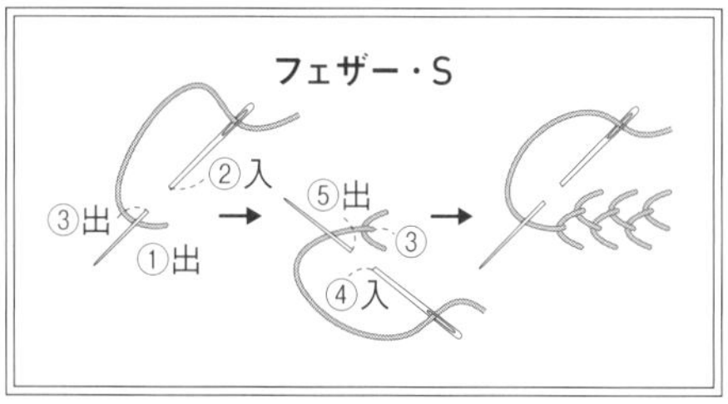

寸法図

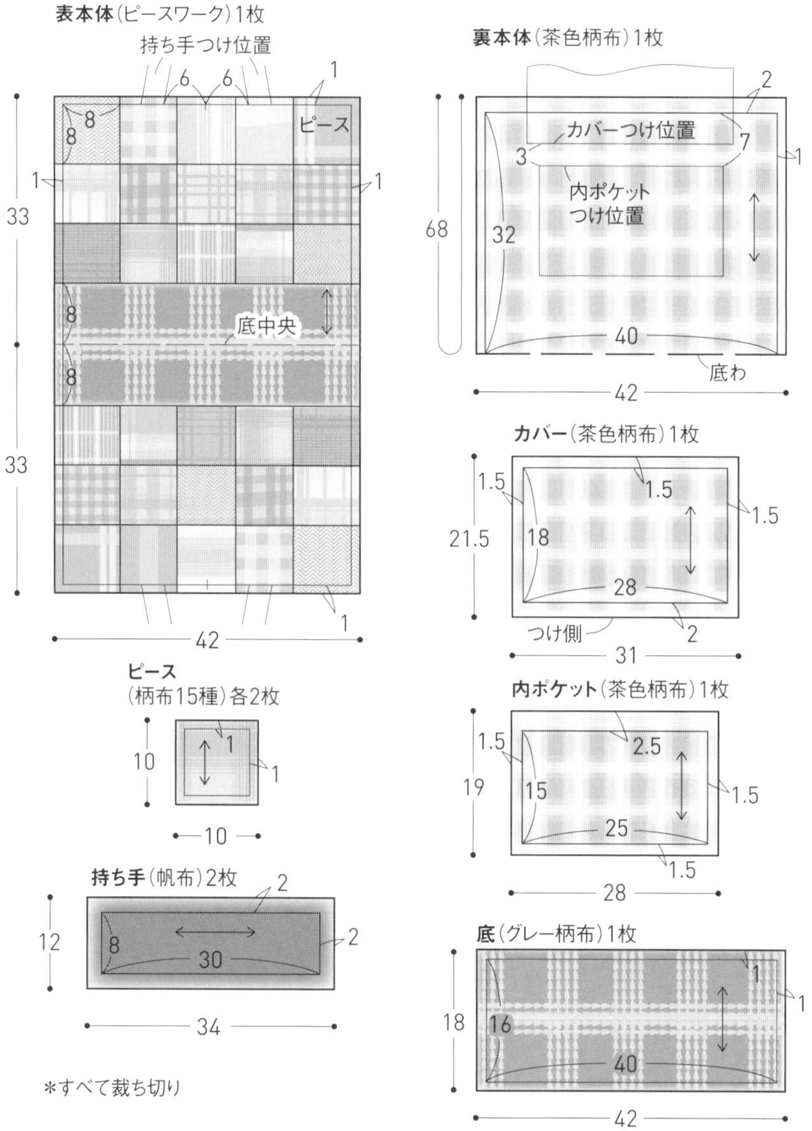

＊すべて裁ち切り

1 ピースワークをして表本体を作る

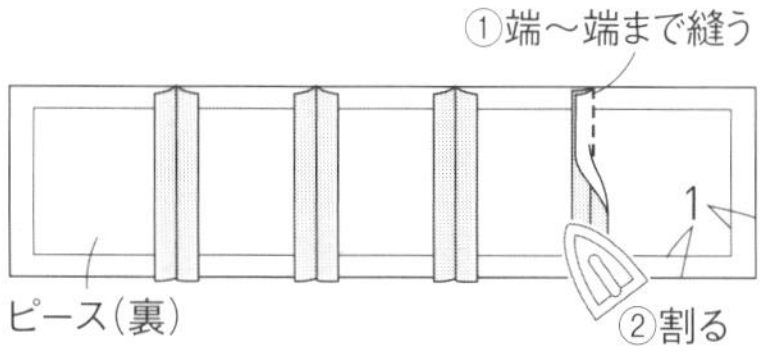

1 ピース2枚を中表に合わせて縫い (①)、縫い代は割る (②)。同様にピース5枚をよこに縫い合わせたブロックを6枚作る。

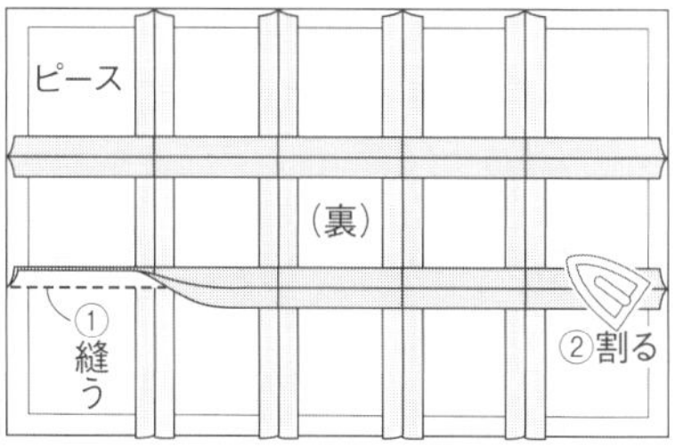

2 1のブロック2枚を中表に合わせて長辺を縫い合わせ (①)、縫い代は割る (②)。たて3段に縫い合わせたものを2枚作る。

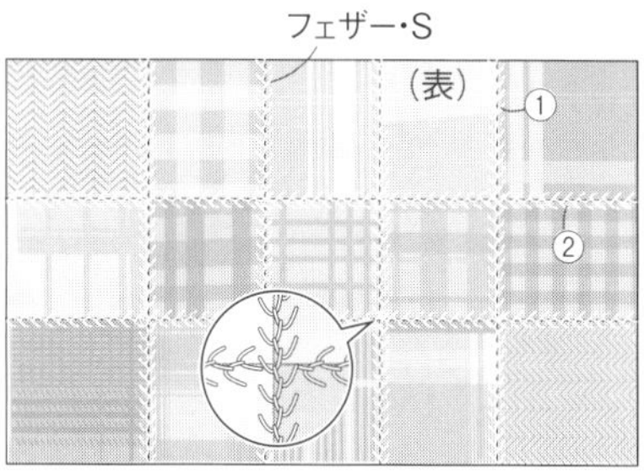

3 縫い目の上に、薄グレーの25番刺しゅう糸2本どりでフェザー・ステッチを①②の順に刺す。②を刺すときは①のステッチをよけて刺す。

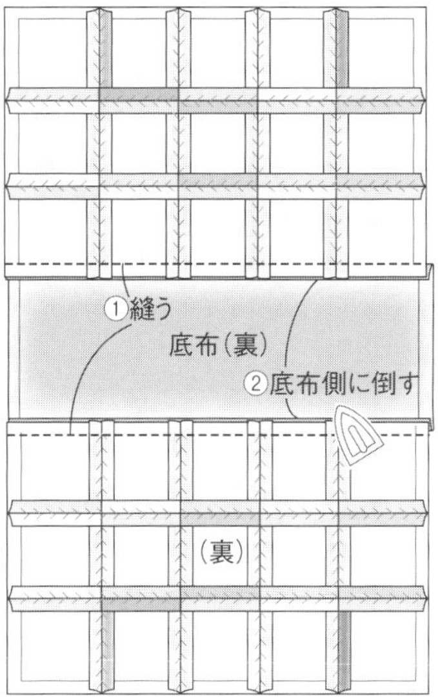

4 ピースワークをした表布と底布を中表に縫い合わせて表本体を仕上げる（①）。縫い代はアイロンで底布側に倒す（②）。

❷ 表袋を作る

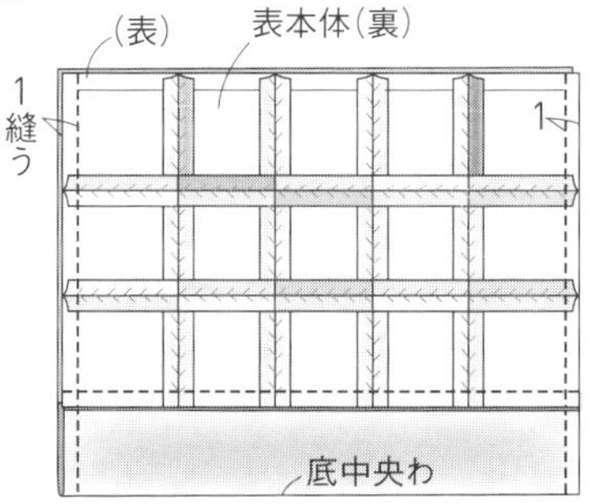

1 表本体を底中央で中表に折り、わきを縫う。縫い代は割り、❶-3と同様に縫い目に刺しゅうをする（底布には刺しゅうをしない）。

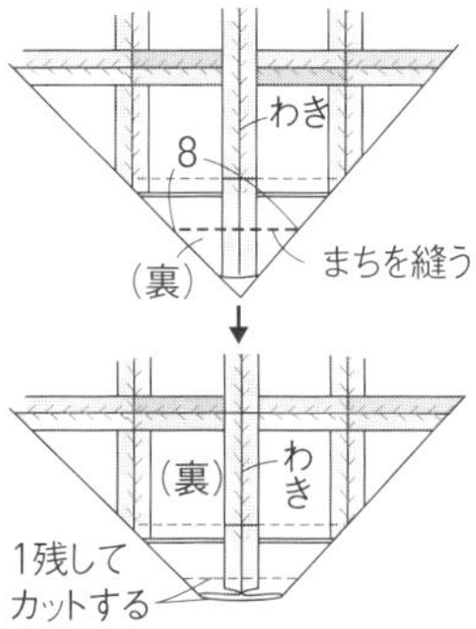

2 わきと底中央を中表に合わせて三角につまみ、まち分8cmを縫う。縫い目から1cmの縫い代をつけて余分をカットする。

❸ 持ち手を作る

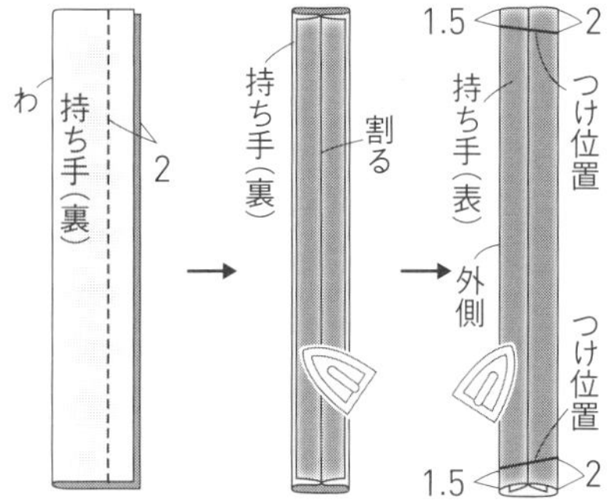

1 持ち手を中表に二つ折りにして長辺を縫い、縫い代を割る。表に返し、縫い目を中央にして整える。つけ位置に図の寸法で印をつける。2本作る。

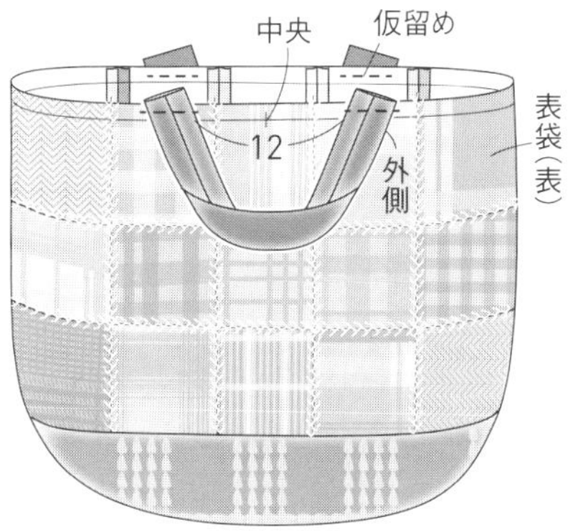

2 表袋の持ち手つけ位置の出来上がり線に、持ち手のつけ位置を合わせて縫い代に仮留めする。

❹ 裏袋を作る

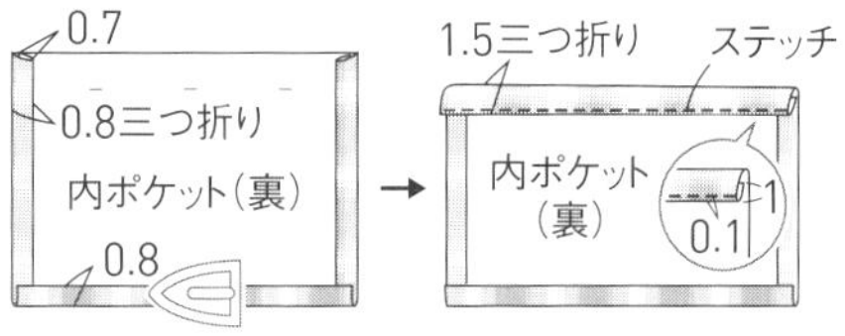

1 内ポケットの、ポケット口以外の3辺を三つ折りにして裏面にアイロンで折る。ポケット口を三つ折りにして端にステッチをかける。

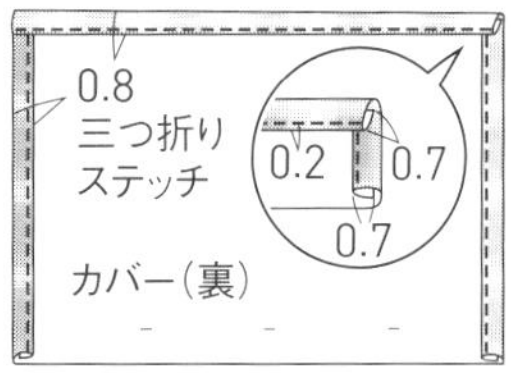

2 カバーのつけ側以外の3辺を三つ折りにして端にステッチをかける。

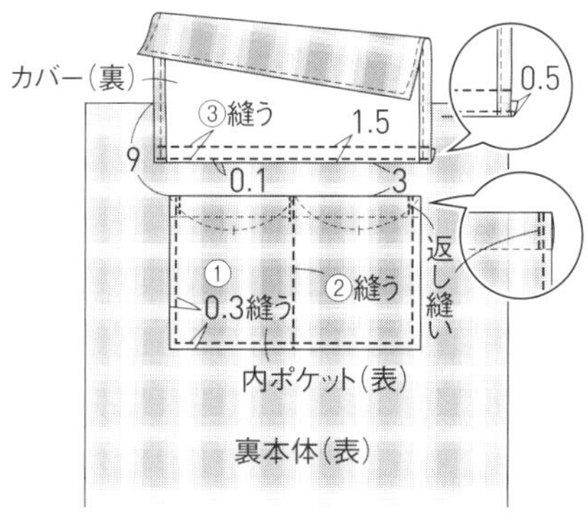

3 裏本体表面の内ポケットつけ位置に内ポケットを重ねて縫い留める（①）。ポケット口は返し縫いし、中央に仕切りを縫う（②）。次にカバーのつけ側の端を表面に折って中表に重ね、縫い留める（③）。

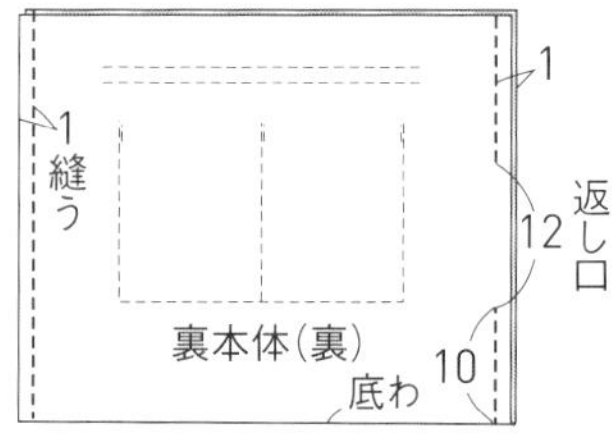

4 裏本体を中表に二つ折りにし、片側に返し口を残してわきを縫う。❷-2と同様にまちを縫い、縫い代の余分をカットする。

❺ 表袋と裏袋を縫い合わせる

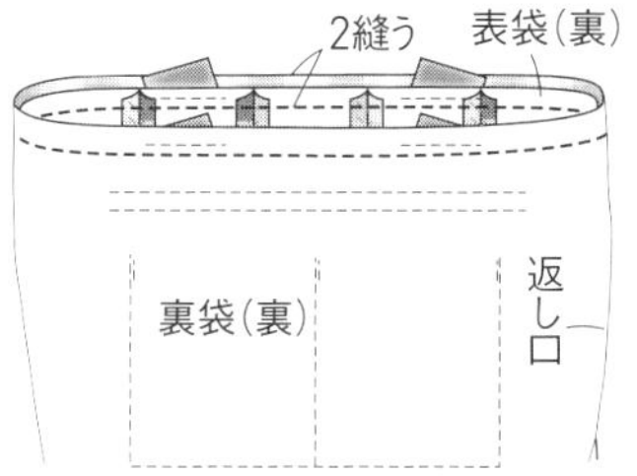

1 裏袋の中に表袋を中表に合わせて入れ、口をぐるりと縫う。

2 返し口から表に返し、返し口をまつる。口に表袋側からステッチをかける。

リュック

使用型紙（B面）

前・後ろ本体　まちA〜C　外ポケットA・B　内ポケット

●出来上がり寸法
幅25.5cm　丈33.5cm　底まち幅11cm

材料

木綿
　柄布㋐…110cm幅　55cm（前・後ろ本体、内ポケット、まちA〜C）
　柄布㋑…110cm幅　15cm（外ポケットA・B、外ポケットまち、持ち手、ファスナー飾り）
厚手テープ　グレー…
　A 3.8cm幅　186cm（肩ひも上側）
　B 3cm幅　100cm（肩ひも下側）
杉綾テープ　チャコールグレー
　…2.5cm幅　26cm（タブ）
調節器具（プラスチック）
　黒…内寸2.5cm　2個
フリーファスナー　黄色…長さ168cm
スライダ　こげ茶色…3個
バイアステープ（縁どりタイプ）
　ブルーグレー…1.2cm幅　350cm
キルト綿…7.6×36cm

作り方のポイント

＊まち用のファスナーは指定の長さに2本カットし、両端からスライダーを頭合わせに1個ずつ入れて両開きファスナーを作る。
＊外ポケット用のファスナーは長さ20cmの普通のファスナーを使用してもよい。

作り方

＊外ポケットまち、持ち手、ファスナー飾りは型紙を作らずに寸法図を参照して布を裁つ。

❶ 外ポケット、内ポケットを作る
❷ まちを作る
❸ 肩ひも、持ち手を作り、仕上げる

寸法図

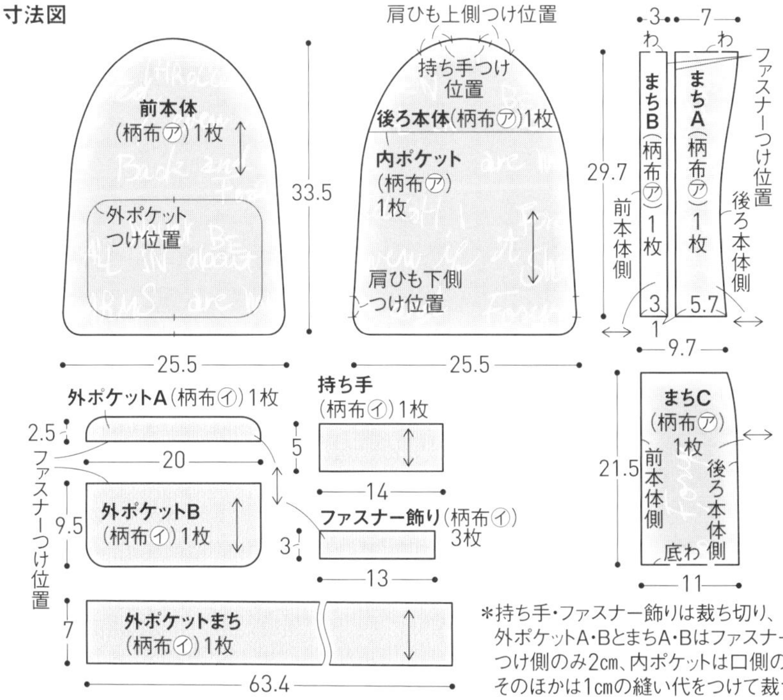

＊持ち手・ファスナー飾りは裁ち切り、外ポケットA・BとまちA・Bはファスナーつけ側のみ2cm、内ポケットは口側のみ3cm、そのほかは1cmの縫い代をつけて裁つ

❶ 外ポケット、内ポケットを作る

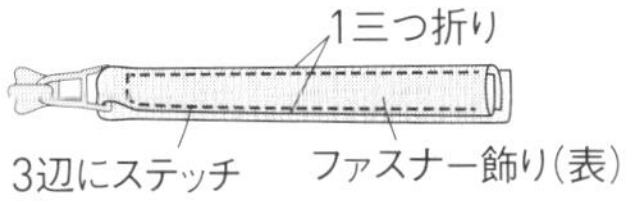

1 ファスナー飾りを外表に三つ折りにし、スライダーに通して二つ折りにして3辺にステッチをかける。3個作る。

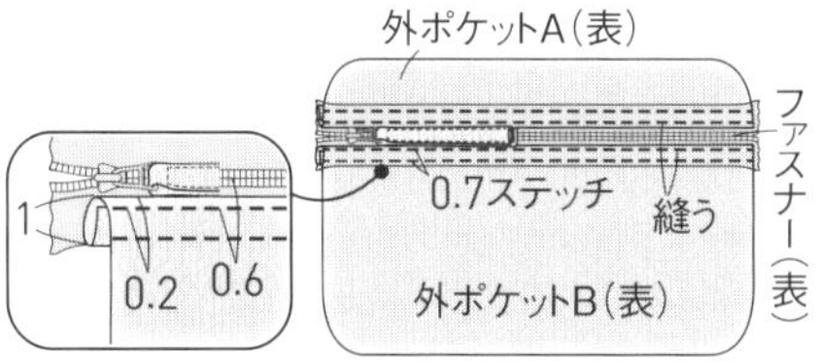

2 フリーファスナーを長さ22cmに2本カットする。外ポケットA・Bのファスナーつけ位置の縫い代をそれぞれ三つ折りにし、ファスナーに重ねて縫う。ファスナーにスライダーを1個通す。

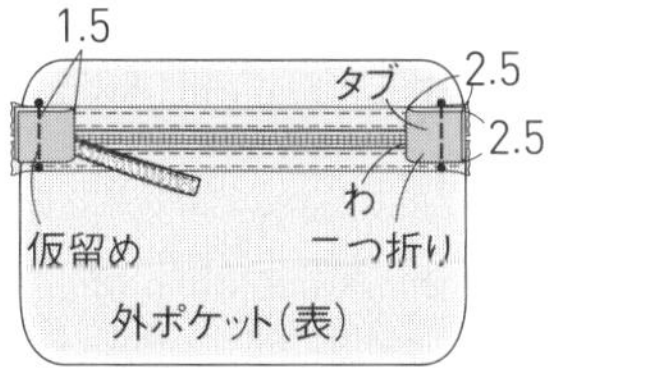

3 2.5cm幅の杉綾テープを長さ5cmで2本カットする。テープを二つ折りにし、ファスナーの両端に仮留めする。

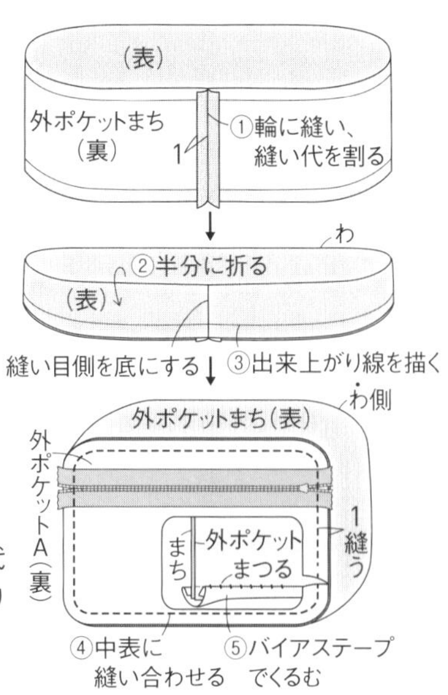

4 外ポケットまちの短辺を中表に合わせて縫い、縫い代を割る（①）。まち幅を外表に二つ折りにして出来上がり線を表面に描き（②③）、**3**と中表に合わせて縫う（④）。縫い代はバイアステープでくるんで始末する（⑤）。

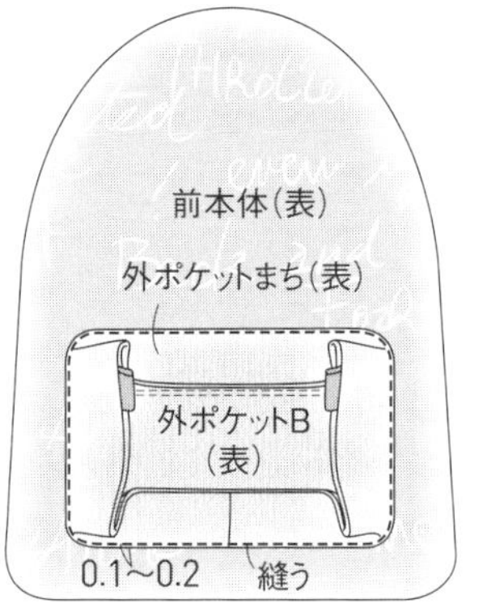

5 前本体表面の外ポケットつけ位置に**4**のまちを当て、まちの折り山から0.1〜0.2㎝の位置をぐるりと縫う。

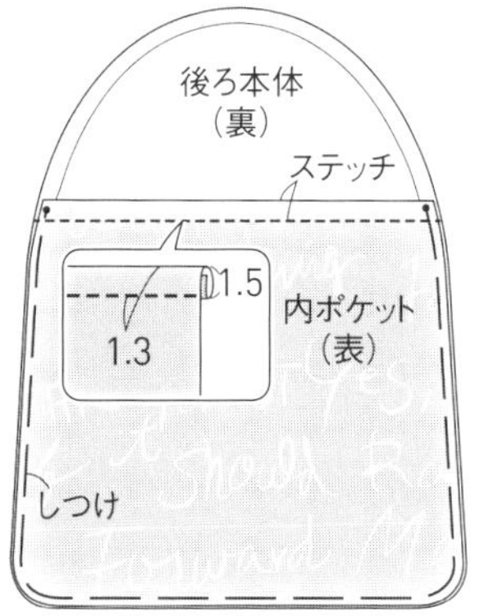

6 内ポケット口側の縫い代を三つ折りにしてステッチをかける。後ろ本体と外表に合わせて、3辺にしつけをかける。

❷ まちを作る

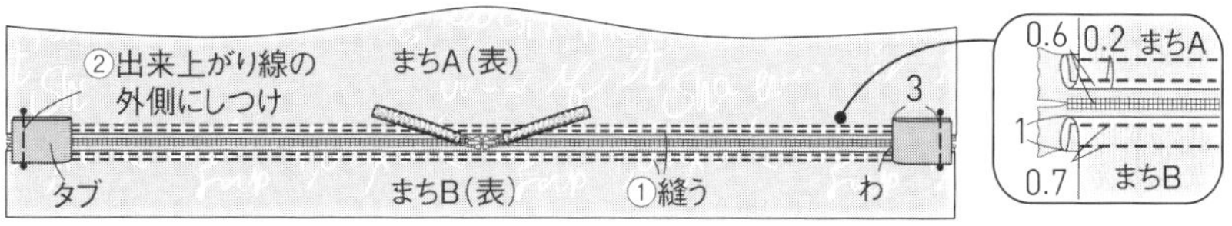

1 まちA・Bに長さ62㎝に2本カットしたフリーファスナーを縫い(①)、スライダーを2個通す。2.5㎝幅の杉綾テープを長さ8㎝に2本カットし、二つ折りにしてファスナーの両端に仮留めする(②)。

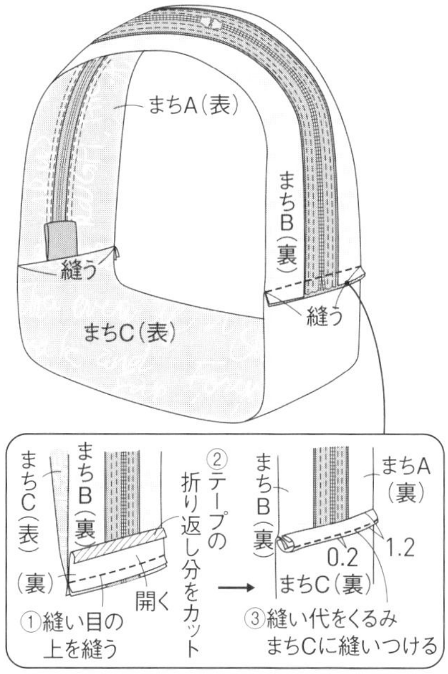

2 **1**とまちCを中表に縫い合わせて輪にし、縫い代はバイアステープで始末する。

❸ 肩ひも、持ち手を作り、仕上げる

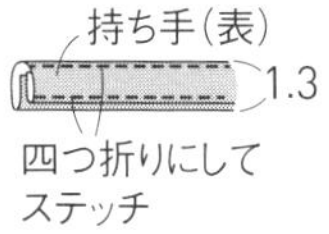

2 持ち手は外表に四つ折りにし、両端の折り山にステッチをかける。

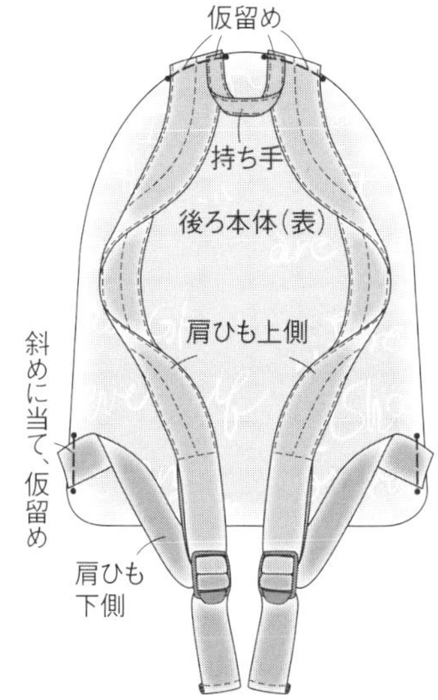

3 後ろ本体のつけ位置に、肩ひもと持ち手を出来上がり線のきわに仮留めする。

1 3.8㎝幅の厚手テープを長さ93㎝にカットし、調節器具の上側に通して半分に折って図の位置を縫う(①②)。テープの間に目打ちを使ってキルト綿を入れてしつけをかけて(③)、ステッチをかけ(④)、調節器具の上を縫う(⑤)。次に3㎝幅の厚手テープを長さ50㎝にカットして調節器具の下側に通し(⑥)、本体に縫い留めないほうの端を三つ折りにして縫う(⑦)。同様にもう1本作る。

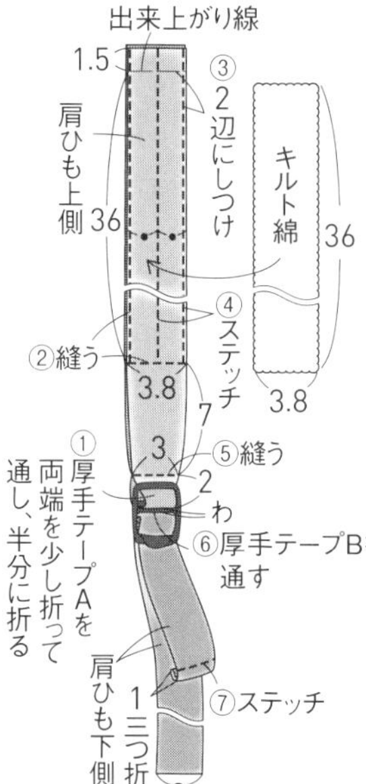

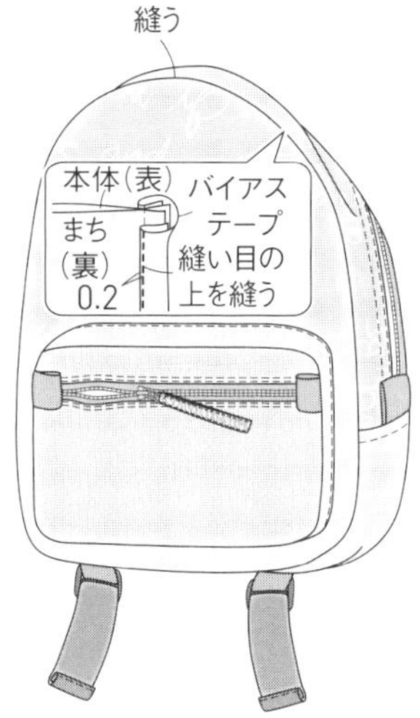

4 まちと前・後ろ本体をそれぞれ中表に合わせてぐるりと縫う。縫い代はバイアステープで始末する。

ワンハンドルバッグ
大・小

●出来上がり寸法（持ち手を除く）
大　口幅40cm　丈40cm
小　口幅26cm　丈25cm

材料

大

ガーゼ　刺しゅう布…96cm幅　50cm
（表本体、表持ち手）
木綿　柄布…110cm幅　85cm
（裏本体、内ポケット、裏持ち手、
マグネットボタン包み布）
マグネットボタン…直径2cm　1組

小

レザー　キャメル…厚さ0.1cm　55×35cm
（表本体、表持ち手）
リネン　薄茶色…90×42cm
（裏本体、内ポケット、裏持ち手、
マグネットボタン包み布）
マグネットボタン…直径2cm　1組

用具

38ページ参照。小はそのほかに、レザー用ミシン針、シリコン剤など

作り方のポイント

＊レザーを縫うときはレザー用のミシン針を使用し、針と押さえ金にシリコン剤を塗っておく。
＊レザーは針を刺すと穴があくので、待ち針のかわりに手芸用クリップなどを使うとよい。
＊大と小のバッグは、素材と大きさが違うが、作り方は同じ。

作り方

＊マグネットボタン包み布以外のパーツは型紙を作らずに寸法図を参照して布を裁つ。

1. 内ポケットを縫う
2. 表本体、裏本体を縫う
3. 持ち手を作る
4. 持ち手をつけて口を縫う
5. マグネットボタンをつける

寸法図　大

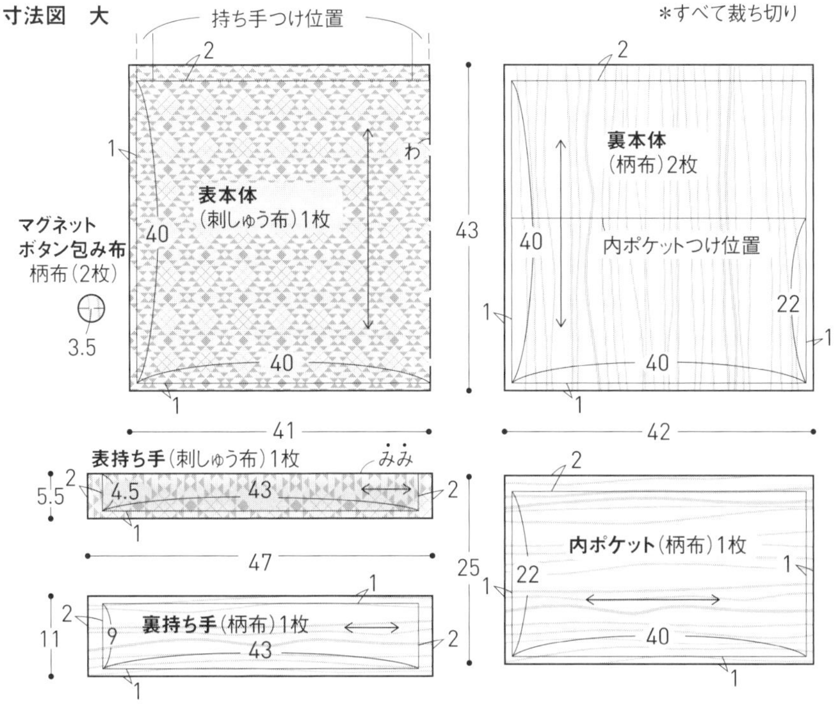

寸法図　小

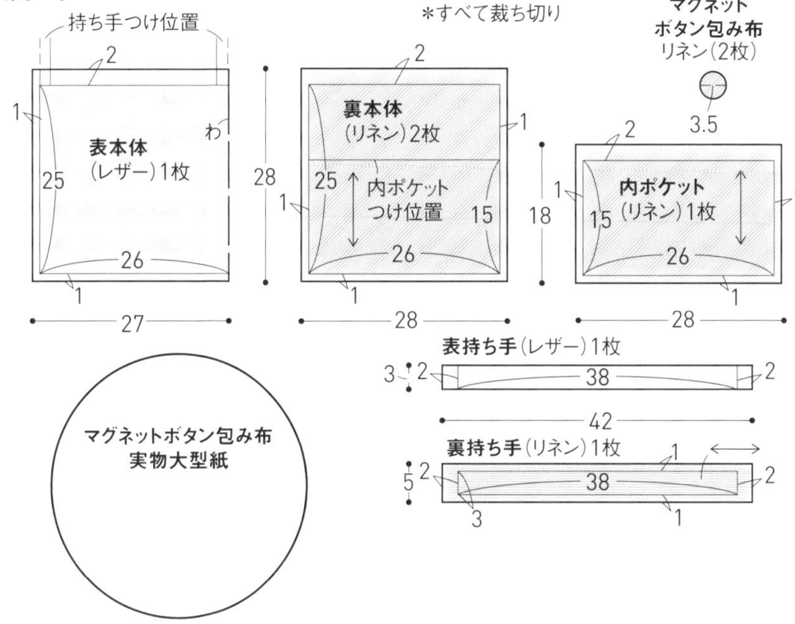

1 内ポケットを縫う

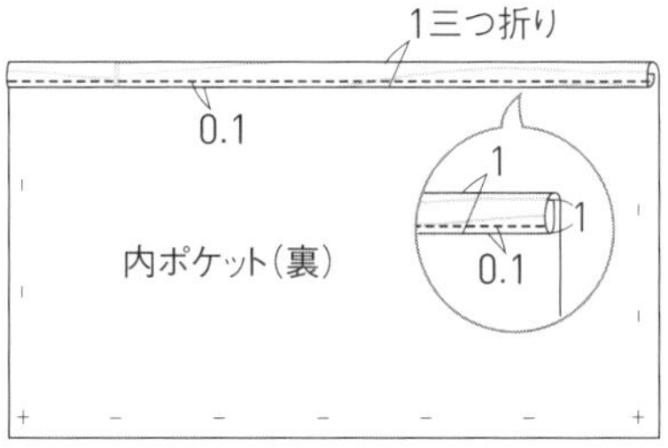

内ポケットのポケット口の縫い代を三つ折りにしてステッチをかける。

❷ 表本体、裏本体を縫う

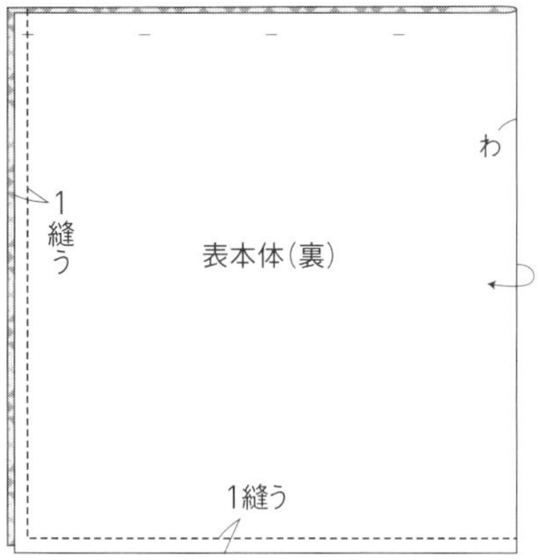

1 表本体を中表に二つ折りにし、口を残して底、わきを縫う。

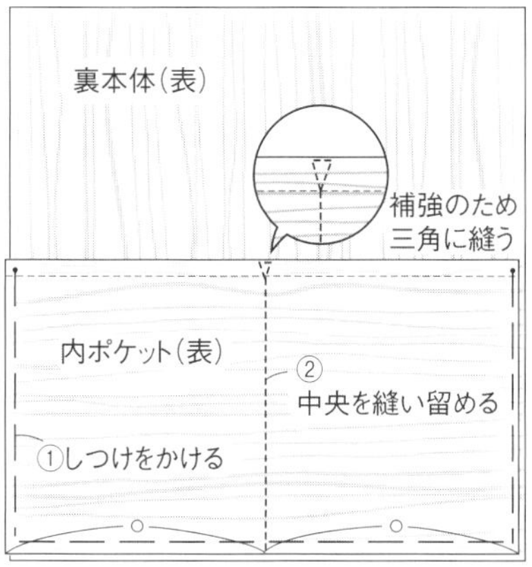

2 裏本体の1枚の表面に内ポケットを重ねて口以外の3辺の縫い代をしつけで仮留めし(①)、中央を縫い留める(②)。

3 もう1枚の裏本体を**2**と中表に合わせ、わきに返し口を残して口以外の3辺を縫う。

❸ 持ち手を作る

大の持ち手

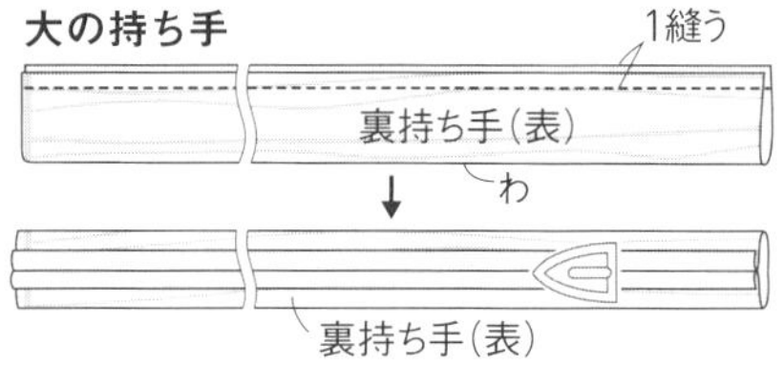

1 大は裏持ち手を外表に二つ折りにして長辺を縫う。次に縫い目を中央にして、縫い代を割る。

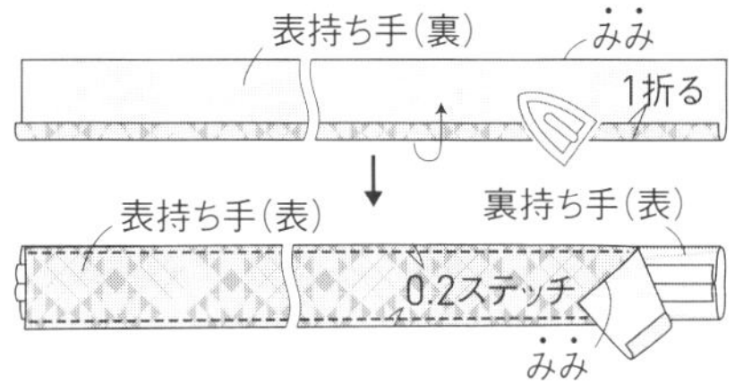

2 表持ち手の長辺の裁ち端側の縫い代をアイロンで折り、裏持ち手の縫い代の上に外表に重ねて両端にステッチをかける。

小の持ち手

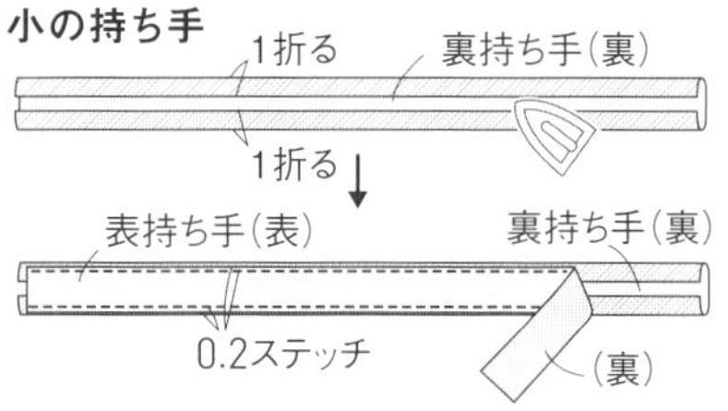

小は裏持ち手の縫い代を裏面に折り、表持ち手を外表に重ねて両端にステッチをかける。

❹ 持ち手をつけて口を縫う

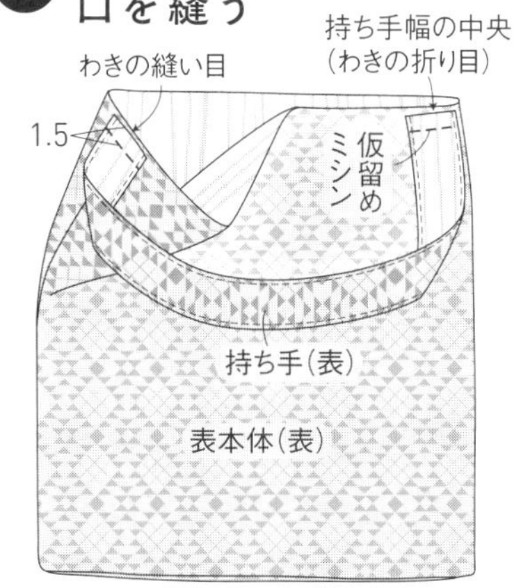

1 表本体を表に返し、わきの縫い目と折り目を持ち手幅の中央と中表に重ね、仮留めする。

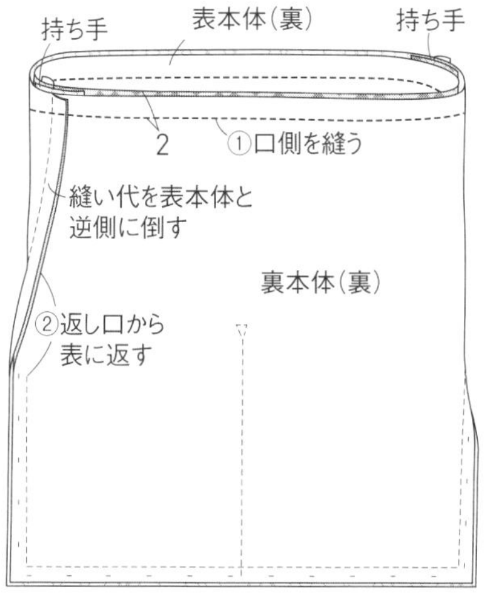

2 表本体に裏本体を中表に合わせ、口側を縫う(①)。返し口から表に返す(②)。

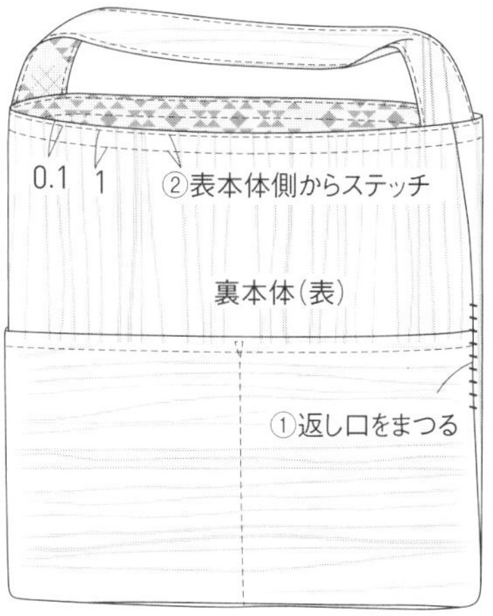

3 返し口をまつり(①)、形を整えて表本体側から口にステッチを2本かける(②)。

❺ マグネットボタンをつける

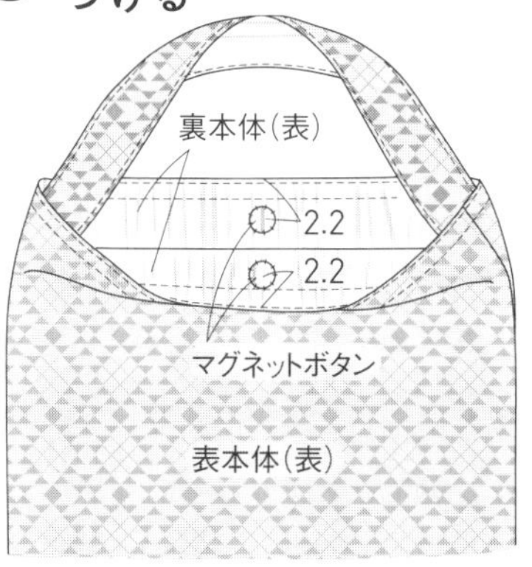

マグネットボタンを布で包み(91ページ❻-**1**参照)、裏本体の口中央にまつる。

バッグ＆チャーム

使用型紙（D面）

前・後ろ本体　持ち手
内ポケット　チャーム本体

●出来上がり寸法
（持ち手を除く）
口幅17cm　丈約30cm

材料

木綿
チェック柄…110×35cm
（表本体、ボタン用タブ、
ボタン用ループ）
プリント柄…110×35cm
（裏本体、内ポケット）
紺…20×50cm
（持ち手、チャーム用ループ）
赤…20×20cm
（チャーム本体）
薄手接着芯…10×40cm（持ち手）
面ファスナー　白…2.5×1.5cm
ボタン…直径2.2cm　1個
ワックスコード
黒…直径0.1cm　17cm
化繊綿…適宜

作り方のポイント

持ち手と本体を縫うときは、厚地用のミシン針にかえ、押さえ金の圧力を強くする。

作り方

＊ボタン用タブ・ループ、チャーム用ループは型紙を作らずに寸法図を参照して布を裁つ。

❶ ボタン用タブとループ、チャーム用ループを作る
❷ 表袋を作る
❸ 裏袋を作る
❹ 表袋と裏袋を合わせる
❺ 持ち手を作り、つける
❻ チャームを作る

寸法図

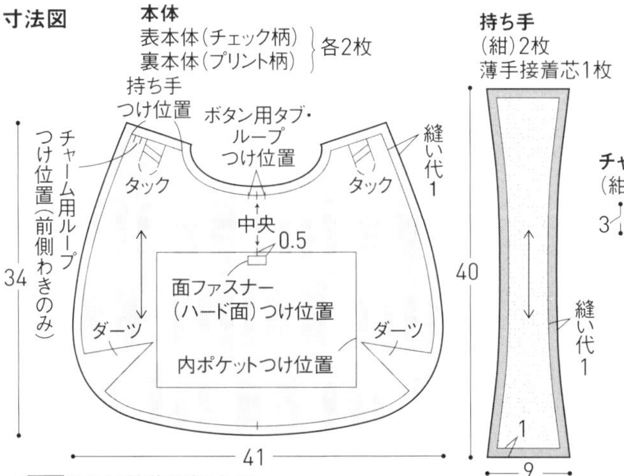

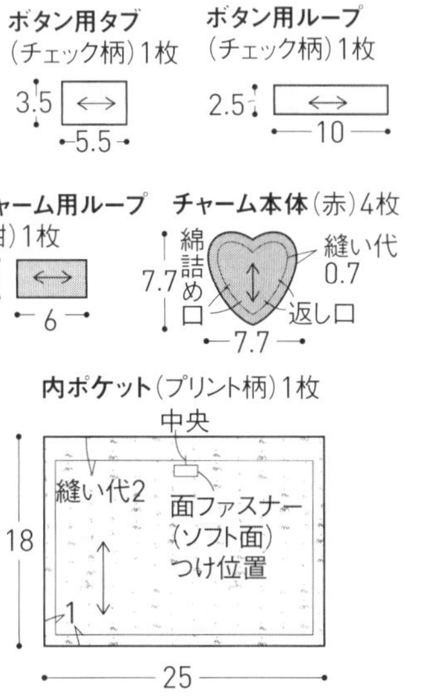

＊□薄手接着芯を貼る位置
＊ボタン用タブ・ループ、チャーム用ループ、持ち手の薄手接着芯は裁ち切り。
それ以外は型紙に指定の縫い代をつけて裁つ

❶ ボタン用タブとループ、チャーム用ループを作る

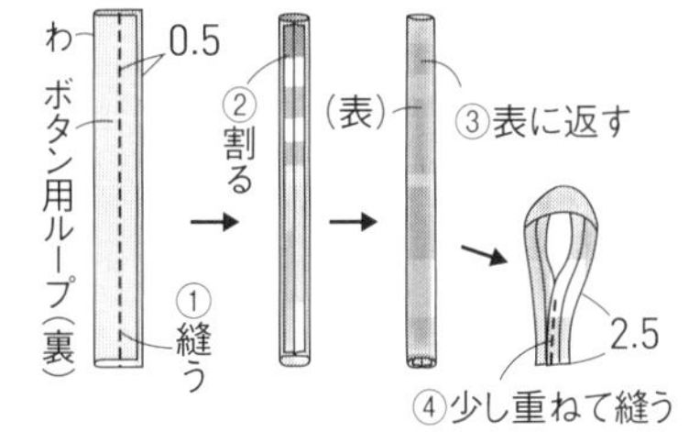

1 ボタン用ループを中表に二つ折りにし、縫い代0.5cmで縫う（①）。縫い目を中央にして縫い代を割る（②）。表に返して二つ折りにし、下端から2.5cmを少し重ねて縫う（③④）。

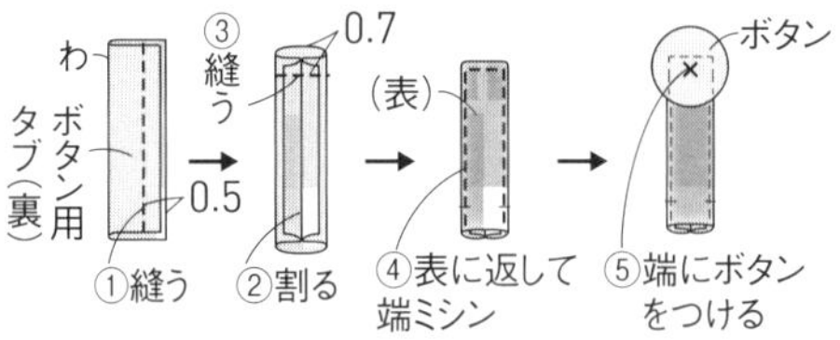

2 **1**と同様にボタン用タブを縫い、縫い目を中央にして縫い代を割る（①②）。一方の端を縫い代0.7cmで縫い（③）、表に返して返し口以外の3辺に端ミシンをかける（④）。布端にボタンをつける（⑤）。

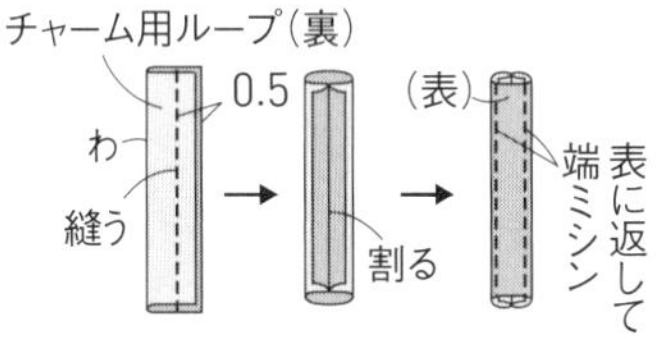

3 チャーム用ループは**2**の①②と同様に作り、表に返して左右に端ミシンをかける。

❷ 表袋を作る

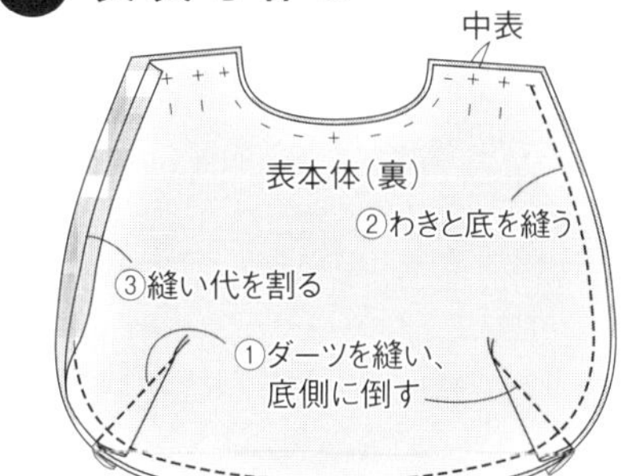

1 表本体のダーツを中表に縫い、底側に倒す（①）。もう1枚も同様に縫い、2枚を中表に合わせてわきと底を縫う（②）。縫い代をアイロンで割る（③）。

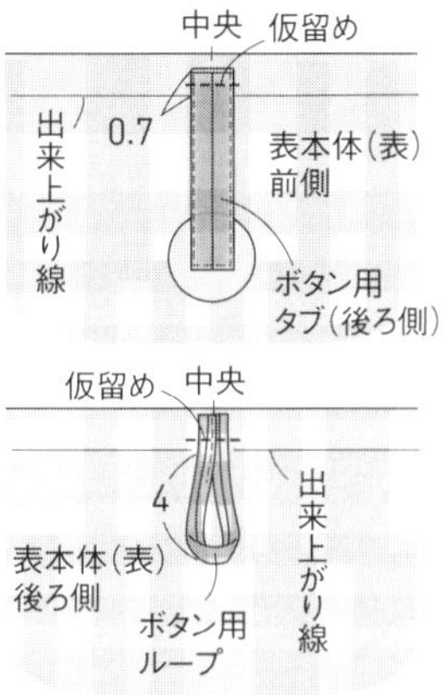

2 表本体前側中央の口側の縫い代にボタン用タブ、表本体後ろ側中央の口側の縫い代にボタン用ループを仮留めする。表袋が出来た。

❸ 裏袋を作る

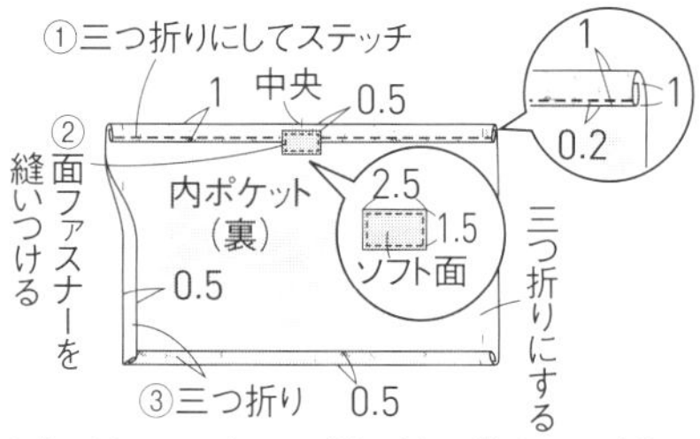

1 内ポケット布の口側の縫い代を三つ折りにしてステッチをかける（①）。内ポケット裏面の面ファスナーつけ位置に面ファスナー（ソフト面）を縫いつける（②）。底と両わきの縫い代を三つ折りにし、アイロンで押さえる（③）。

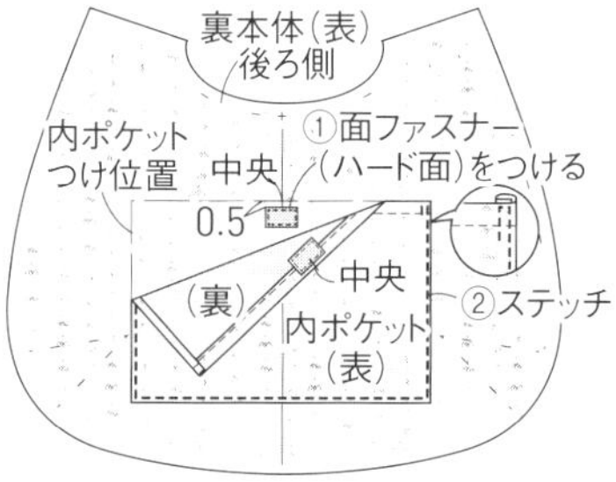

2 裏本体後ろ側の面ファスナーつけ位置に面ファスナー（ハード面）を縫いつける（①）。面ファスナーの位置を合わせて内ポケットつけ位置に内ポケットを縫いつける（②）。

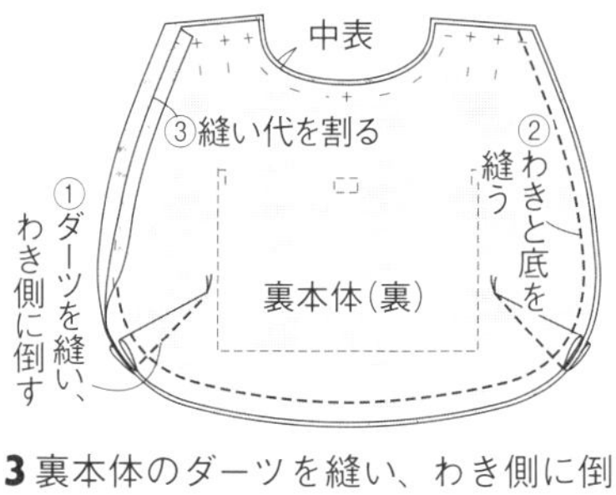

3 裏本体のダーツを縫い、わき側に倒す。❷-1②③と同様に裏袋を作る。

❹ 表袋と裏袋を合わせる

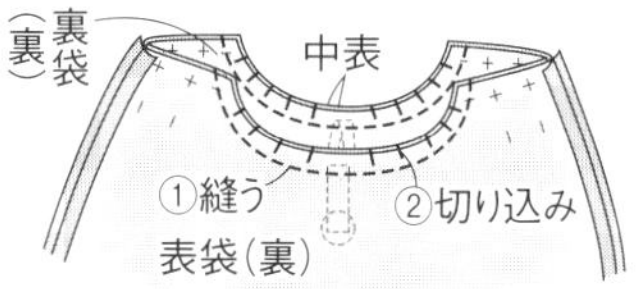

1 裏袋を表に返して表袋と中表に合わせ、口を縫う（①）。縫い代のカーブ部分に1cm間隔で切り込みを入れる（②）。

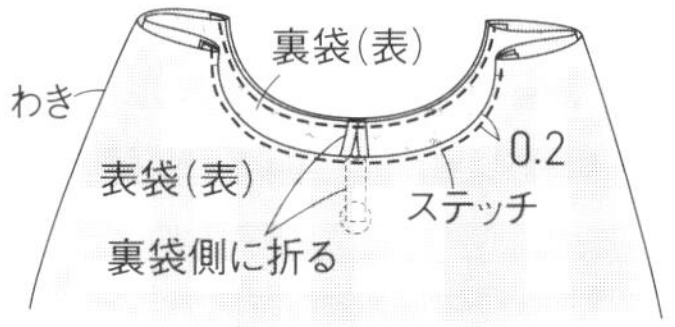

2 持ち手つけ位置から表に返し、ボタン用タブとループを裏袋側に折って口にステッチをかける。

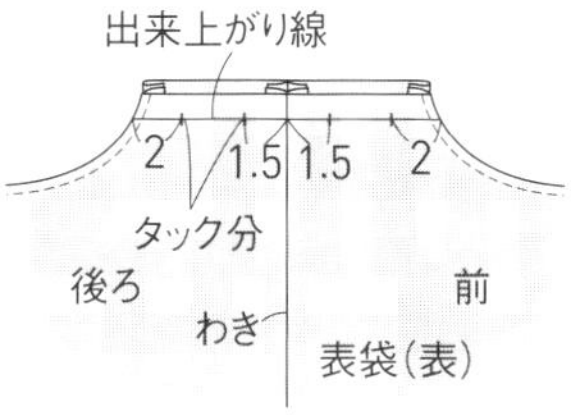

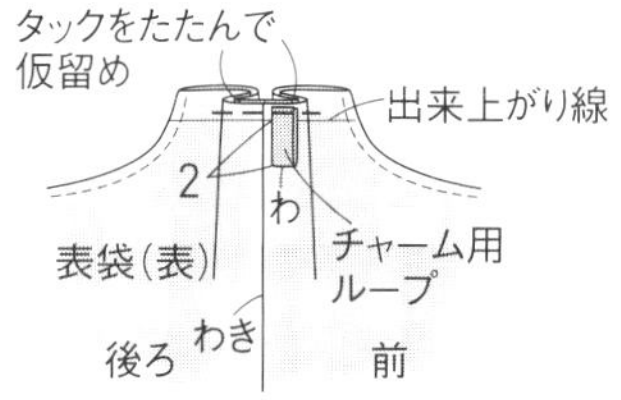

3 表袋表面の持ち手つけ位置に出来上がり線とタック位置の印を描き直す。タックをたたんで仮留めし、チャーム用ループを二つ折りにしてつけ位置に仮留めする。

❺ 持ち手を作り、つける

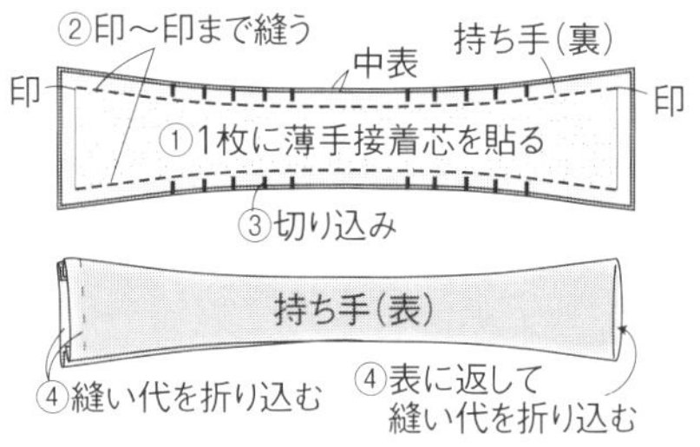

1 持ち手の1枚に裁ち切りの接着芯を貼り（①）、もう1枚を中表に合わせて長辺を印～印まで縫う（②）。カーブ部分の縫い代に切り込みを入れる（③）。表に返し、返し口の縫い代を裏面に折り込む（④）。

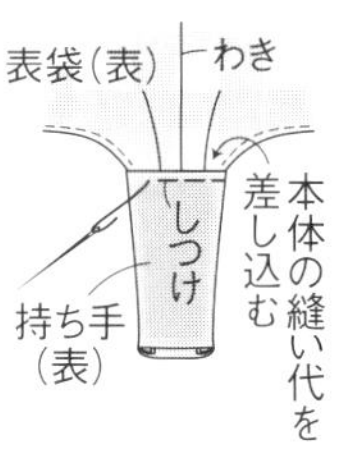

2 持ち手の接着芯を貼っているほうを外側にし、本体の持ち手つけ位置の縫い代を持ち手の返し口に差し込み、しつけをかける。同様に反対側もしつけをかける。

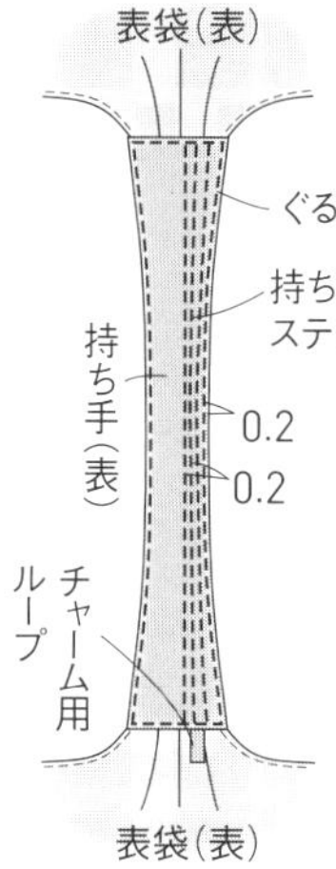

3 チャーム用ループをはさんで持ち手の周囲にぐるりと端ミシンをかけ、持ち手の全面に0.2cm間隔でステッチをかける。

❻ チャームを作る

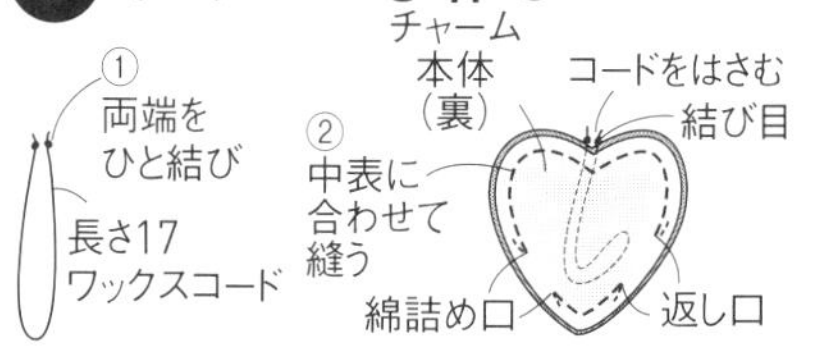

1 ワックスコードの両端をそれぞれひと結びする（①）。チャーム本体2枚を中表に合わせてコードをはさみ、返し口と綿詰め口を残して縫う（②）。

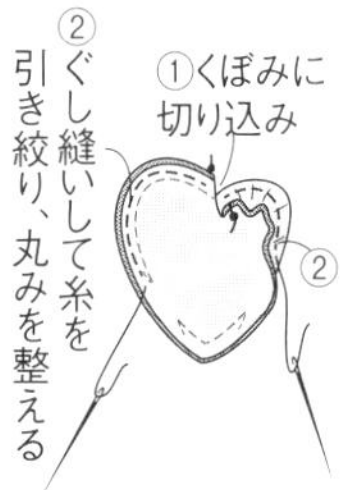

2 縫い代のV字のくぼみに切り込みを入れて（①）、カーブ部分の縫い代をぐし縫いして糸を引き絞り、丸みを整える（②）。返し口から表に返す。もう1組はワックスコードなしで同様に作る。

3 **2**を2組重ねて中央を縫う（①）。返し口と綿詰め口から4か所に綿を詰め、縫い代を裏面に折り込み、それぞれコの字とじにする（②③）。

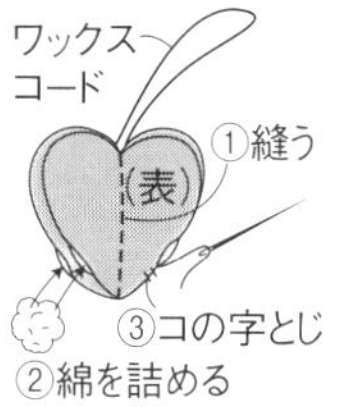

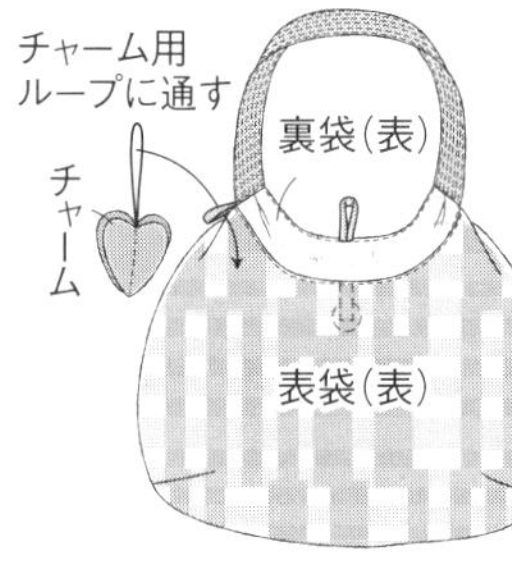

4 チャーム用ループにチャームをつける。

P.23

ワンマイルバッグ a・b

使用型紙（D面）

表本体　裏本体　内ポケット　表底・裏底

●出来上がり寸法

a　口幅29.5cm　わき丈28.5cm
　底29.3×15cm

b　口幅29.5cm　わき丈28.5cm
　底幅37cm

材料

a

木綿

柄布㋐…80×50cm（表本体）

柄布㋑…32×17cm（表底）

柄布㋒…110cm幅　60cm
（裏本体、裏底、内ポケット）

中厚接着芯…30×15cm

杉綾テープ　紺…3.8cm幅　54cm

b

木綿

柄布㋓…80×50cm（表本体）

柄布㋔…110cm幅　55cm
（裏本体、内ポケット）

杉綾テープ　赤…3.8cm幅　54cm

そのほかに、手縫い糸

作り方のポイント

aは底を縫い合わせ、bは底をつけずに本体を縫い合わせる。

作り方

＊aの底は厚紙でも型紙を作っておく。

1 内ポケットを作る
2 わきと底を縫う
3 表本体と裏本体を合わせる
4 持ち手を作る

寸法図

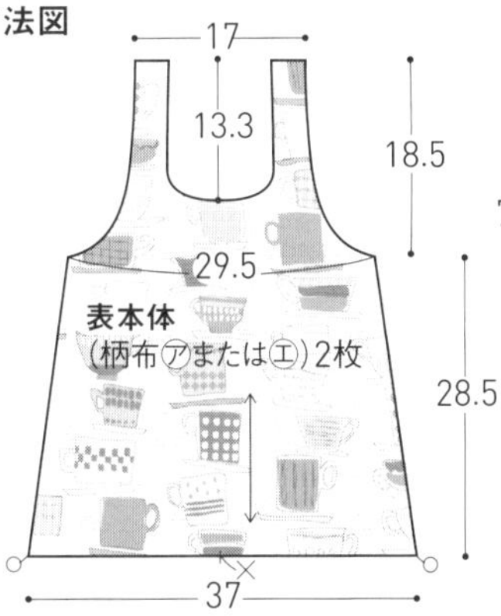

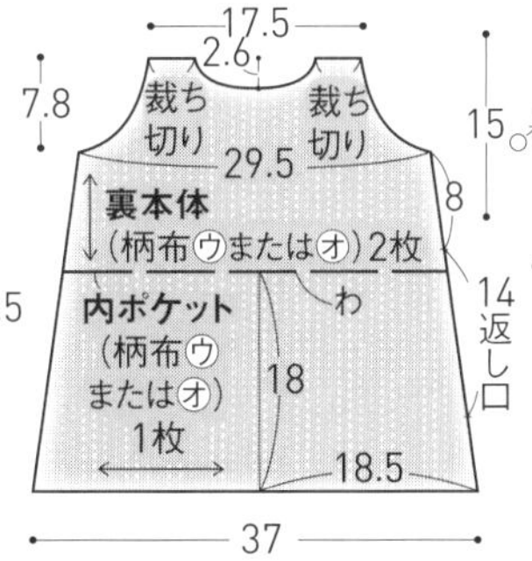

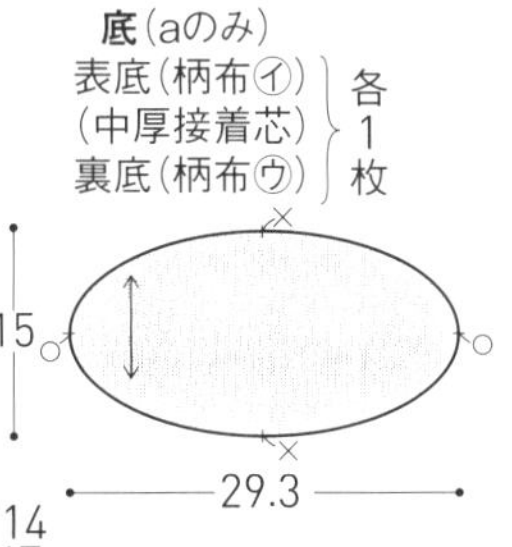

＊裏本体の指定位置と底の接着芯は裁ち切り、そのほかは1cmの縫い代をつけて裁つ

1 内ポケットを作る

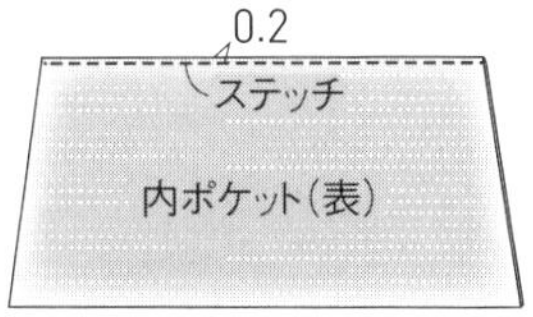

1 内ポケットを外表に二つ折りにし、折り山にステッチをかける。

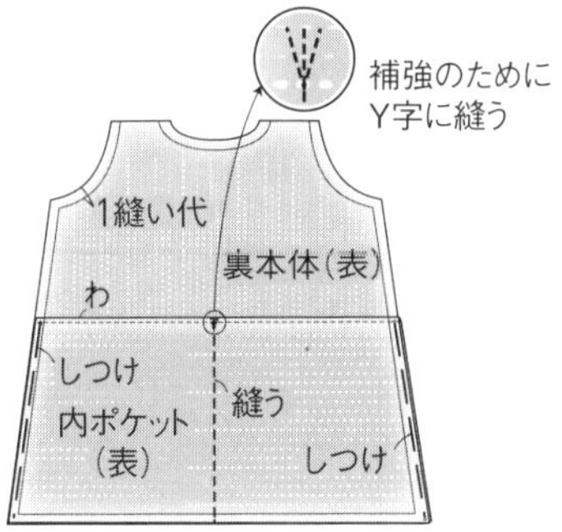

2 裏本体の表面に内ポケットを重ね、中央の仕切りを縫う。両わきの縫い代にしつけをかける。

2 わきと底を縫う

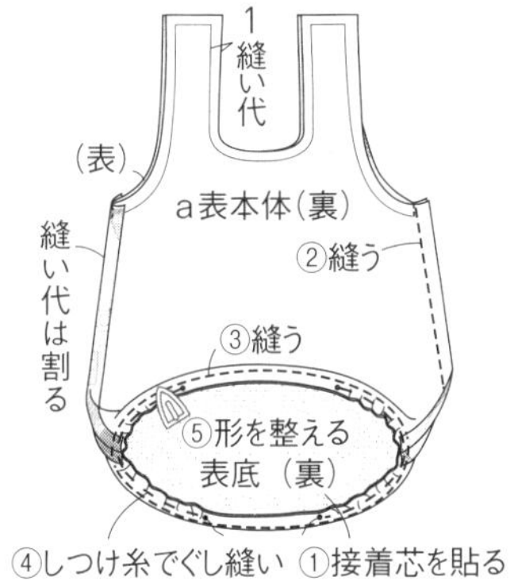

1 aは表底の裏面に中厚接着芯を貼る（①）。表本体2枚を中表に合わせて両わきを縫う（②）。表底と表本体を中表に合わせて縫う（③）。底のカーブ部分の縫い代をしつけ糸でぐし縫いする（④）。厚紙で作った底の型紙を当て、ぐし縫いの糸を引いて縫い代を底側に倒してアイロンで形を整える（⑤）。型紙を外す。

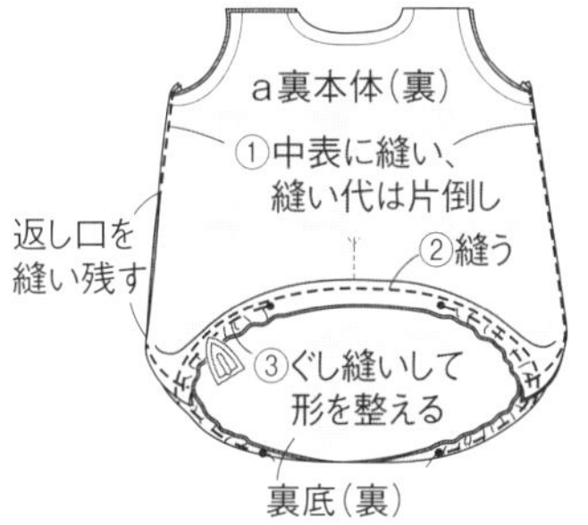

2 裏本体を中表に合わせ、返し口を残してわきを縫い、縫い代は片倒しにする（①）。**1**-③〜⑤と同様に底を縫う（②③）。

3 bは表本体を中表に合わせ、わき〜底〜わきを縫い、縫い代は割る。裏本体は返し口を残して同様に縫う。

❸ 表本体と裏本体を合わせる

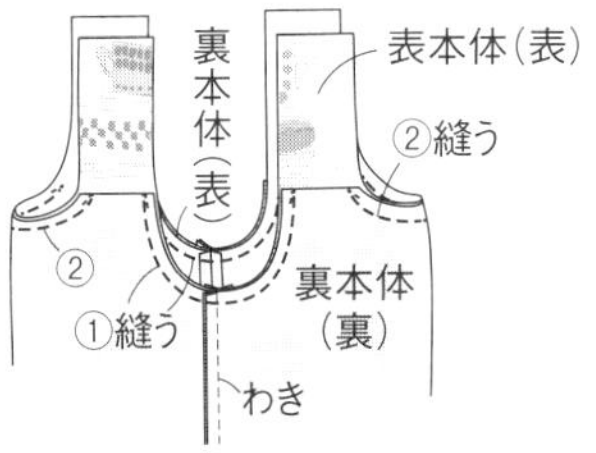

表本体と裏本体を中表に合わせ、わきの縫い目をそろえてわきのカーブを縫う（①）。前・後ろのカーブを縫う（②）。裏本体の返し口から表に返し、返し口をコの字とじでとじる。

❹ 持ち手を作る

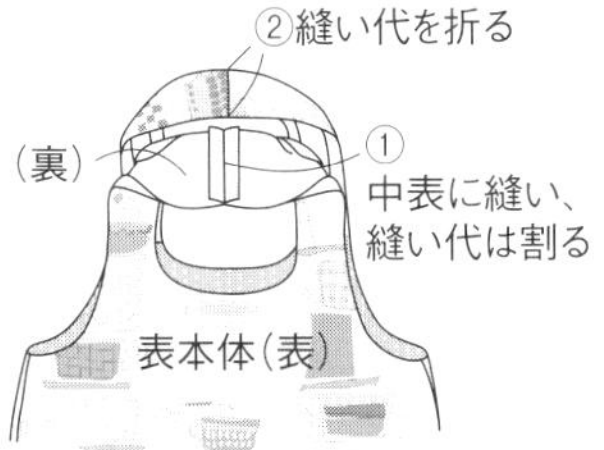

1 持ち手を中表に合わせて縫い、縫い代は割る（①）。出来上がり幅に折る（②）。

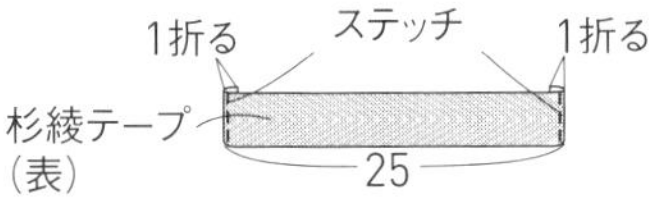

2 長さ27㎝にカットした杉綾テープの両端を裏面に折り、ステッチをかける。もう1本作る。

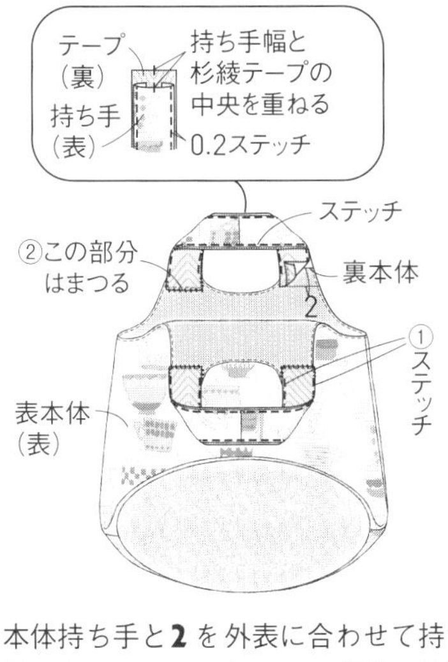

3 本体持ち手と **2** を外表に合わせて持ち手の折り山にステッチをかける（①）。杉綾テープの端は手縫いでまつる（②）。

刺しゅうのステッチの刺し方

手縫いの縫い方

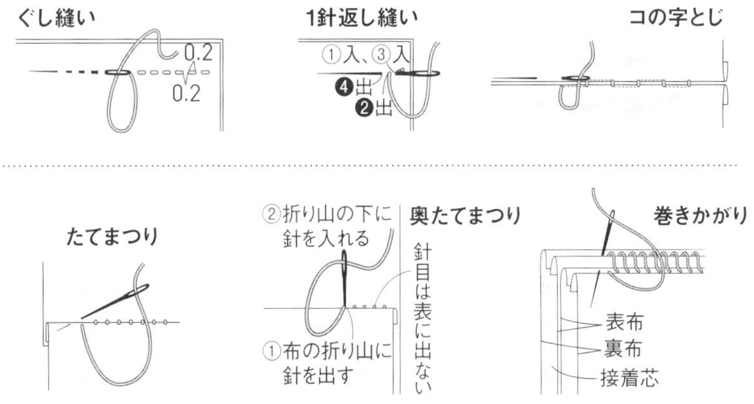

ナイロンポーチ
大・小

●出来上がり寸法
大　幅26cm　丈35cm
小　幅18cm　丈24.5cm

材料

大
ナイロン　柄布…60×40cm
ファスナー…長さ30cm　1本
小
ナイロン　柄布…50×30cm
ファスナー…長さ20cm　1本

作り方のポイント

＊ナイロンはアイロンをかけると溶ける場合があるので、折り目をつけたりする場合は指先でしごくか、折り目つけローラーなどを使うとよい。
＊大と小は大きさが違うだけで作り方は同じ。

作り方

＊各パーツは型紙を作らずに寸法図を参照して布を裁つ。

1. ファスナーをつける
2. 持ち手とタブをつける
3. 仕上げる

1 ファスナーをつける

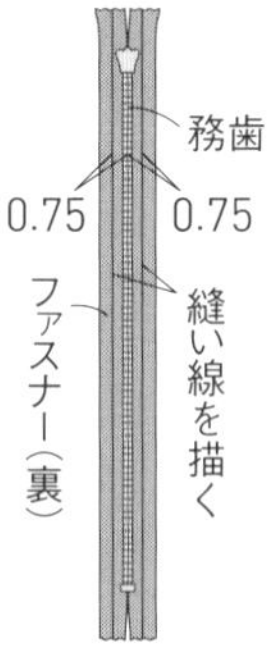

1 ファスナーの裏面に、務《む》歯《し》の中央から0.75cmの位置に縫い線を描く。

寸法図

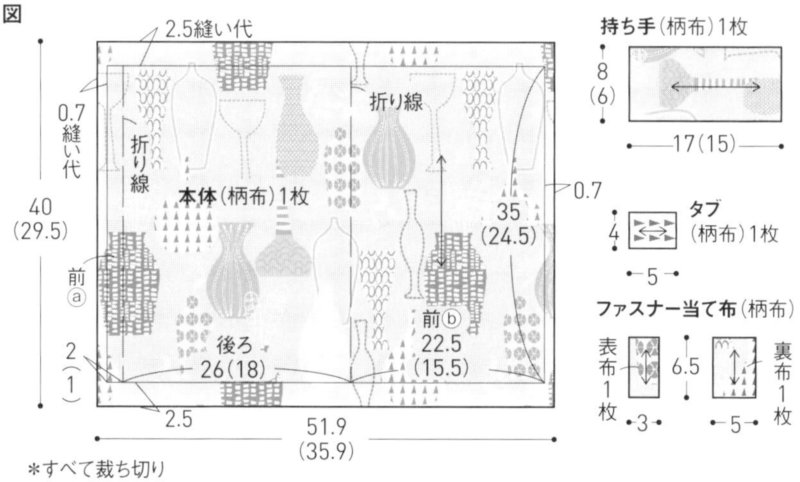

＊すべて裁ち切り
＊(　)内の数字は小の寸法

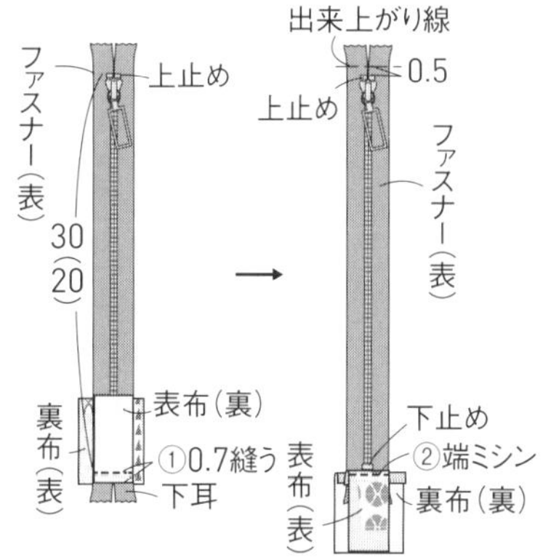

2 ファスナー当て布の表布と裏布を中表にしてファスナー下止めをはさみ、下止めのきわを縫う(①)。ファスナー当て布を表に返し、ファスナー下耳をはさんで端ミシンをかける(②)。

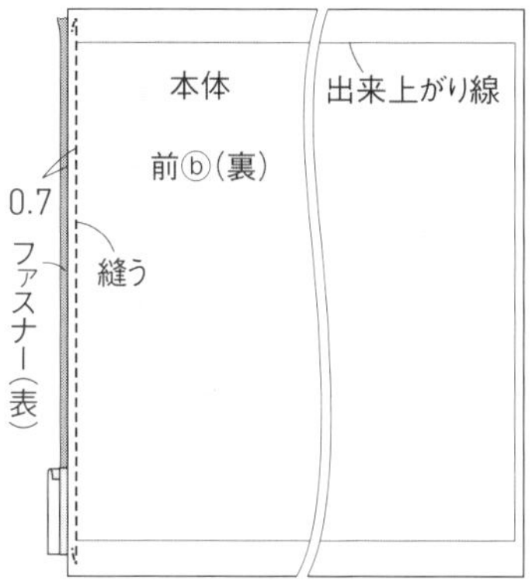

3 ファスナーと本体前ⓑを中表に重ね、ファスナーの縫い線と本体前ⓑの出来上がり線を合わせて縫う。

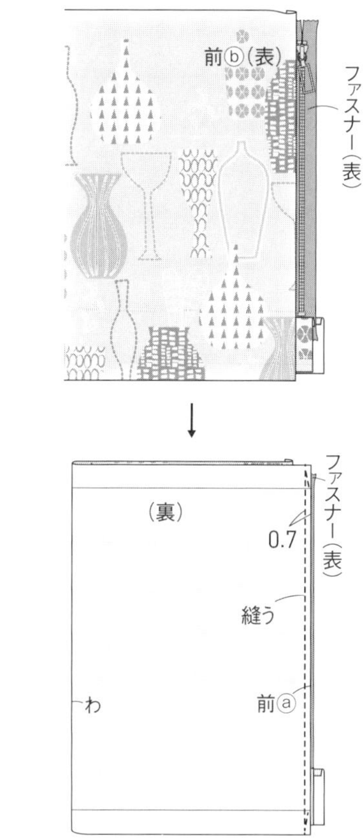

4 本体を表に返し、中表に二つ折りにして本体前ⓐとファスナーの反対側の縫い線を合わせて縫う。

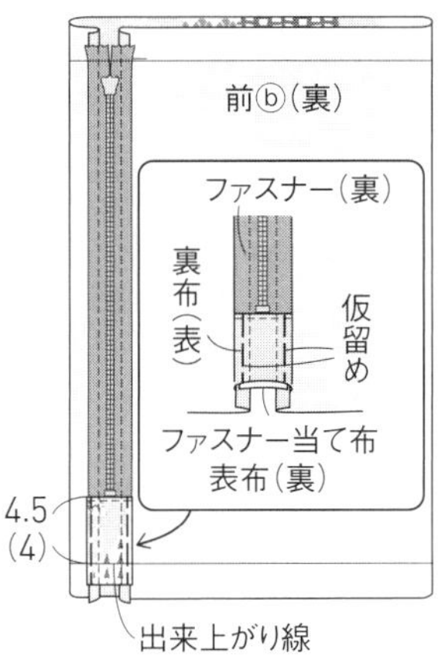

4 ファスナー当て布の裏布の左右を本体の縫い代をくるむように裏面に折り、仮留めする。当て布の裏布に出来上がり線を描く。

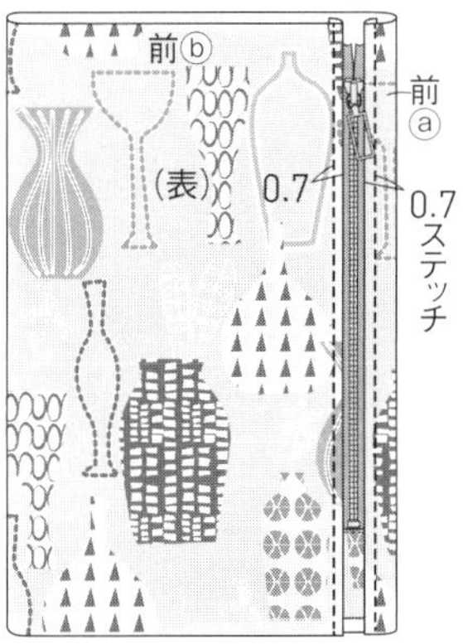

5 表に返し、ファスナーの両わきにステッチをかける。

❷ 持ち手とタブをつける

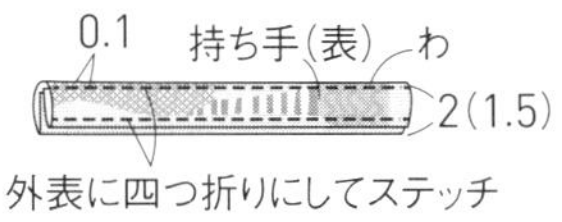

1 持ち手を外表に四つ折りにし、長辺にステッチをかける。

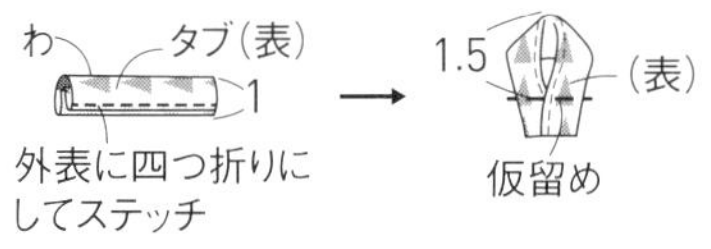

2 タブを外表に四つ折りにしてステッチをかけ、二つ折りにして仮留めする。

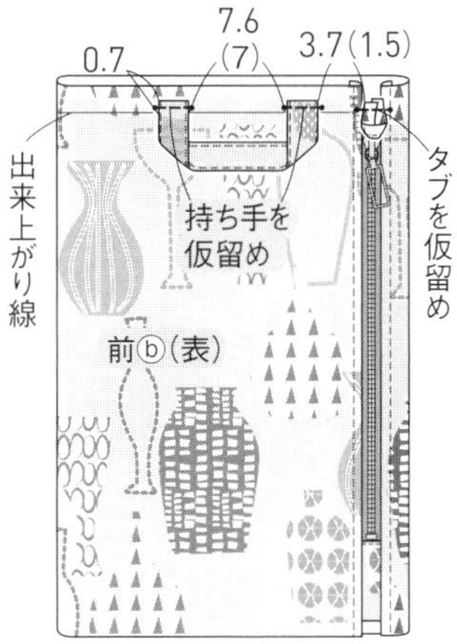

3 持ち手とタブをそれぞれ本体とファスナーの出来上がり線の外側（縫い代側）に仮留めする。

❸ 仕上げる

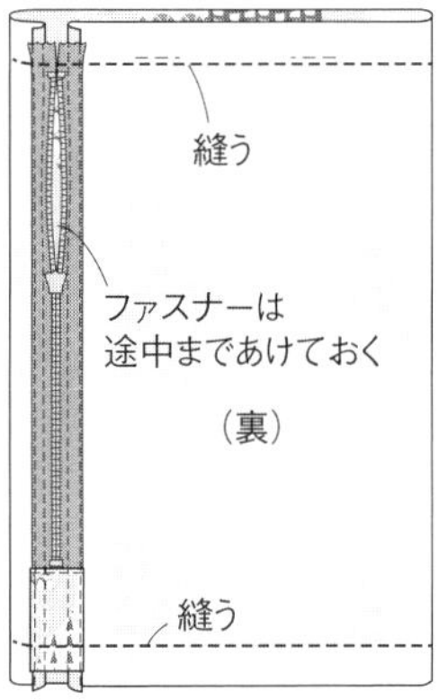

1 裏に返し、本体の前後を重ねて上下の出来上がり線を縫う。ファスナーは少しあけておく。

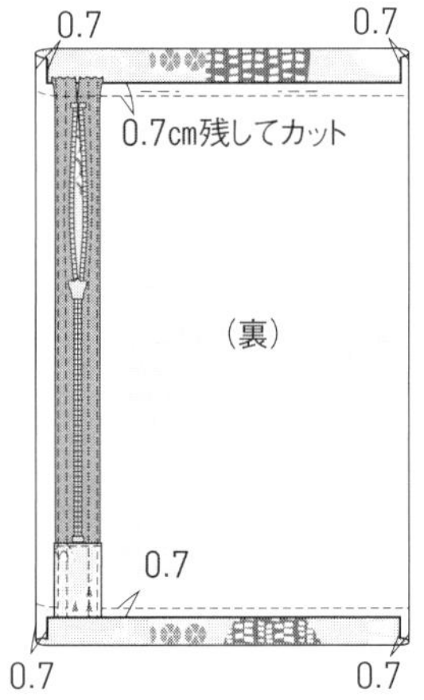

2 本体前側の縫い代を、0.7cm残してカットする。

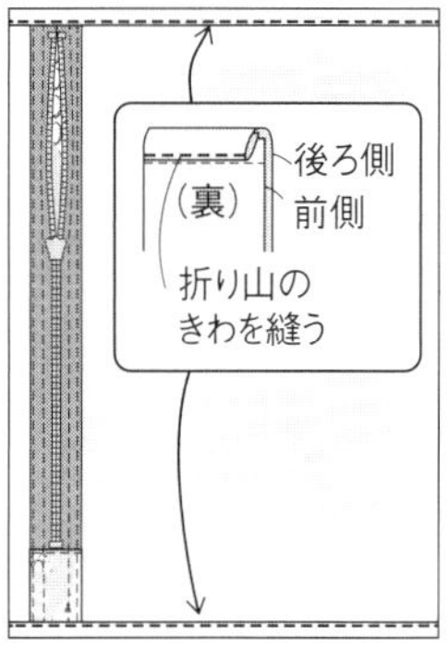

3 本体後ろ側の縫い代で前側の縫い代をくるみ、折り山のきわを縫う。

大

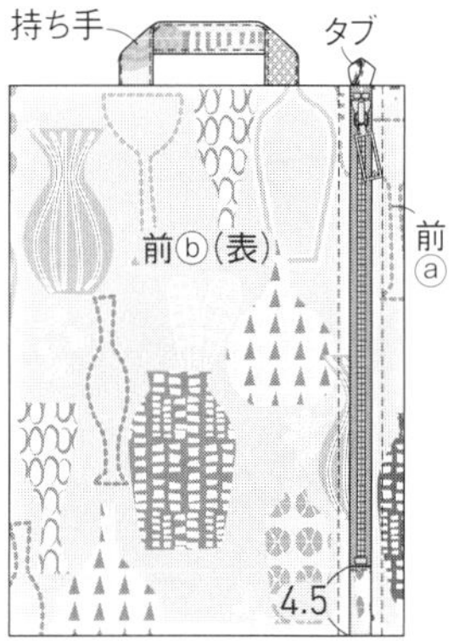

小

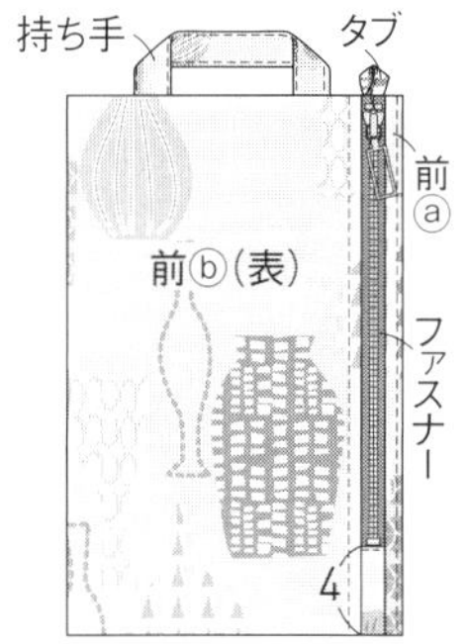

4 表に返し、形を整える。小も大と同じ要領で作る。

ナイロンバッグ

●出来上がり寸法(持ち手を除く)
幅45cm　丈32cm　まち幅8cm

材料

ナイロン　グレー…128cm幅　47cm
(前・後ろ本体、外ポケット上・下、
内ポケット、まち布)
ナイロンテープ　黒…4cm幅　246cm
(持ち手)
ファスナー　モスグリーン
…長さ20cm　1本

作り方のポイント

ナイロンはアイロンをかけると溶ける場合があるので、折り目をつけたりする場合は指先でしごくか、折り目つけローラーなどを使うとよい。

作り方

＊各パーツは型紙を作らずに寸法図を参照して布を裁つ。
＊前本体の表面に外ポケットつけ位置、後ろ本体の裏面に内ポケットつけ位置、前・後ろ本体の表面にテープつけ位置を描いておく。
＊70ページ❶-1を参照し、ファスナーの裏面に縫い線を描いておく。

❶ 外ポケットを作る
❷ 内ポケットを作る
❸ 持ち手をつける
❹ バッグに仕立てる

寸法図

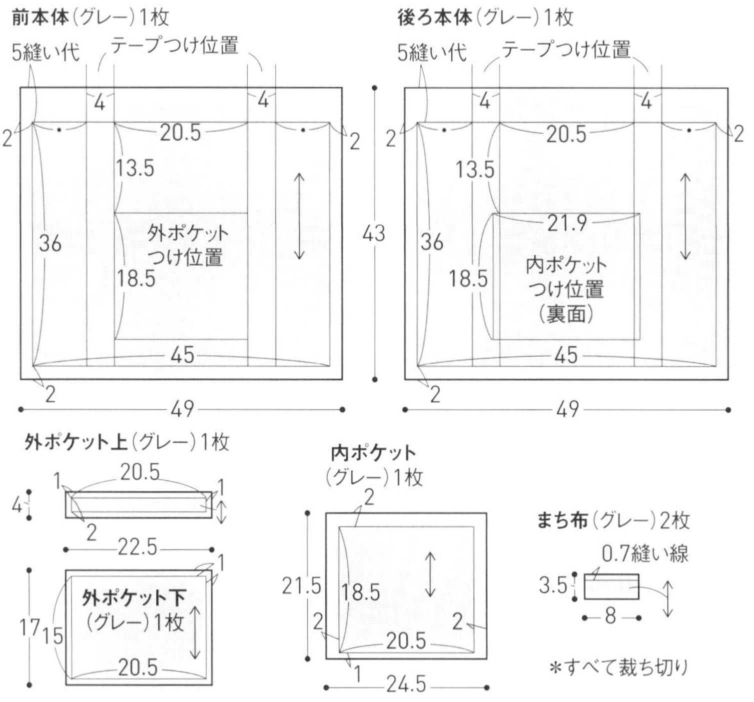

❶ 外ポケットを作る

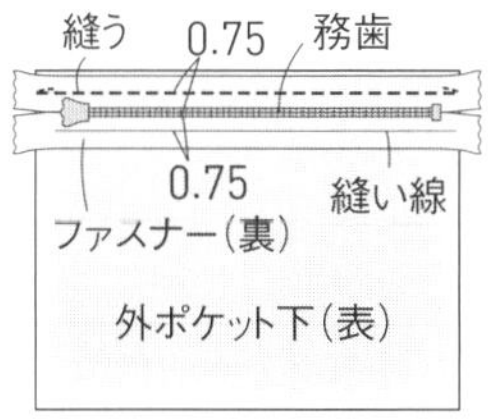

1 外ポケット下にファスナーを中表に重ね、ポケットの出来上がり線とファスナーの縫い線を合わせて縫う。

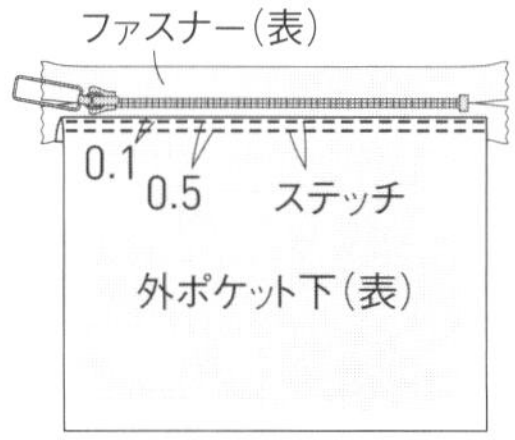

2 ファスナーを表に返し、ステッチを2本かける。

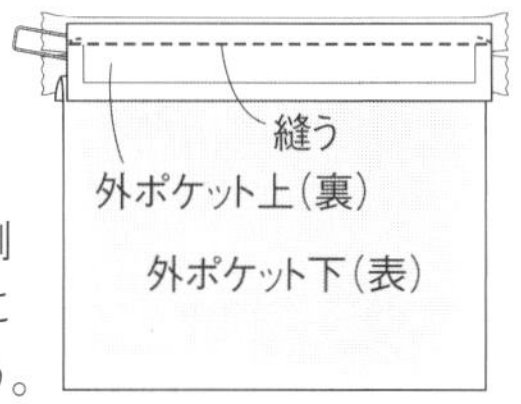

3 ファスナーの反対側に外ポケット上を中表に合わせて**1**と同様に縫う。

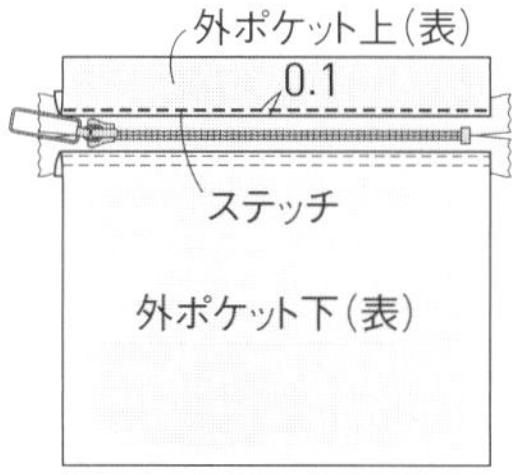

4 外ポケット上を表に返してステッチをかける。

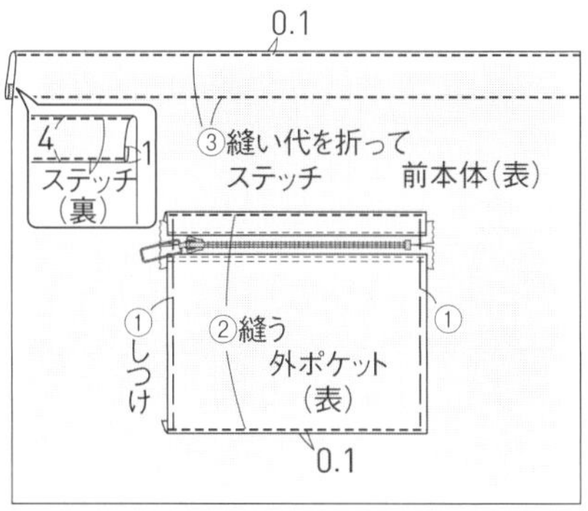

5 **4**の上下の縫い代を裏面に折り、前本体表面の外ポケットつけ位置に合わせ、両わきをしつけで仮留めする(①)。上下の端を縫う(②)。前本体口側の縫い代を三つ折りにしてステッチを2本かける(③)。

❷ 内ポケットを作る

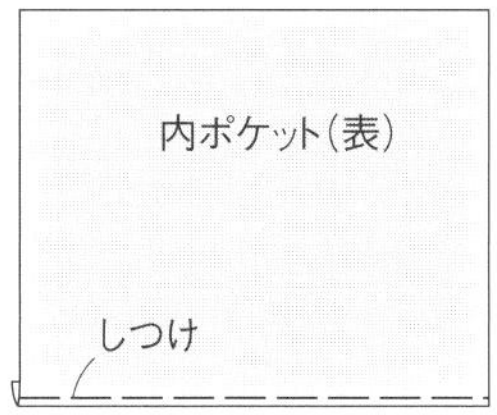

1 内ポケットの底側の縫い代を裏面に折り、しつけをかける。

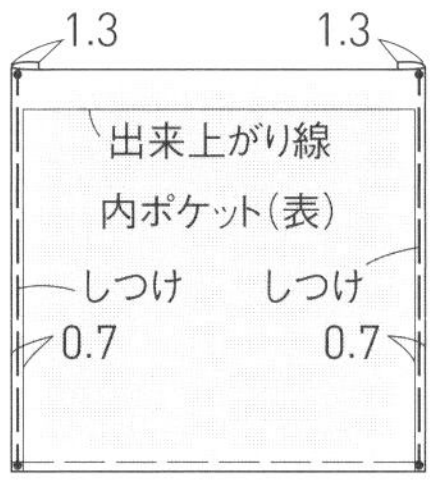

2 わきの縫い代を1.3cm裏面に折り、しつけをかける。

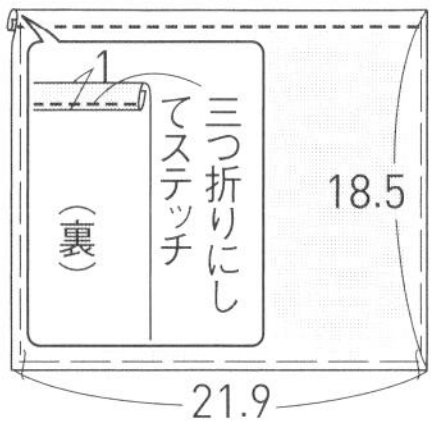

3 口側の縫い代を三つ折りにしてステッチをかける。

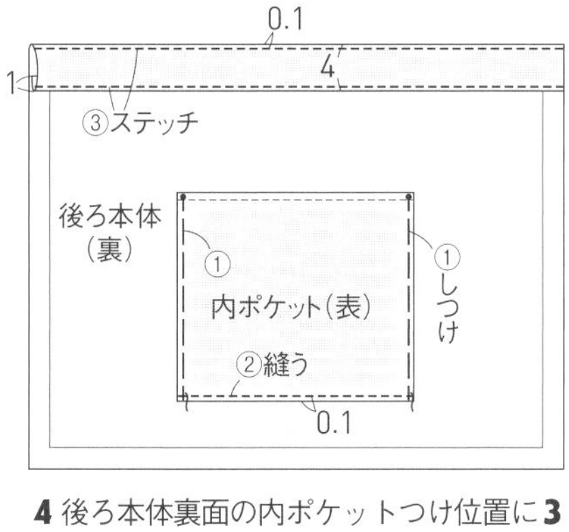

4 後ろ本体裏面の内ポケットつけ位置に**3**を合わせて、両わきをしつけで仮留めし(①)、底を縫う(②)。後ろ本体の口側の縫い代を三つ折りにし、**❶-5**③と同様に口側にステッチをかける(③)。

❸ 持ち手をつける

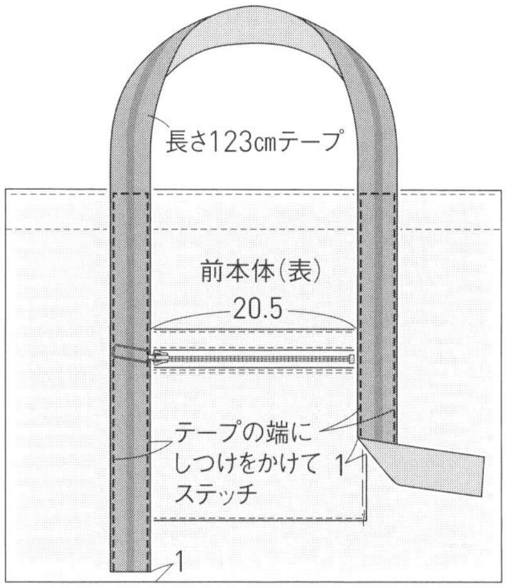

前本体表面のテープつけ位置にテープを重ね、しつけをかける。外ポケットと一緒にテープの3辺にステッチをかける。後ろ本体も同様にテープと内ポケットを一緒に縫う。内ポケットのしつけを外す。

❹ バッグに仕立てる

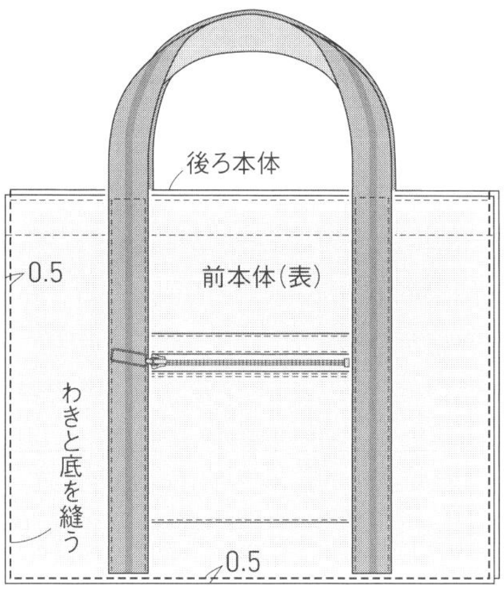

1 前・後ろ本体を外表に合わせ、0.5cmの縫い代でわきと底を縫う。

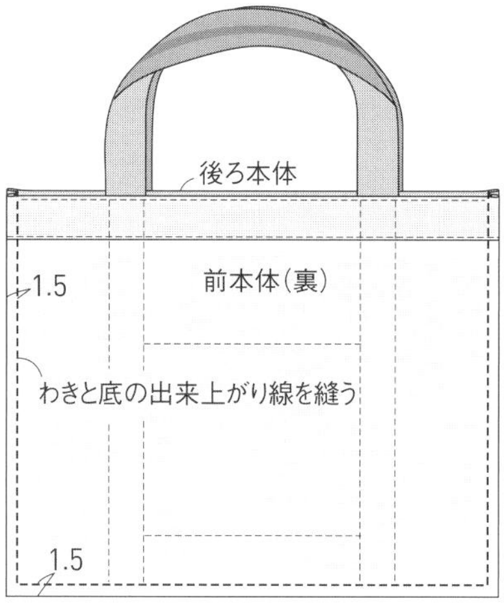

2 裏に返して中表に合わせ、わきと底の出来上がり線を縫う(袋縫い)。

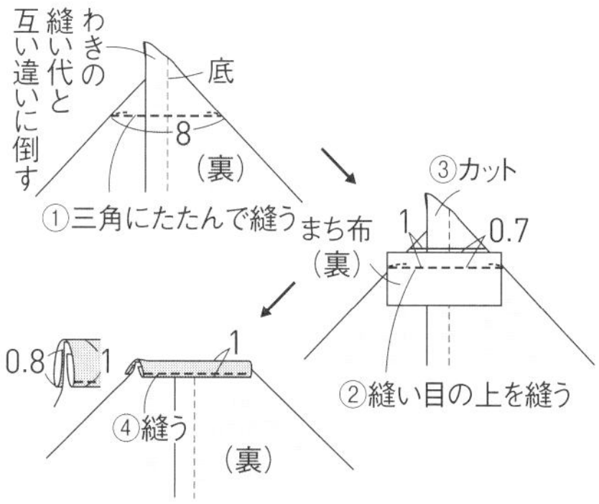

3 わきと底の縫い目を合わせ、わき底を三角にたたんで縫う(①)。縫い代はわきと底で互い違いに倒す。まち布を中表に重ね、①の縫い目の上を縫う(②)。まちの縫い代を1cm残して余分をカットする(③)。縫い代をまち布でくるんで縫う(④)。

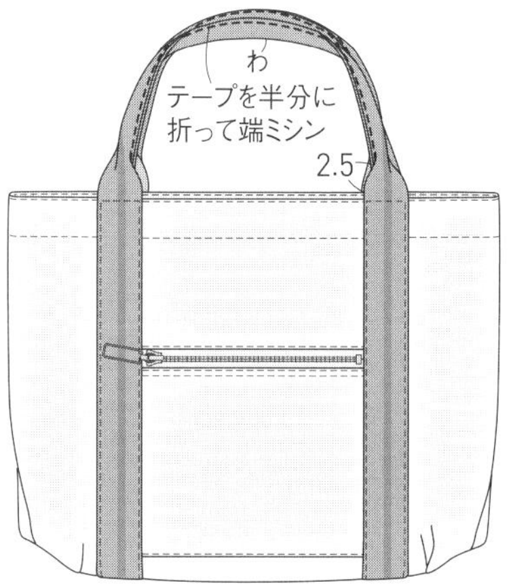

4 持ち手部分のテープを外表に二つ折りにし、端ミシンをかける。

P.25

ペットボトルケース 大・小

使用型紙（D面）

本体　アップリケ図案

●出来上がり寸法（持ち手を除く）
大　幅12.5cm　丈19cm　まち幅6cm
小　幅12.5cm　丈14cm　まち幅6cm

材料

大
木綿
チェック柄…20×50cm
（表本体、持ち手）
はぎれ3種…各適宜（アップリケ布）
保冷・保温シート…15×50cm（裏本体）
25番刺しゅう糸　生成り・緑…各適宜

小
木綿
ストライプ柄…20×40cm
（表本体、持ち手）
はぎれ3種…各適宜（アップリケ布）
保冷・保温シート…15×40cm（裏本体）
25番刺しゅう糸　ブルー・緑…各適宜

作り方のポイント

＊大と小は大きさが違うが、作り方は同じ。
＊刺しゅうのステッチの刺し方は69ページ参照。

作り方

＊持ち手は型紙を作らずに寸法図を参照して布を裁つ。
＊表本体の表面にライトテーブルを使ってアップリケ図案を写す。ライトテーブルがない場合は、明るい日中に透明な窓ガラスを利用して図案を写す。

❶ アップリケ、刺しゅうをする
❷ 持ち手を作る
❸ 本体を作る

寸法図

大　本体
表本体（チェック柄・アップリケ布）
裏本体（保冷・保温シート）
各1枚

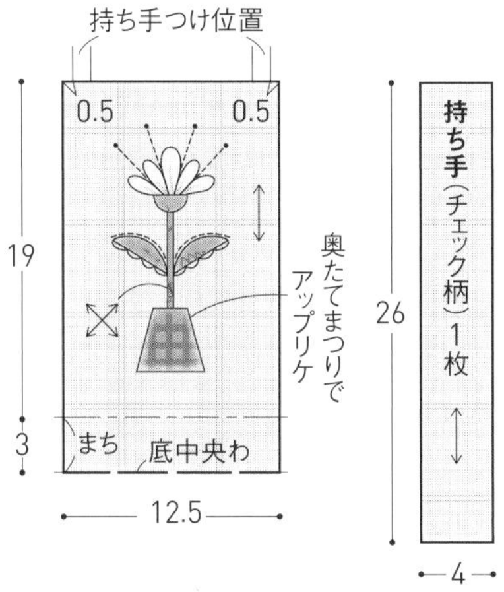

小　本体
表本体（ストライプ柄・アップリケ布）
裏本体（保冷・保温シート）
各1枚

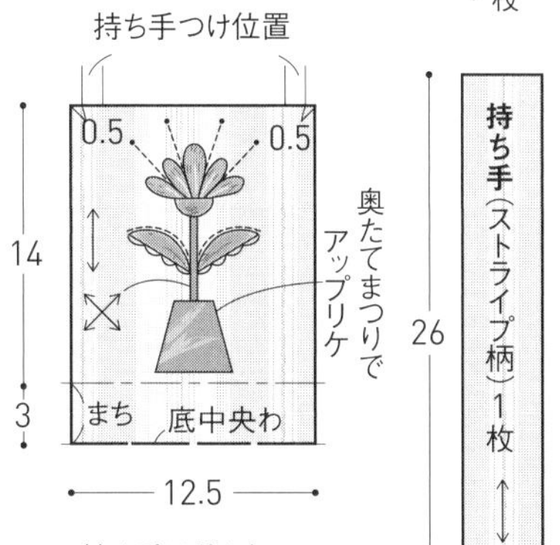

＊持ち手は裁ち切り、本体の口側は2cm、そのほかは1cmの縫い代をつけて裁つ

❶ アップリケ、刺しゅうをする

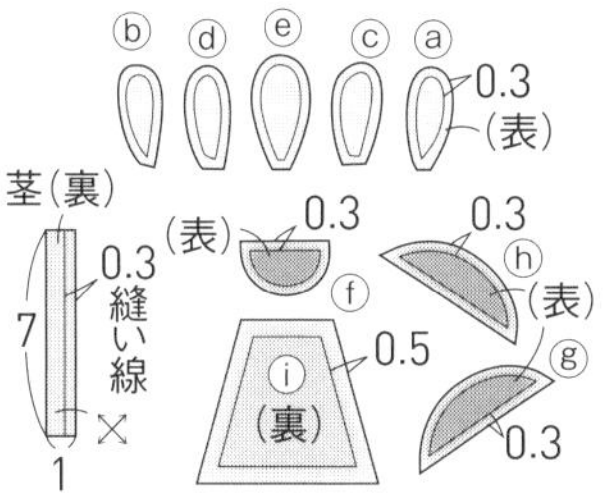

1 アップリケ布ⓐ〜ⓗは布地の表面に出来上がり線を写し、0.3cmの縫い代をつけて裁つ。アップリケ布ⓘは布地の裏面に出来上がり線を写し、0.5cmの縫い代をつけて裁つ。茎は1×7cmのバイアスに裁ち、布地の裏面に0.3cmの縫い線を描く。

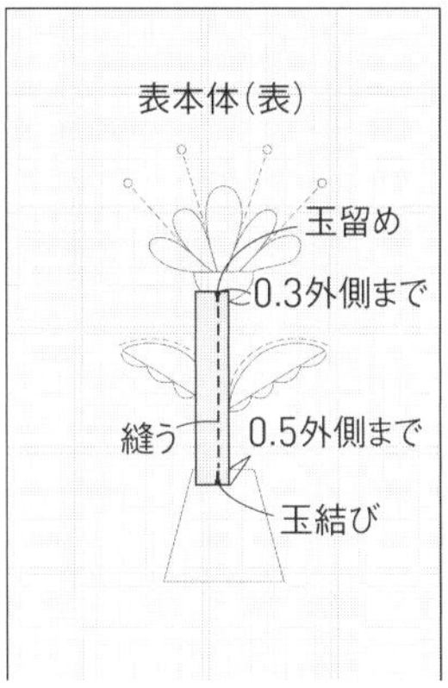

2 茎の図案の左側の線と茎布の縫い線を中表に合わせ、茎の図案より上側は0.3cm、下側は0.5cm外側まで縫う。縫い始めと縫い終わりは1針返し縫いをして、余分はカットする。

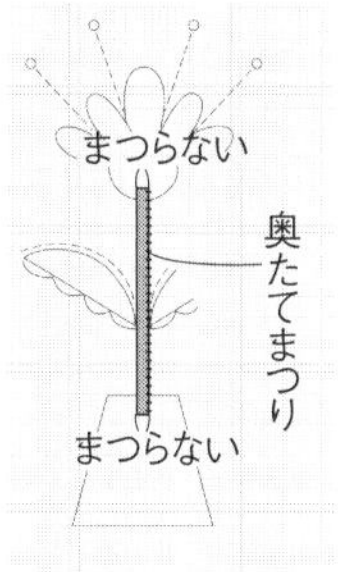

3 図案の茎幅に合わせて茎布を折り、奥たてまつりで縫う。別のアップリケ布が重なる上下の端はまつらない。

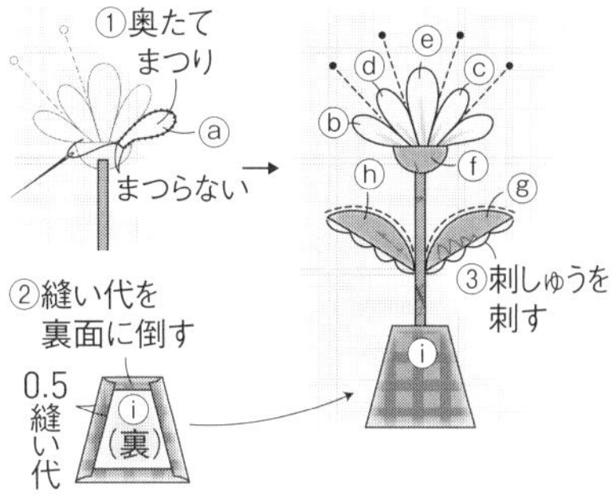

4 アップリケ布ⓐを図案に重ね、針先で縫い代を折り込みながら奥たてまつりで周囲をまつる。別のアップリケ布が重なる部分はまつらない（①）。同じ要領でアップリケ布をアルファベット順にアップリケする。アップリケ布ⓘは縫い代を裏面に折ってからアップリケする（②）。刺しゅうをする（③）。

❷ 持ち手を作る

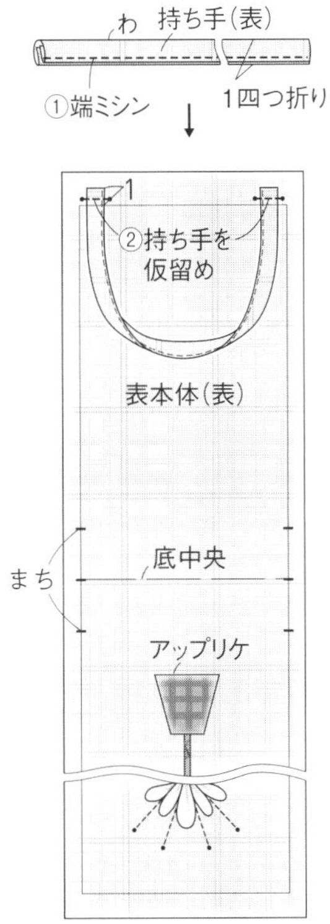

1 持ち手を外表に四つ折りにして端ミシンをかける (①)。本体の持ち手つけ位置に仮留めする (②)。

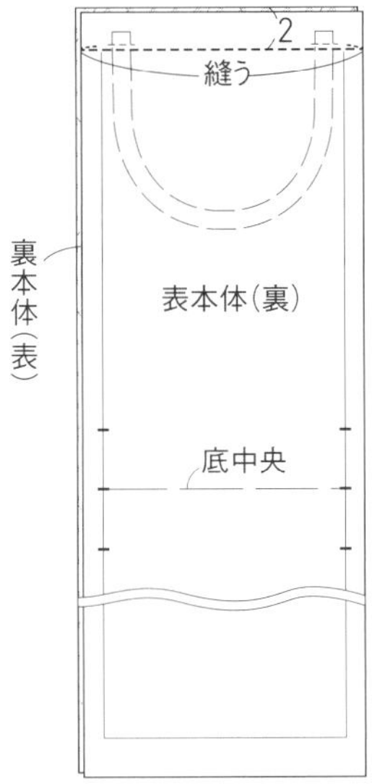

2 表本体と裏本体を中表に合わせ、持ち手をはさんだ口側を縫う。

❸ 本体を作る

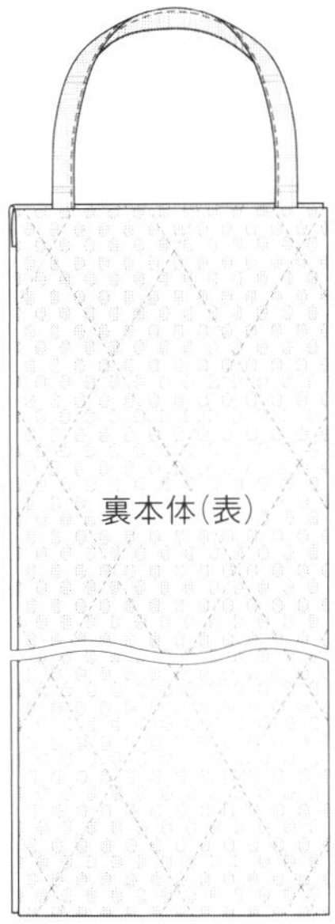

1 表本体、裏本体を表に返す。

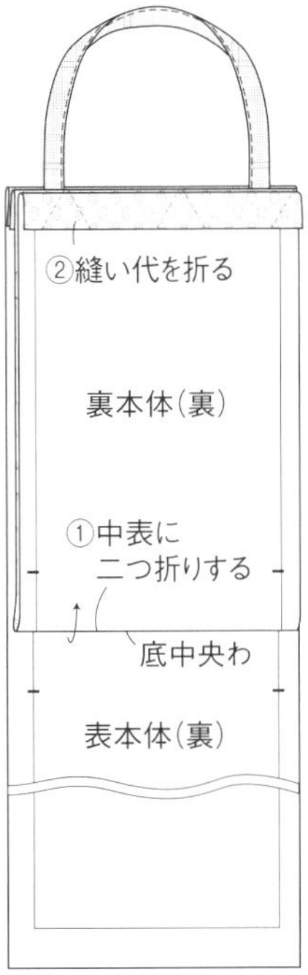

2 裏本体を底中央から中表に二つ折りにし (①)、口側の縫い代を裏面に折って待ち針で留める (②)。

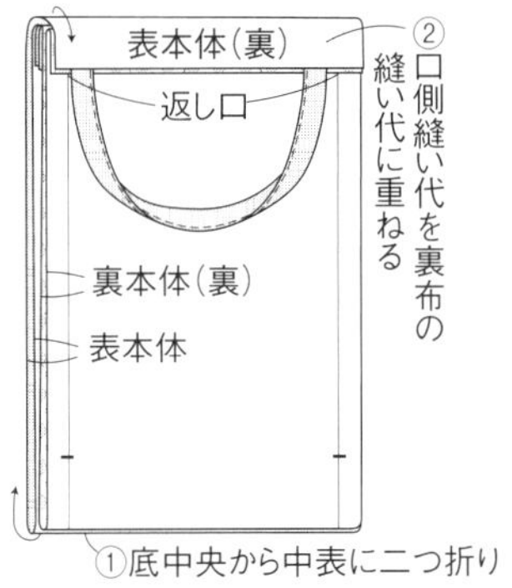

3 表本体を底中央から中表に二つ折りにし (①)、口側の縫い代を裏本体の縫い代に重ねて待ち針で留める (②)。

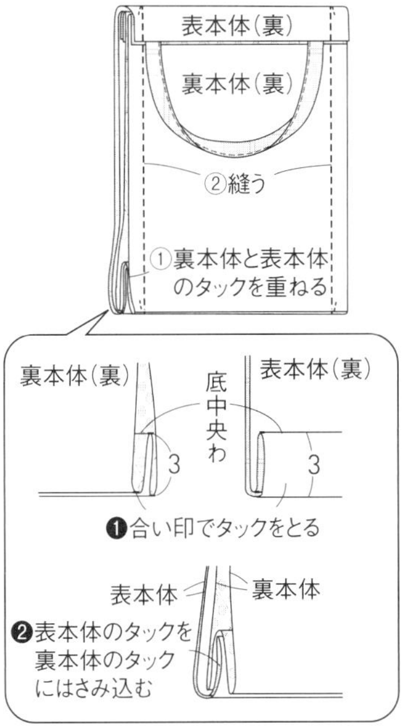

4 表本体と裏本体の底まちをそれぞれ折って重ね (①)、わきを縫う (②)。

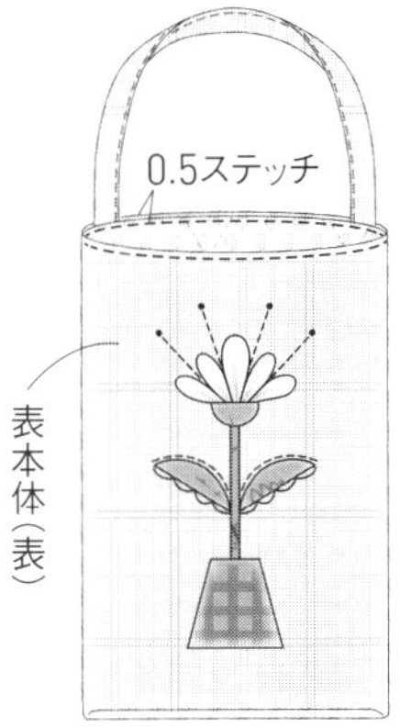

5 返し口から表に返し、口側にステッチをかける。

エコバッグ 大・中・小

●出来上がり寸法
大 幅35cm 丈44cm まち幅16.5cm
中 幅31cm 丈36cm まち幅11.5cm
小 幅25cm 丈28cm まち幅8.5cm

材料

大 ナイロン…150cm幅 68cm
中 ナイロン…150cm幅 40cm
小 ナイロン…150cm幅 32cm

作り方のポイント

ナイロンはアイロンをかけると溶ける場合があるので、折り目をつけたりする場合は指でしごくか折り目つけローラーなどを使う。また、待ち針や手芸用クリップで留めてもよい。

作り方

＊各パーツは型紙を作らずに寸法図・裁ち合わせ図を参照して布を裁つ。
＊大・中・小は大きさが違うだけで作り方は同じ。

1. 内ポケットを作る
2. 持ち手を作る
3. 本体を縫う
4. 本体に持ち手、内ポケットをつける

寸法図・裁ち合わせ図

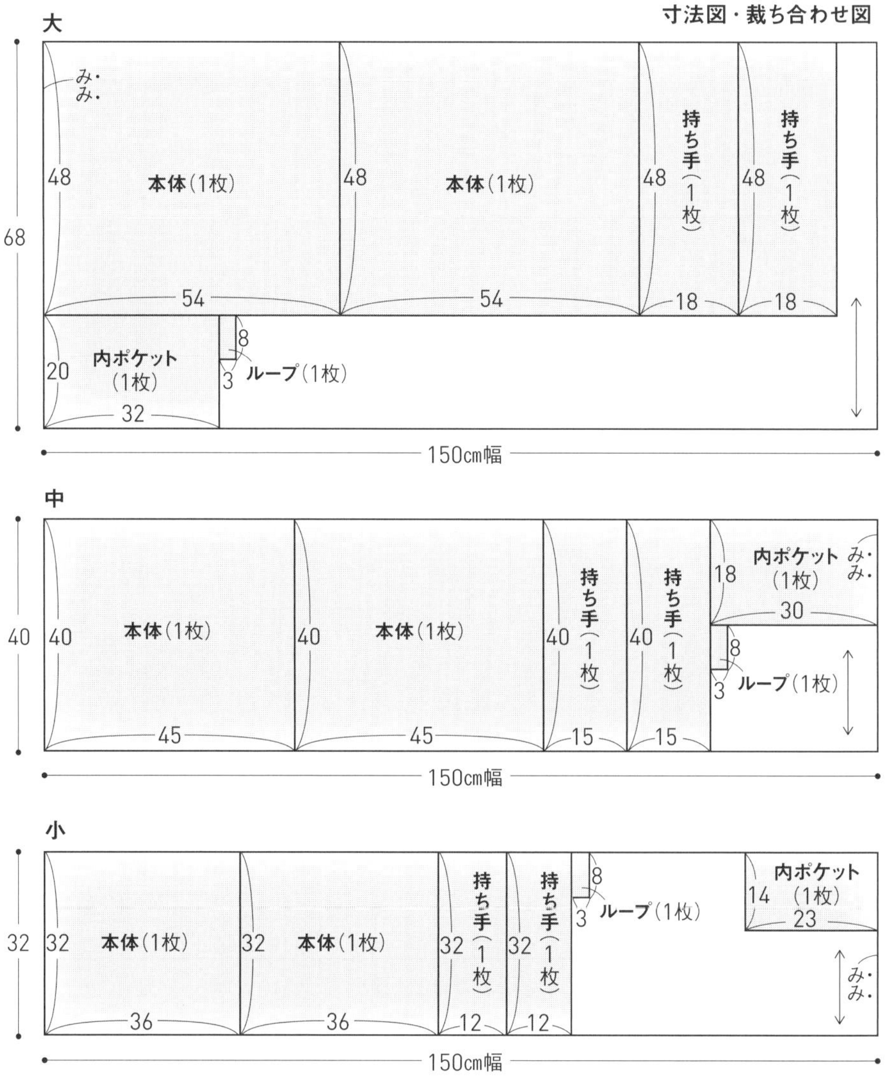

＊すべて裁ち切り

1 内ポケットを作る

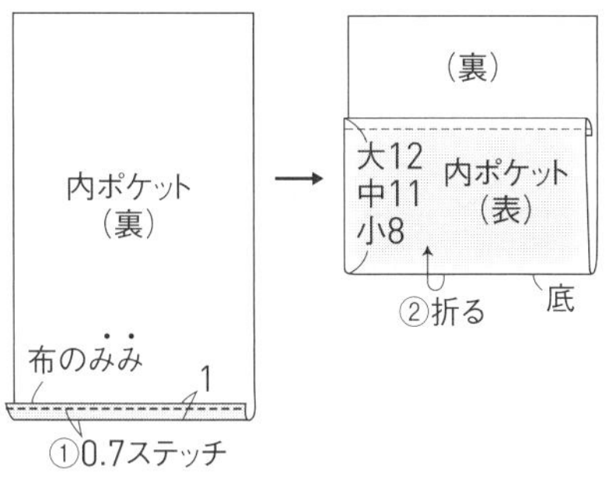

1 内ポケットの短辺（布地のみみ側）を1cm裏面に折ってステッチをかけ（①）、指定の寸法（底）で外表に折る（②）。

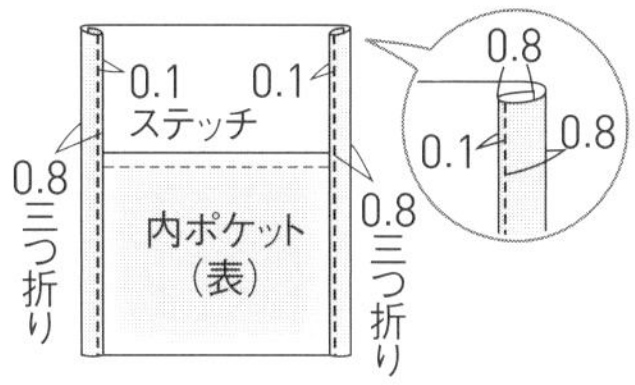

2 わきの縫い代を三つ折りにしてステッチをかける。

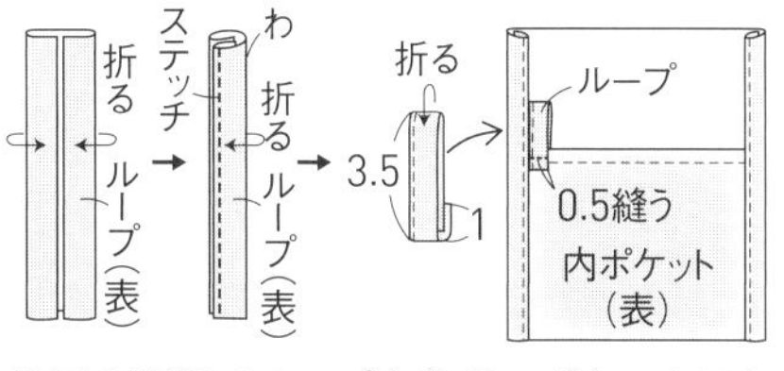

3 図の要領でループを作り、ポケット口に縫い留める。

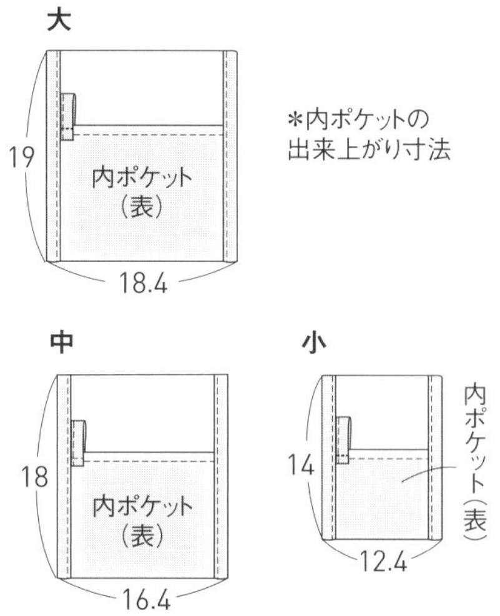

❷ 持ち手を作る

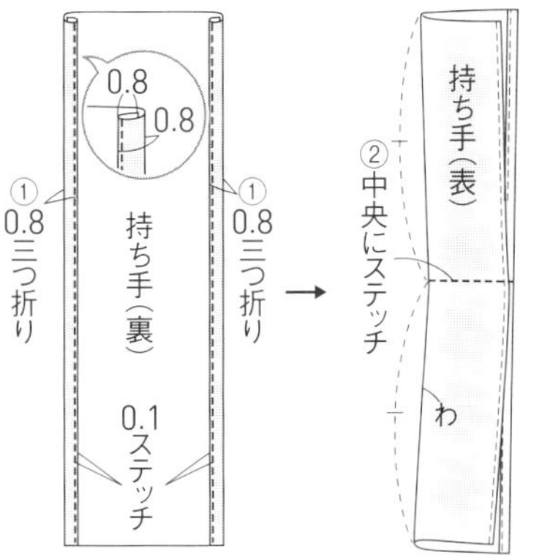

持ち手の長辺を三つ折りにしてステッチをかける（①）。外表に幅を二つ折りにして長さの中央にステッチをかける（②）。同じものをもう1本作る。

❸ 本体を縫う

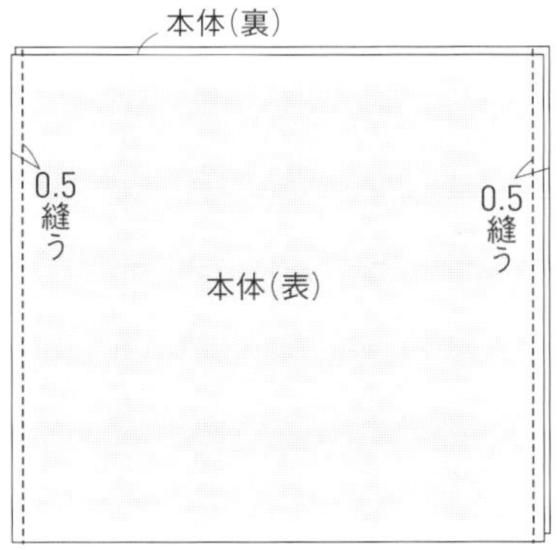

1 本体を外表に合わせ、両わきを縫う。

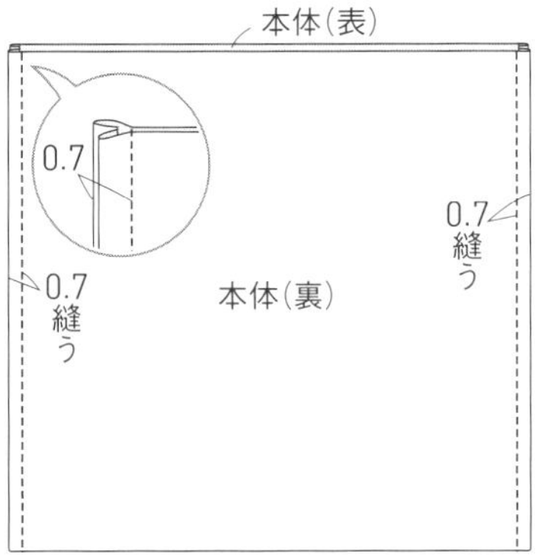

2 裏に返して中表に合わせ直し、再度両わきを縫う（袋縫い）。

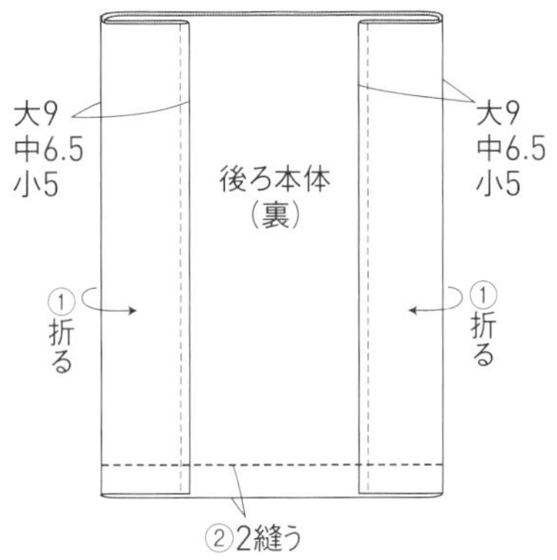

3 両わきを後ろ本体側に折ってまち部分を作り（①）、底を縫う（②）。

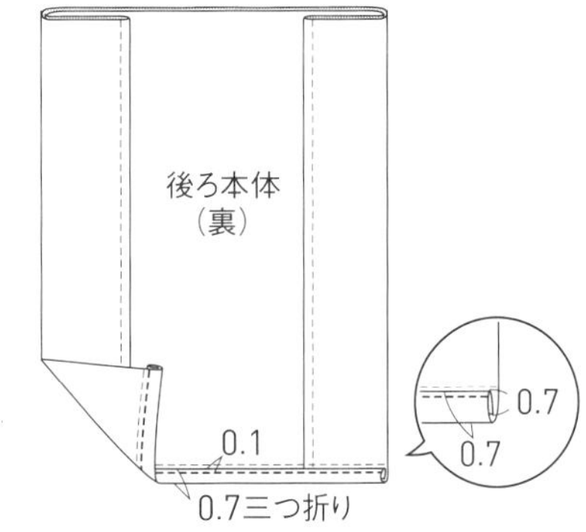

4 底の縫い代を三つ折りにして、ステッチをかける。

❹ 本体に持ち手、内ポケットをつける

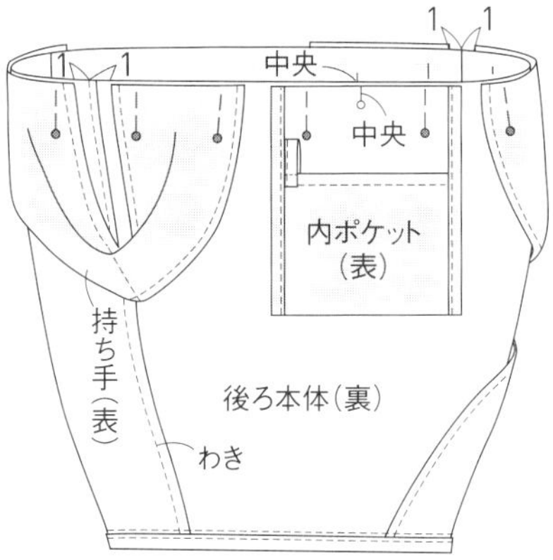

1 本体の口を開き、両わきの縫い目から1cmの位置に持ち手を重ね、待ち針で留める。内ポケットの中央と後ろ本体の中央を合わせて重ね、待ち針で留める。

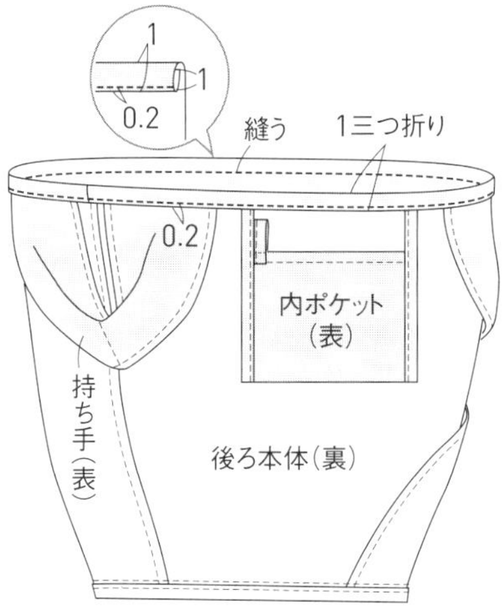

2 本体口の縫い代を持ち手、内ポケットも一緒に三つ折りにしてぐるりと縫う。

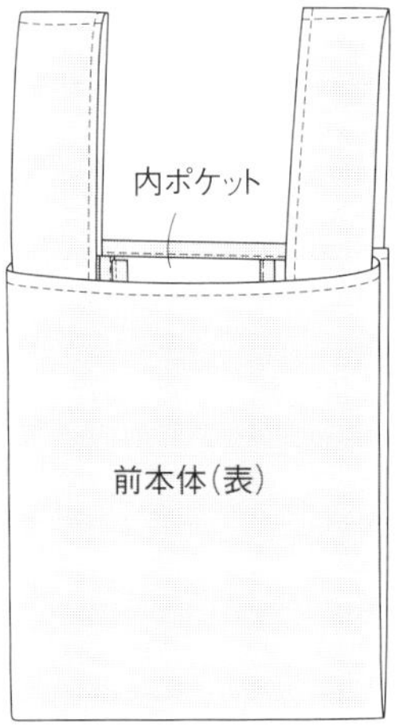

3 表に返して形を整える。

マスクポーチ

使用型紙（A面）

後ろ本体　前本体　外ポケット
内ポケット

●出来上がり寸法（タブを除く）
幅13.5cm　丈15cm

材料

木綿
柄布㋐…16×17cm（前本体表布）
柄布㋑…28×18cm
（後ろ本体表布、外ポケット）
ナイロン…48×18cm
（前・後ろ本体裏布、内ポケット）
ワンタッチスナップボタン
…直径1cm　1組

作り方

＊本体裏布は型紙を反転（裏面に）して布を裁つ。

❶ 外ポケットを作る
❷ 内ポケットを作る
❸ 本体を作る

ワンタッチスナップボタンのつけ方

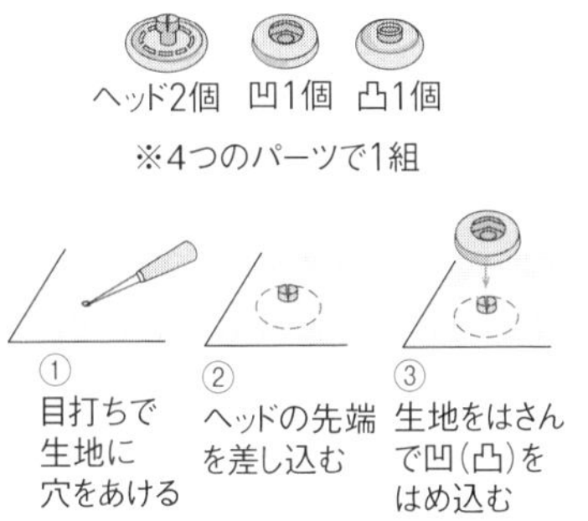

寸法図

＊ポケット口は1.5cm、
そのほかは1cmの縫い代をつけて裁つ

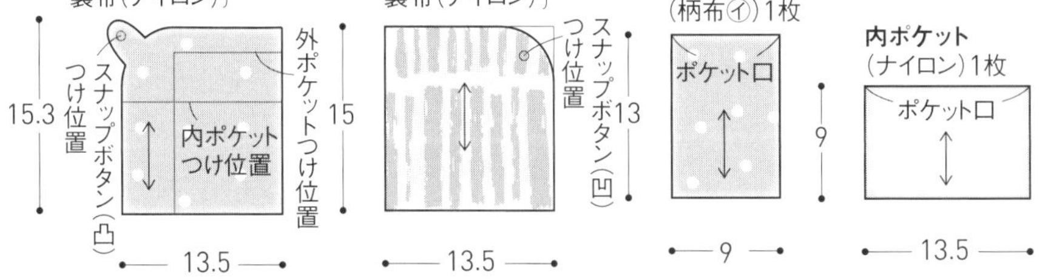

❶ 外ポケットを作る

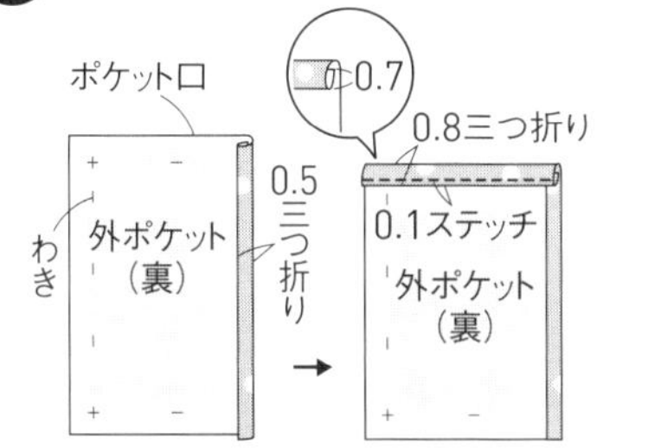

1 外ポケットの中央側のわきを三つ折りにする。次に、ポケット口を三つ折りにしてステッチをかける。

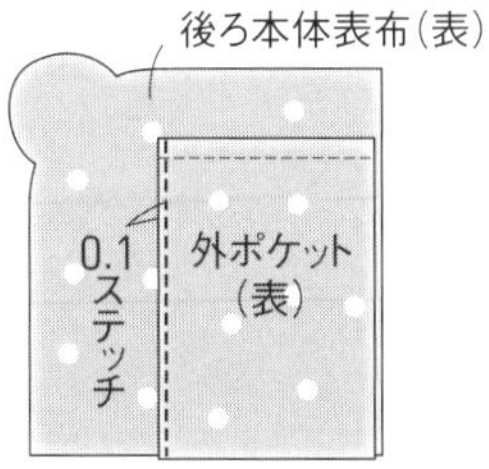

2 後ろ本体表布の外ポケットつけ位置に**1**を重ねて外ポケットの中央側の端を縫う。

❷ 内ポケットを作る

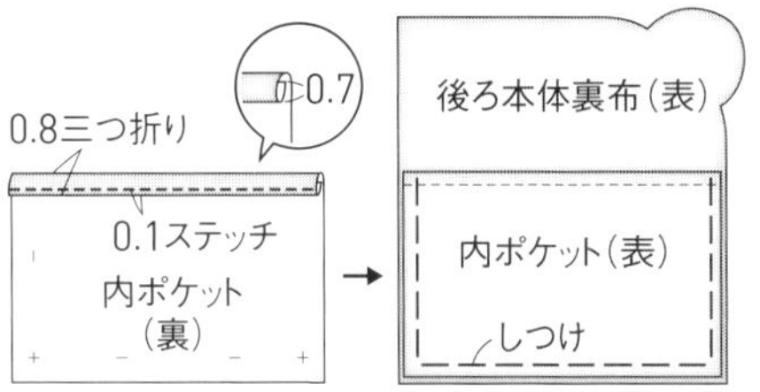

内ポケットの口を三つ折りにしてステッチをかける。後ろ本体裏布の内ポケットつけ位置に重ね、ポケット口以外の3辺の縫い代にしつけをかける。

❸ 本体を作る

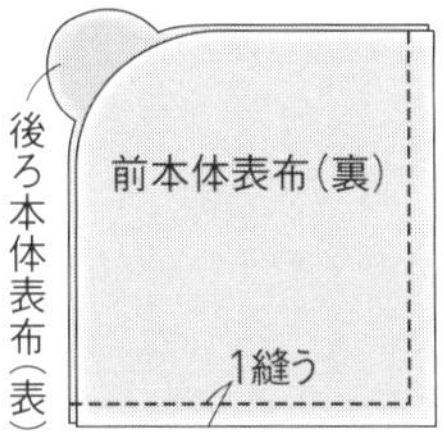

1 前本体表布と後ろ本体表布を中表に合わせ、わきと底を縫う。縫い代は前側に倒し、表に返す。

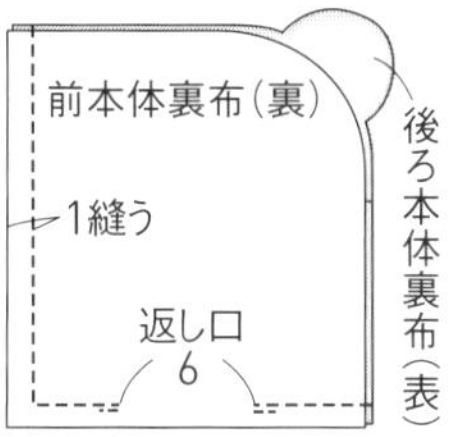

2 前本体裏布と後ろ本体裏布を中表に合わせ、底に返し口を残してわき、底を縫う。縫い代は前側に倒す。

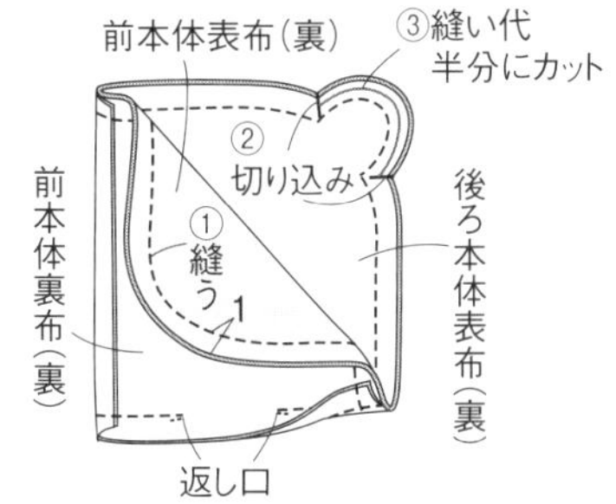

3 本体裏布と本体表布を中表に合わせて口を縫う（①）。タブの両側に切り込みを入れ（②）、タブの周囲の縫い代幅を半分にカットする（③）。

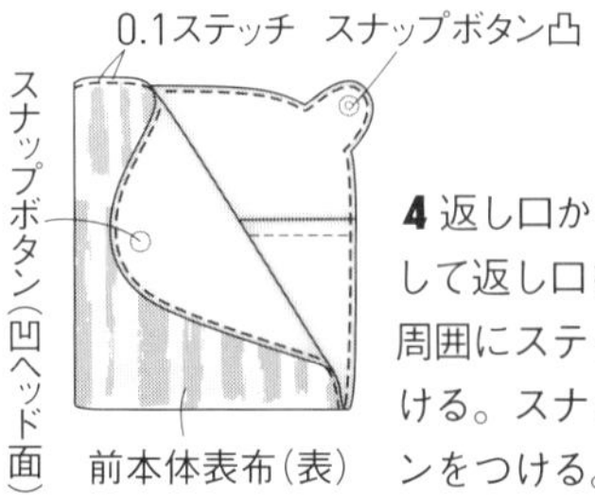

4 返し口から表に返して返し口をまつり、周囲にステッチをかける。スナップボタンをつける。

P.28

除菌グッズケース

使用型紙（A面）

本体

●出来上がり寸法
（持ち手、口金の玉は除く）
幅約5.5cm　丈12.5cm　まち幅3cm

材料

木綿　ドット柄…20×16cm（表本体）
木綿　柄布…4×2cm（持ち手始末布）
ナイロン…10×31cm（裏本体）
カン付きがまぐち口金（縫いつけタイプ）
　シルバー…幅6cm　高さ3.5cm
　（外寸／玉は含まない）　1個
ワックスコード　グリーン
…直径0.1cm　30cm（持ち手）
そのほかに、手縫い糸

作り方

＊持ち手始末布は型紙を作らずに、寸法図を参照して布を裁つ。

1. 表本体を作る
2. 裏本体を作る
3. 表本体と裏本体を縫う
4. 本体に口金をつける
5. 持ち手をつける

1 表本体を作る

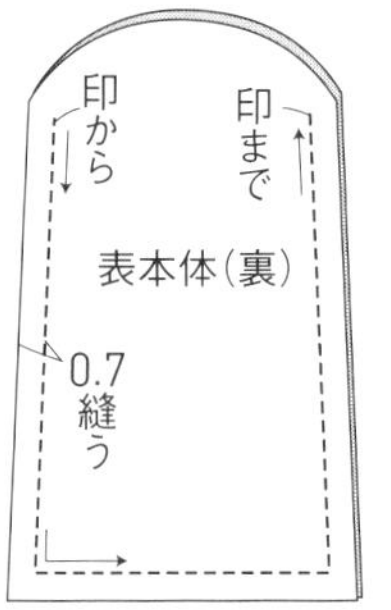

1 表本体2枚を中表に合わせ、口の印～印まで縫う。縫い代はアイロンで割る。

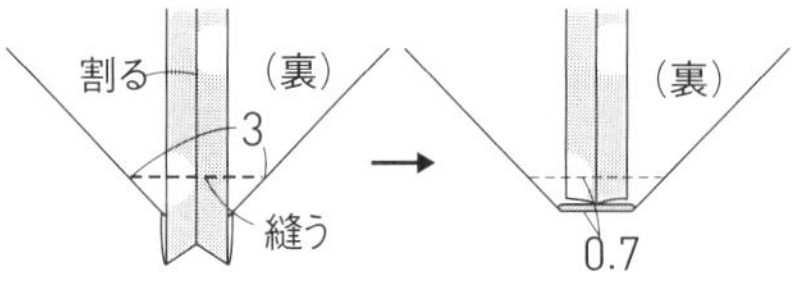

2 わきと底の縫い目を中表に合わせ、三角につまんでまち分3cmを縫う。縫い目から0.7cmの縫い代をつけて余分をカットする。

寸法図

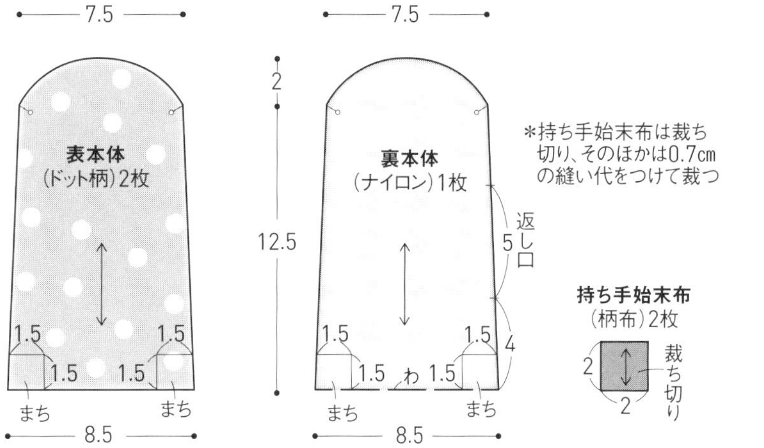

2 裏本体を作る

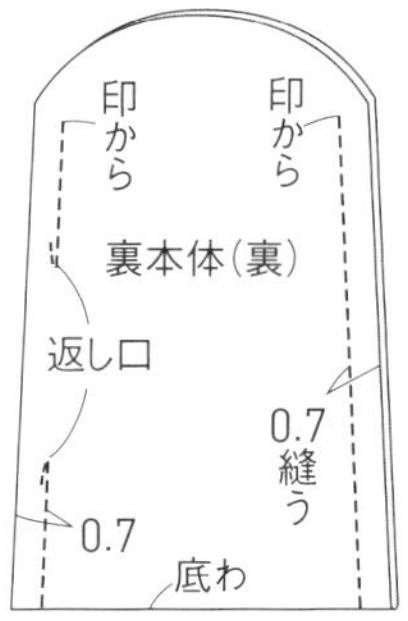

裏本体を底で中表に折り、片側に返し口を残してわきを印～底まで縫う。縫い代を割り、表本体と同様にまちを縫う。

3 表本体と裏本体を縫う

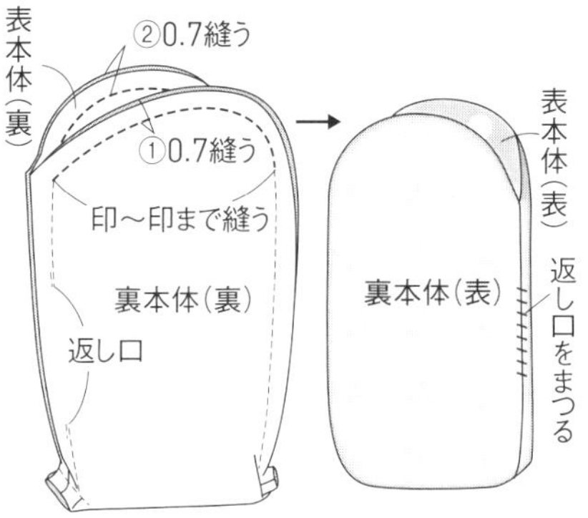

表本体を表に返し、裏本体の中に中表に合わせて入れる。口の片側をよけて印～印まで縫い（①）、反対側も同様に縫う（②）。返し口から表に返し、返し口をまつる。

4 本体に口金をつける

竹串を使って口金の溝に接着剤を塗り、本体を差し込んで数か所をしつけで押さえる。ぐし縫いの要領で口金の穴に針を通して縫う。端まで縫ったら間を縫い戻る。

5 持ち手をつける

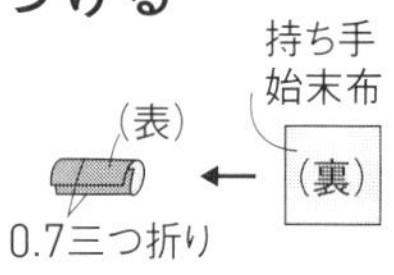

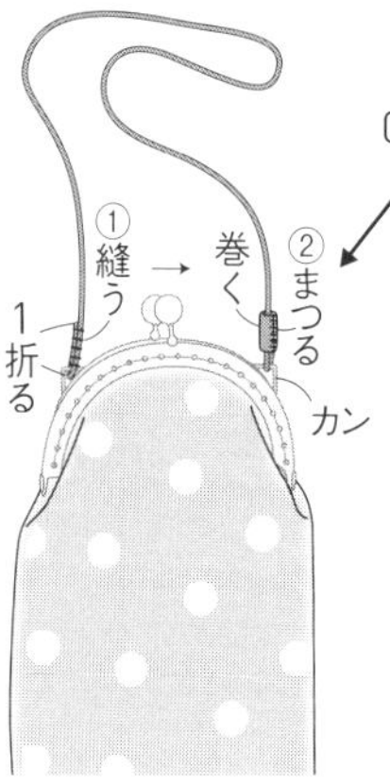

口金のカンにコードを通し、1cm折って細かくまつる（①）。持ち手始末布を図のように折って①の縫い目の上に巻いてまつる（②）。

P. 29

マスク a・b

使用型紙（A面）

本体

●出来上がり寸法
幅約19.5cm　丈約14cm（中央部分）

材料

a
木綿　刺しゅう布…26×16cm（表本体）
木綿　無地…26×16cm（裏本体）
マスクゴム…30cm　2本
b
木綿　刺しゅう布…26×16cm（表本体）
ジャージー…26×16cm（裏本体）
マスクゴム…30cm　2本

作り方

＊aとbの作り方は同じ。

❶ 本体を作る
❷ ゴムを通して仕上げる

寸法図

表本体（刺しゅう布）
裏本体
（無地またはジャージー）
} 左右対称各1枚

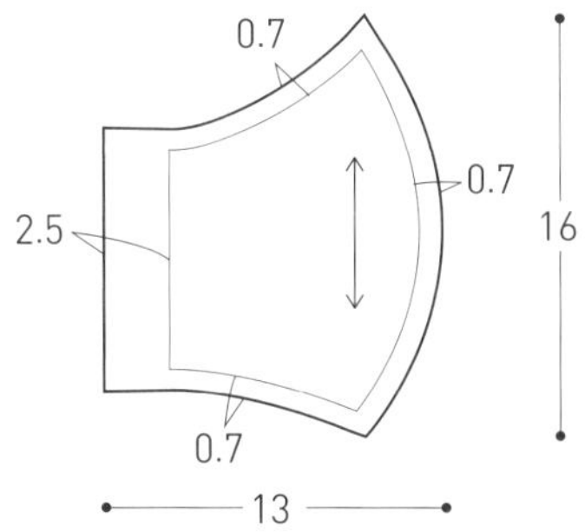

＊型紙に指定の縫い代をつけて裁つ

❶ 本体を作る

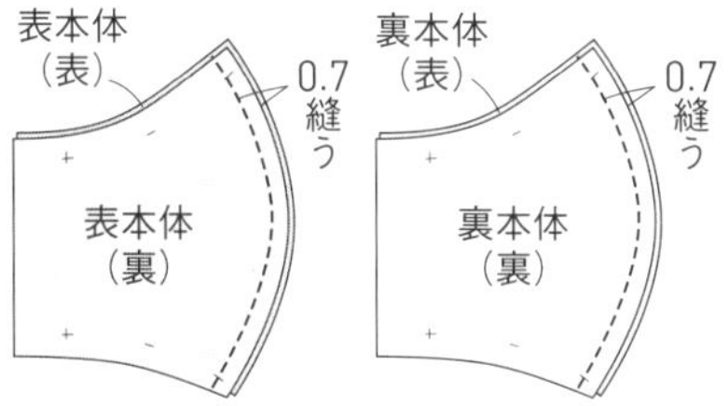

1 表本体、裏本体をそれぞれ中表に合わせ、中央のカーブ部分を縫う。

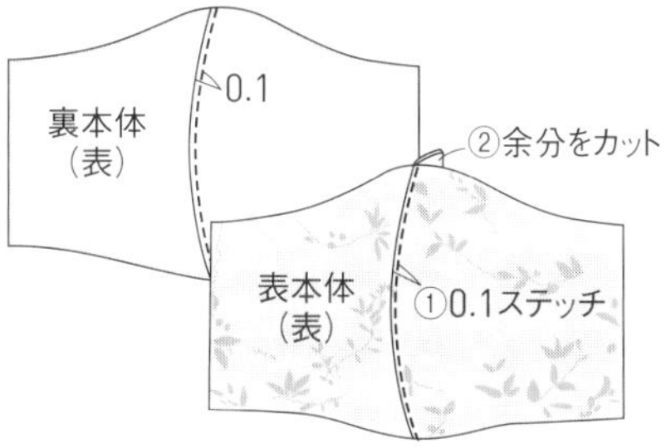

2 縫い代を左側に倒し、表面から縫い目のきわにステッチをかける（①）。上側からはみ出す縫い代の余分をカットする。

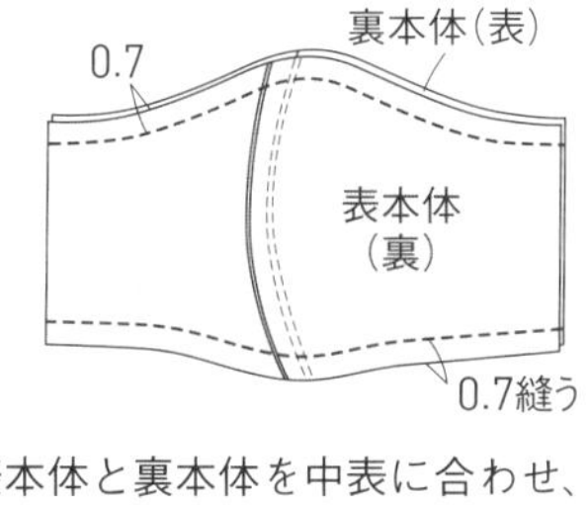

3 表本体と裏本体を中表に合わせ、上下を縫う。

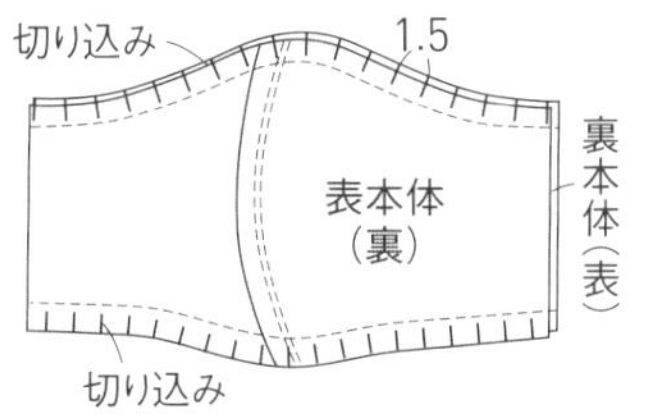

4 上下の縫い代に約1.5cm間隔で切り込みを入れる。

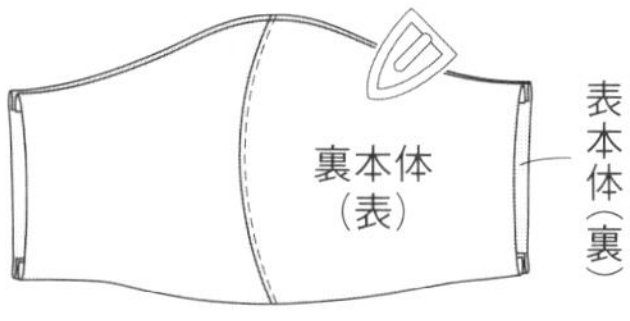

5 本体を表に返し、アイロンで形を整える。

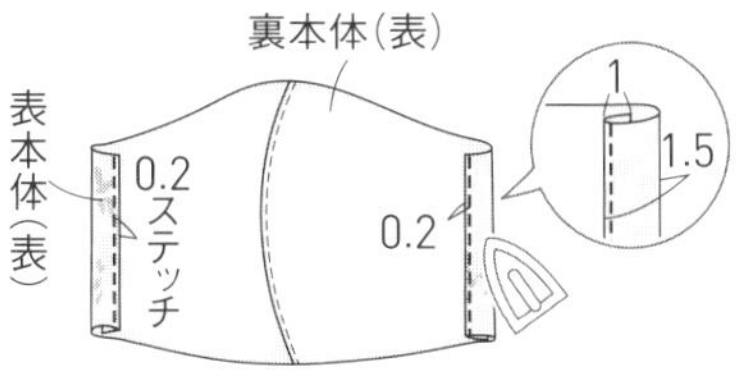

6 両端を三つ折りにして折り山にステッチをかけ、ゴム通し部分を作る。

❷ ゴムを通して仕上げる

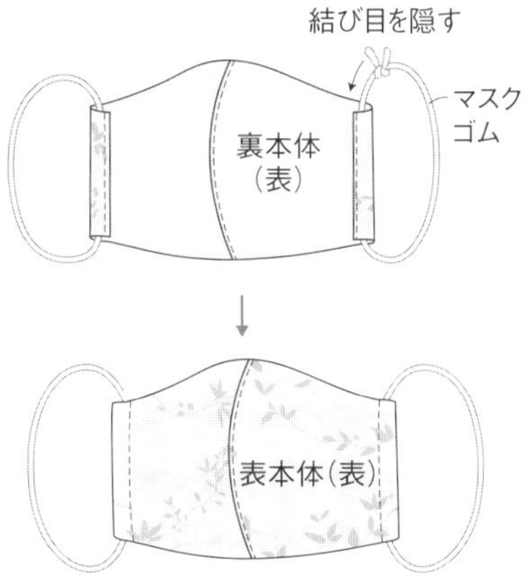

マスクゴムをゴム通しに通し、長さを確認して両端を輪にして結ぶ。結び目をゴム通し部分の中に引き入れる。

P.7

刺しゅう入りストール

使用型紙（C面）

刺しゅう図案

●出来上がり寸法　幅67cm　丈190cm

材料

❶綿麻…68×190cm
❷25番刺しゅう糸　白…2束

作り方のポイント

＊麻の水通しについては37ページ参照。
＊刺しゅう図案は刺しゅう図案配置図を参考にして、好みで自由に配置する。

作り方

❶ フリンジを作る

水通しをして布目を整えた布地のみみをカットし、たて糸およびよこ糸を抜いて4辺に0.3cmのフリンジを作る。

❷ 図案を写す

ライトテーブルの上に図案をのせ、綿麻地を重ねて、印つけペンで図案を写す。※ライトテーブルがない場合は、明るい日中に透明な窓ガラスを利用して写す。

❸ 刺しゅうをする

1 白の刺しゅう糸1本どりで、アウトライン・ステッチで刺しゅうする。刺しゅうは糸端に玉結びを作ってから刺し始め、刺し終わりは裏面で玉留めをする。
2 刺しゅうが終わったら、布の裏面に当て布をしてアイロンを当てて整える。

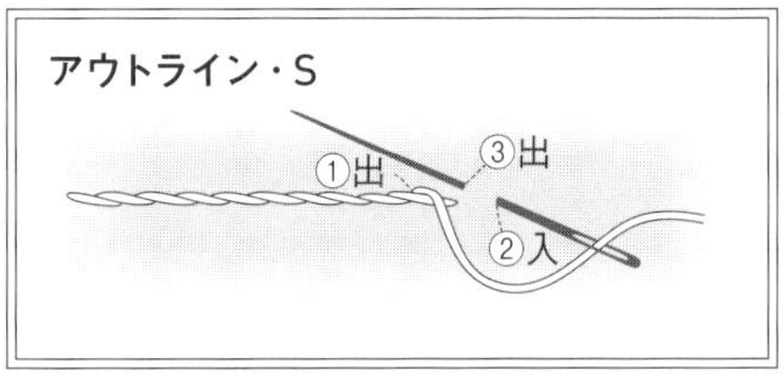

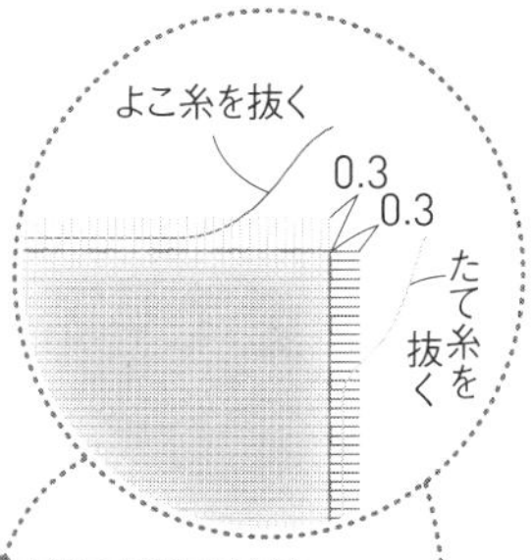

寸法・刺しゅう図案配置図

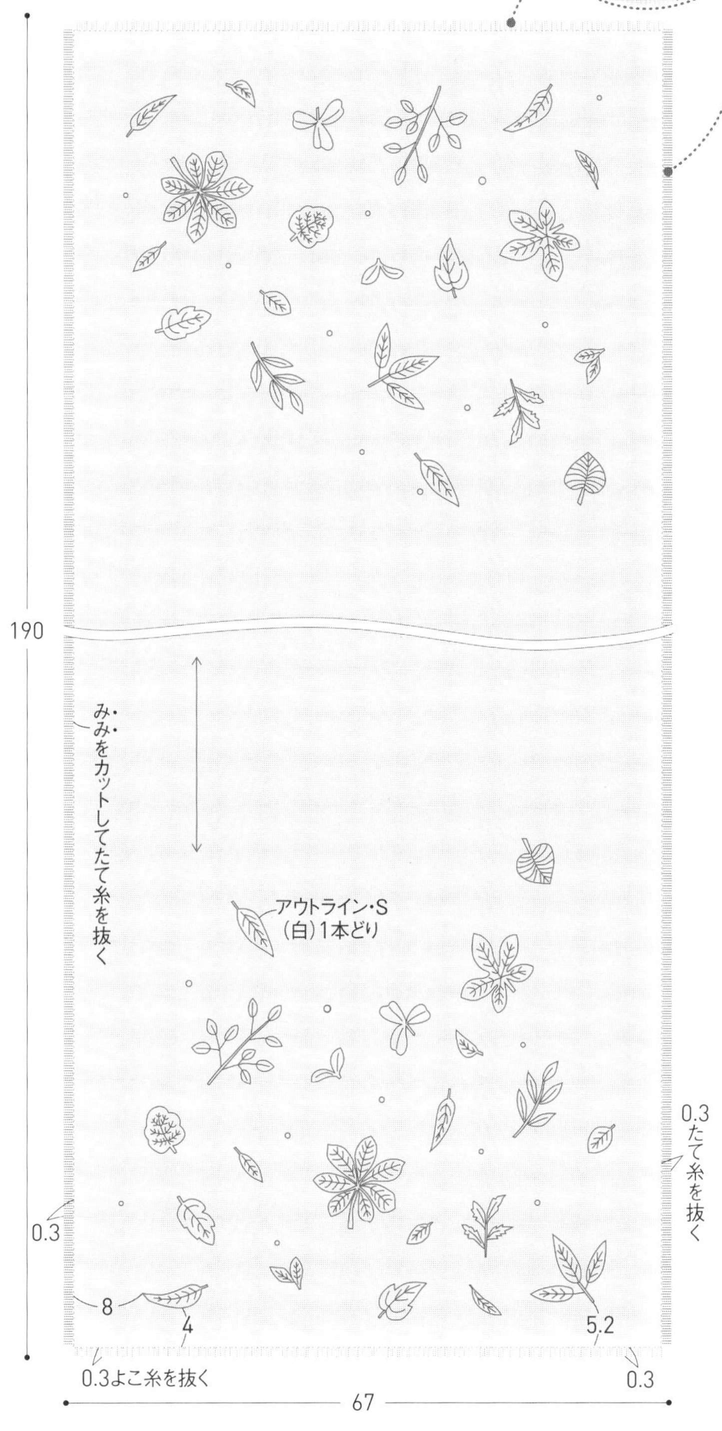

P. 30

レジ袋入れ
紙風船 a・b

使用型紙（B面）

本体

●出来上がり寸法
高さ約5.5cm　直径約6cm

材料

a　木綿　柄布6種…各10×10cm
（本体表布、本体裏布）
b　木綿　柄布2種…各30×10cm
（本体表布、本体裏布）
a・b共通（1個分）
ワックスコード　生成り
…直径0.1cm　長さ40cm
薄手接着芯…21×8cm
25番刺しゅう糸　生成り…適宜
そのほかに、手縫い糸

作り方のポイント

＊つりひもの長さは好みで調整する。
＊入れ口部分は傷みやすいので、細かく2回コの字とじをする。
＊作り方はaで説明。bの本体はプリント柄2種を交互につないで輪にする。
＊刺しゅうのステッチの刺し方は69ページ参照。

作り方

＊裏布の裏面に裁ち切りの薄手接着芯をアイロンで貼る。

❶ 本体を作る
❷ つりひもをつける

寸法図

本体　a　表布（柄布6種）
裏布（柄布6種）　各1枚
（薄手接着芯）6枚

b　表布（柄布2種）
裏布（柄布2種）　各3枚
（薄手接着芯）6枚

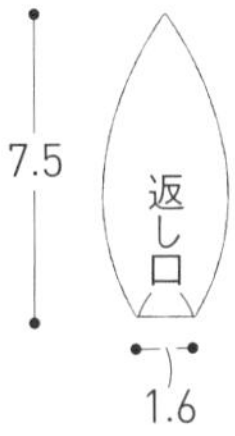

＊薄手接着芯は裁ち切り、そのほかは0.7cmの縫い代をつけて裁つ

❶ 本体を作る

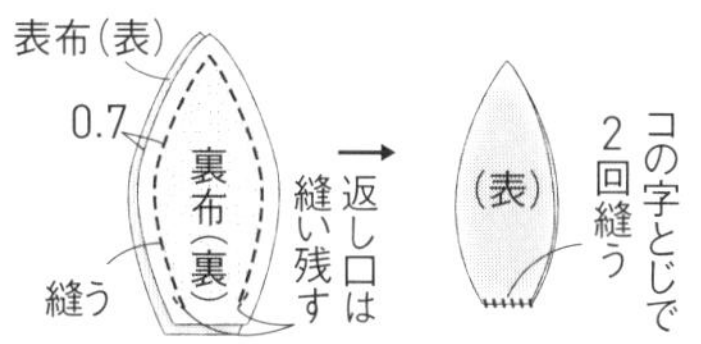

1 同じ柄の表布と裏布を中表に合わせ、返し口を残して印〜印まで縫う。縫い始めと縫い終わりは返し縫いをする。表に返し、返し口の縫い代を裏面に折り込んでコの字とじで2回とじる。同様に全部で6枚作る。

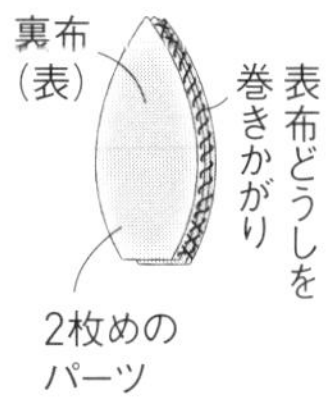

2 本体2枚の裏布を外表にして合わせ、表布だけをすくって巻きかがる。縫い始めと縫い終わりは0.5cm縫い返す。表に返す。

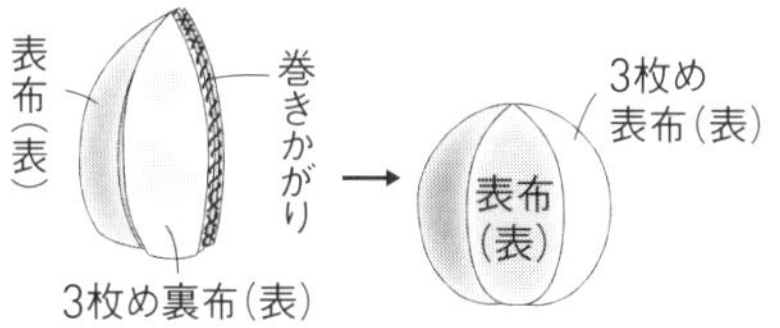

3 2と同様に3枚めの本体をとじ合わせて表に返す。同じ要領で3枚つなぎのブロックをもう1つ作る。

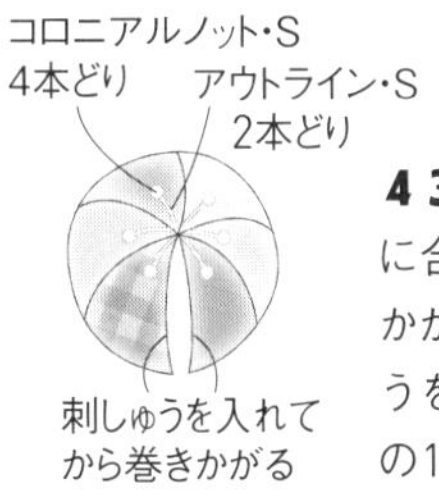

4 3のブロックを中表に合わせて1辺を巻きかがる。上部に刺しゅうを入れてから、最後の1辺を巻きかがる。

❷ つりひもをつける

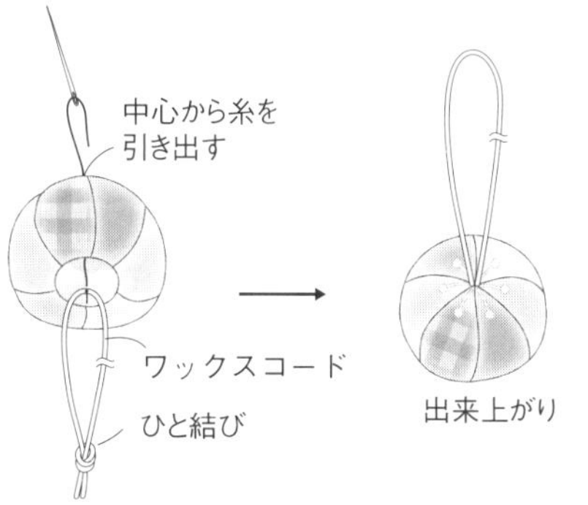

ワックスコードのテグスを抜き、二つ折りにしてひと結びする。手縫い糸1本どりで玉結びを作り、ワックスコードに刺し通す。本体の中から上部中心に針を出し、ワックスコードを引き出す。糸を外す。

レジ袋入れ　鳥

使用型紙（B面）

胴　前・後ろ底まち　羽　くちばし

●出来上がり寸法
高さ11cm　幅10cm（尾は除く）

材料

木綿
柄布㋐…50×20cm（胴、底まち）
柄布㋑…25×10cm（羽、とさか、尾）
柄布㋒…適宜（くちばし、とさか）
はぎれ　3種…各適宜（とさか、尾）
ワックスコード　青…直径0.1cm　長さ40cm
薄手接着芯…20×20cm
25番刺しゅう糸　黒…適宜
化繊綿…適宜
そのほかに、手縫い糸

作り方のポイント

紙風船を参照。

作り方

＊胴と羽はそれぞれ型紙を反転（裏面に）して布を裁つ。

＊胴、羽、前・後ろ底まちの裏布裏面に裁ち切りの薄手接着芯をアイロンで貼る。

❶ 胴を作る
❷ 底まち、羽を作りつける
❸ くちばし、とさか、尾を作り、つりひもをつける

寸法図

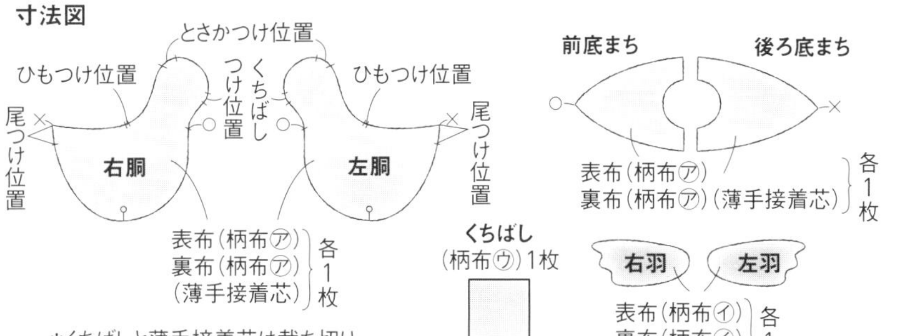

＊くちばしと薄手接着芯は裁ち切り、そのほかは0.7cmの縫い代をつけて裁つ

❶ 胴を作る

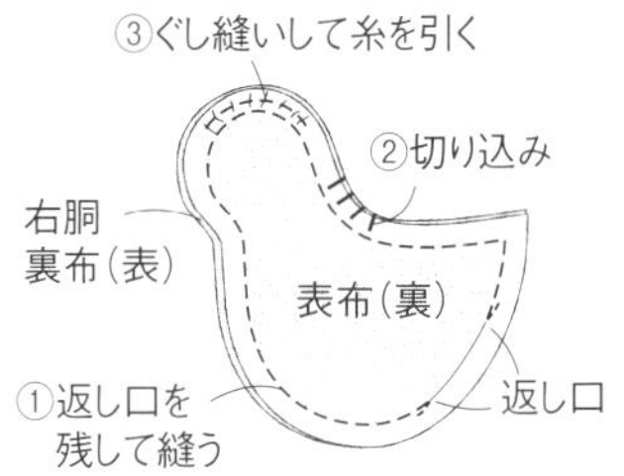

1 右胴の表布と裏布を中表に合わせ、返し口を残して周囲を縫う（①）。背のカーブ部分に切り込みを入れる（②）。頭のカーブ部分の縫い代をぐし縫いして糸を引き、カーブの形を整えて（③）、表に返す。

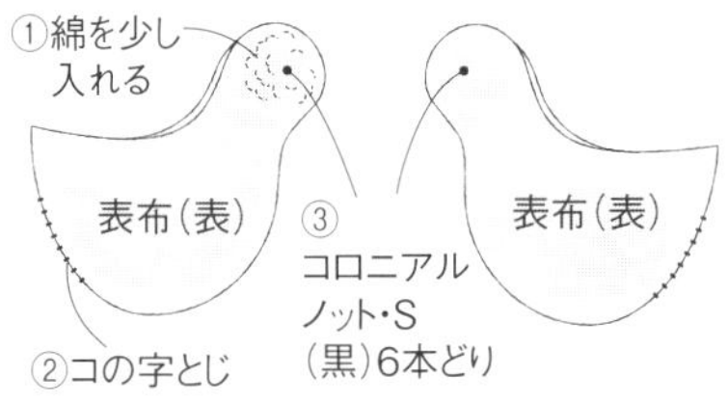

2 返し口から頭の部分に化繊綿を少し入れてふくらみを出し（①）、返し口をコの字とじでとじる（②）。裏布側から目の位置にコロニアルノット・Sを刺しゅうする（③）。同様に左胴も作る。

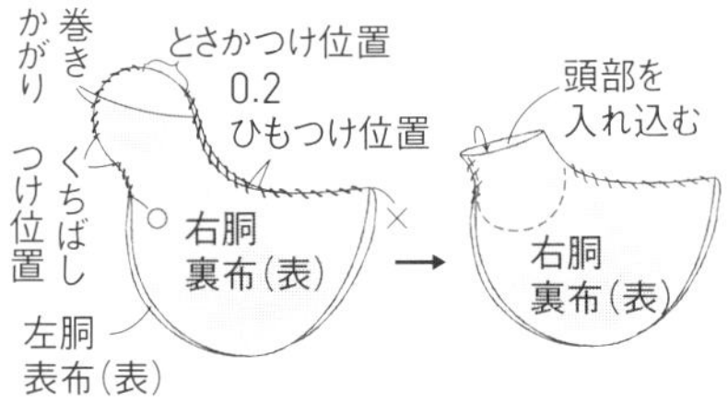

3 左右の胴を中表に合わせ、ひも・とさか・くちばしつけ位置を残して×印〜○印（背〜頭〜首）まで表布どうしをすくって巻きかがる。頭の部分を表布側に入れ込んでおく。

❷ 底まち、羽を作りつける

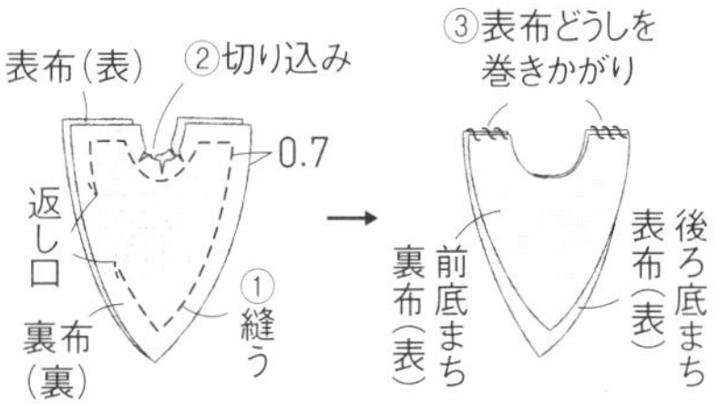

1 底まちの表布と裏布を中表に合わせ、返し口を残して縫う（①）。カーブ部分に切り込みを入れて表に返す（②）。前・後ろの底まちを中表に合わせ、表布どうしをすくって巻きかがる（③）。

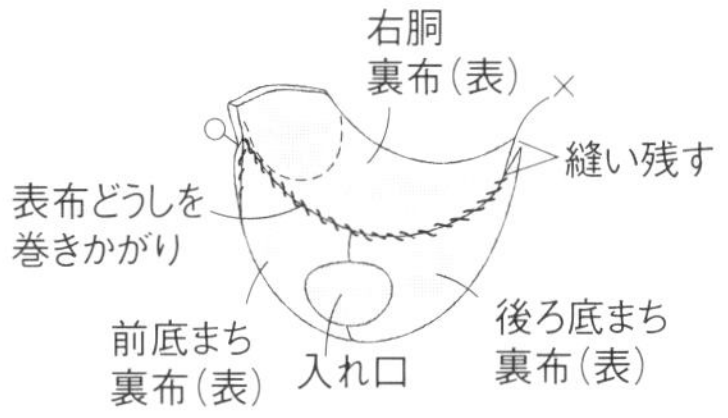

2 胴と底まちを中表にして○印を合わせ、尾つけ位置を残して表布どうしをすくって周囲を巻きかがる。底まちの入れ口から表に返す。

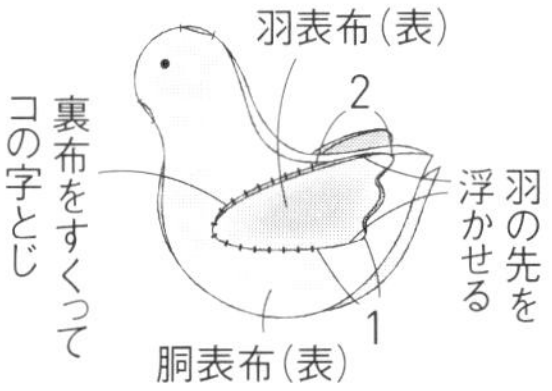

3 ❶-1、2と同様に羽を作る。羽を胴に重ねてコの字とじで縫いつける。羽の先が浮くように縫い残しておく。

❸ くちばし、とさか、尾を作り、つりひもをつける

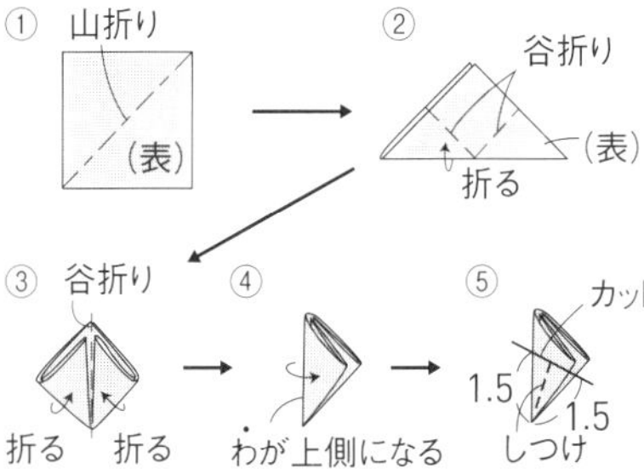

1 ①〜⑤の要領でくちばしを作る。

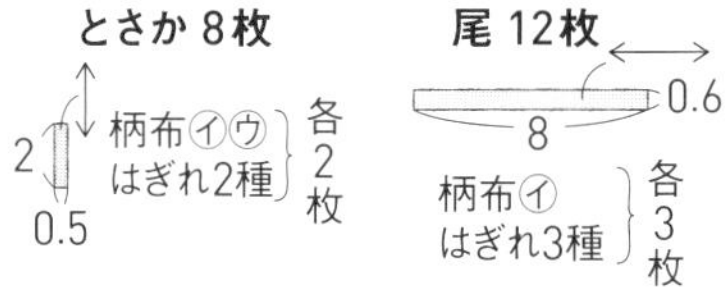

2 図を参照してとさかをはさみでカットし、尾はたて地に手で裂く。

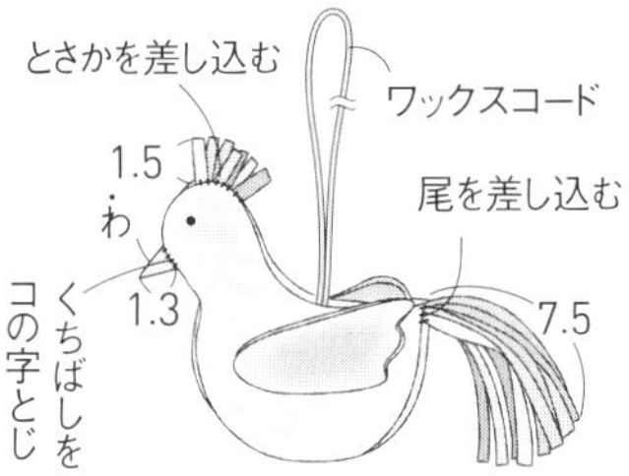

3 胴のくちばしつけ位置にくちばしを差し込み、回りをコの字とじで縫いつける。とさかと尾は、つけ位置に差し込んでそれぞれ縫いとじる。ワックスコードのテグスを抜き、82ページ❷と同様にワックスコードをつける。

P.31

カンタ風刺しゅうのポーチ

使用型紙（D面）

本体　刺しゅう図案

●出来上がり寸法
底幅約16cm　高さ約7cm
底のまち幅約10.5cm

材料

起毛木綿　グレー…27×32cm（表本体）
起毛木綿　チェック柄㋐…40×30cm（裏本体・バイアス布b）
起毛木綿　チェック柄㋑…15×11cm（バイアス布a）
接着芯…25×30cm
ファスナー…長さ20cm　1本
25番刺しゅう糸　緑・オリーブグリーン・生成り・ベージュ・薄グレー・やや薄いグレー・グレー・濃グレー・からし色・薄茶色・茶色・こげ茶色・青・水色・紺・赤…各適宜

作り方

＊バイアス布a・bは型紙を作らずに寸法図を参照して布を裁つ（バイアス布の裁ち方・はぎ合わせ方は38ページ参照）。
＊刺しゅうのステッチの刺し方は69ページ参照。

❶ 刺しゅうをする
❷ ファスナーをつける
❸ わきを縫う

寸法図

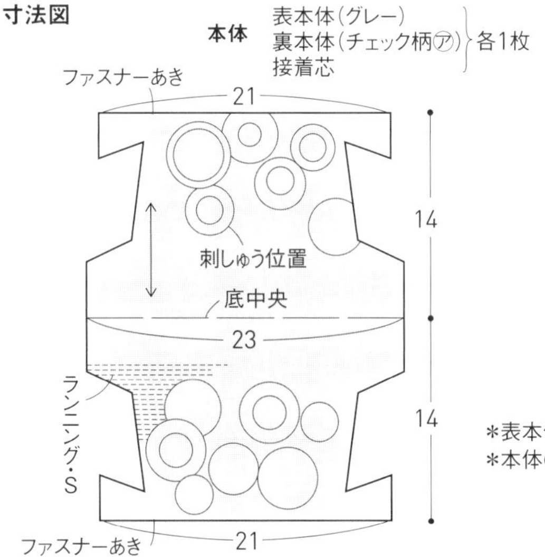

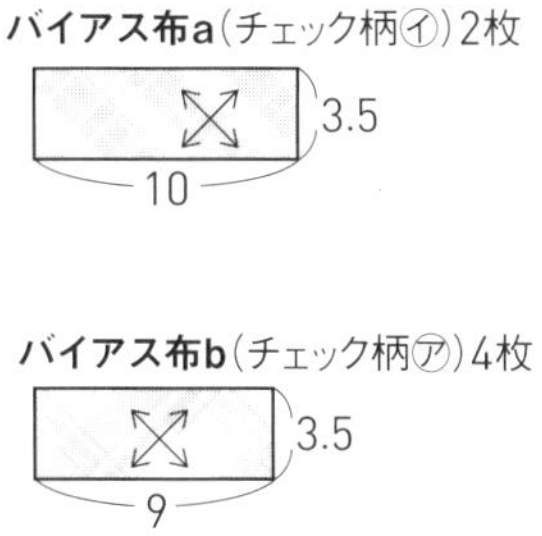

＊表本体、裏本体は1cmの縫い代をつけて裁つ
＊本体の接着芯、バイアス布a・bは裁ち切り

❶ 刺しゅうをする

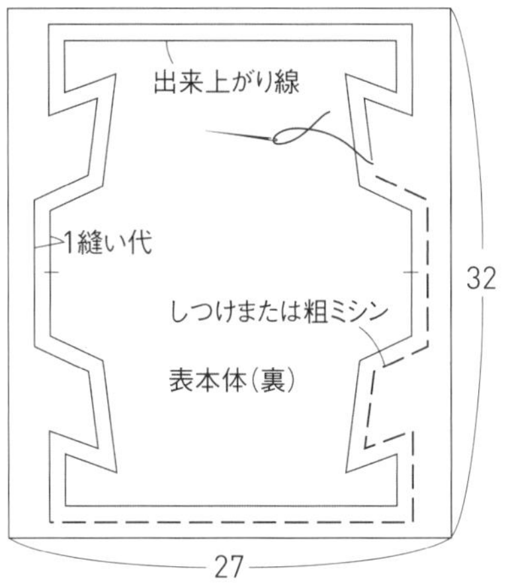

1 27×32cmの表布の裏面に、本体の出来上がり線と1cm幅の縫い代線を描き、縫い代線にしつけ（または粗い針目でミシン）をかける。

2 表布の表面に刺しゅう図案の案内線を円で描く。位置は**1**のしつけを目安に、実物大型紙を参考にして自由に決める（①）。次に円に好みの刺しゅうをし（②）、土台部分をランニング・ステッチで刺し埋める（③）。

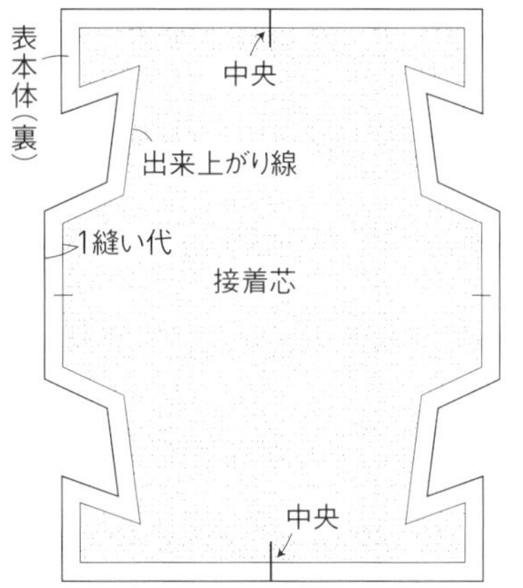

3 接着芯を出来上がりの寸法でカットし、表本体の裏面に貼る。表本体に接着芯から1cmの縫い代をつけてカットし、口の中央に印をつける。裏本体は接着芯を貼らずに、表本体と同様に1cmの縫い代をつけてカットしておく。

❷ ファスナーをつける

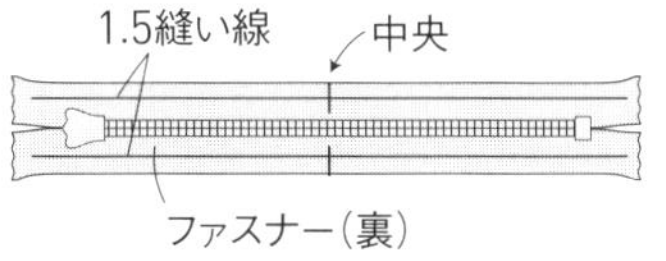

1 ファスナーの裏面に、1.5cm幅で縫い線を描き、中央に印をつけておく。

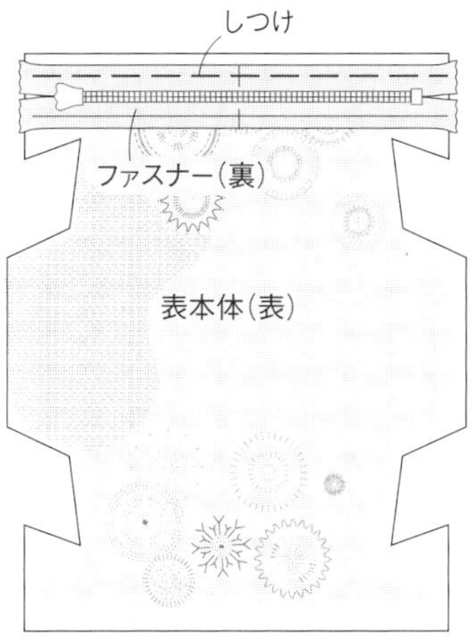

2 表本体の口にファスナーを中表に合わせ、中央の印を合わせてしつけをかける。

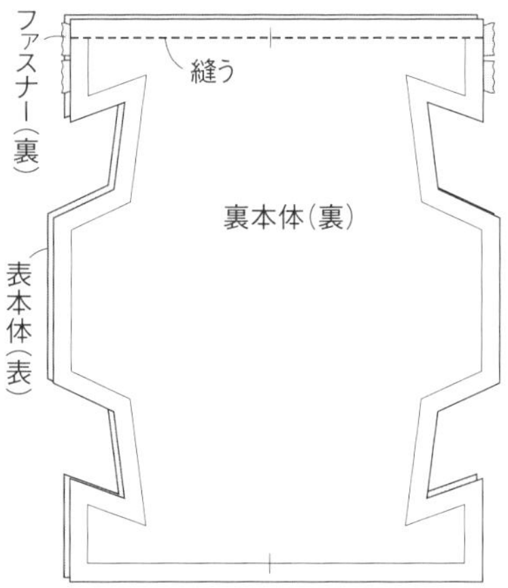

3 **2**の表本体に裏本体を中表に重ね、口の中央の印を合わせて、表本体と裏本体でファスナーをはさんで縫う。

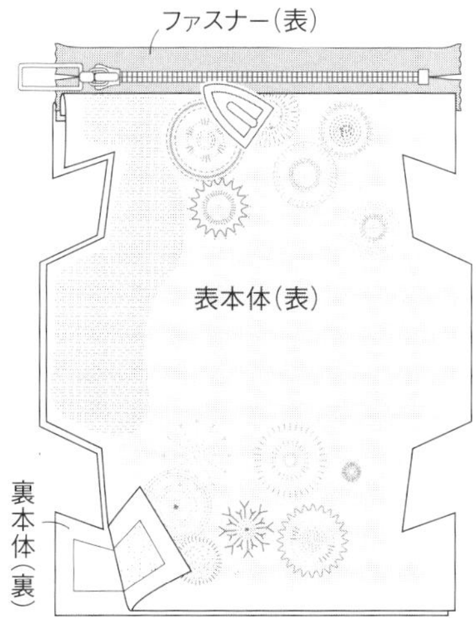

4 表に返して縫い目をアイロンで整える。

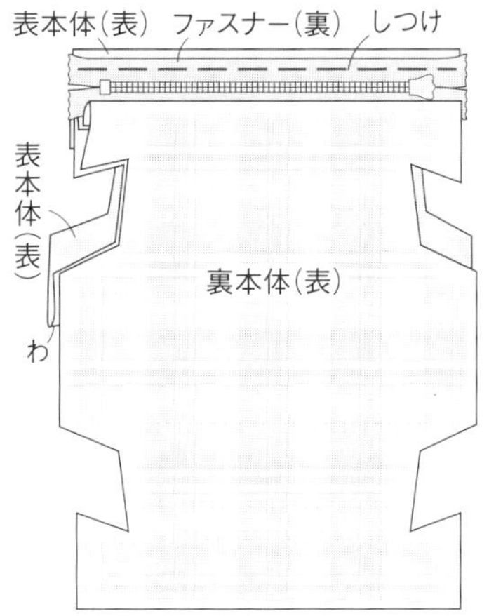

5 ファスナーのもう一方の縫い代と、表本体のもう一方の口側を中表に合わせてしつけをかける。

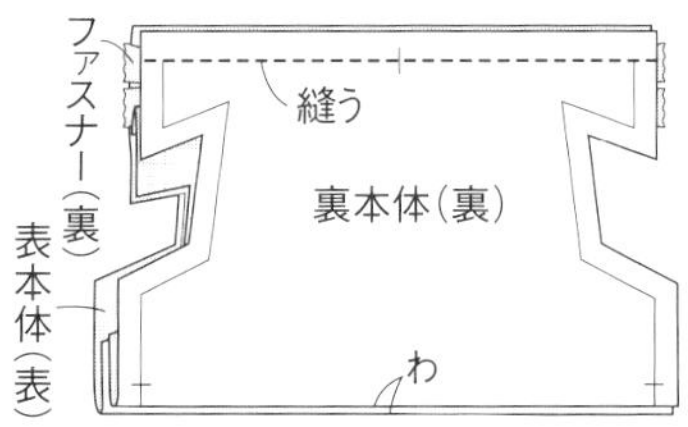

6 **5**の縫い線に、ファスナーをはさんで表本体と裏本体を中表に合わせて縫う。

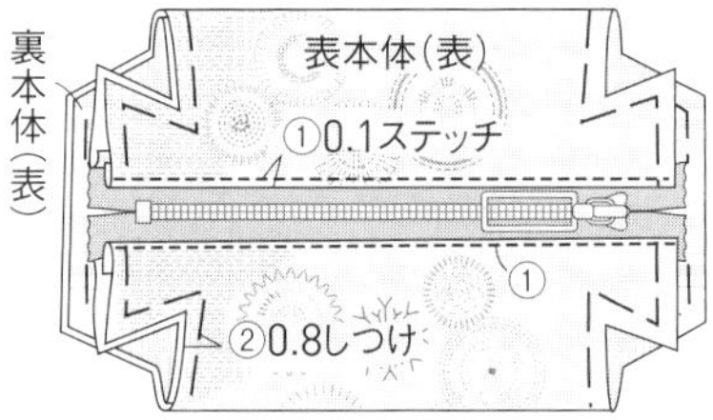

7 表に返して表本体と裏本体を外表に重ねる。縫い目をアイロンで整え、ファスナーつけ縫い目にステッチをかける（①）。周囲は、2枚がずれないように、縫い代をしつけで縫い留める（②）。

3 わきを縫う

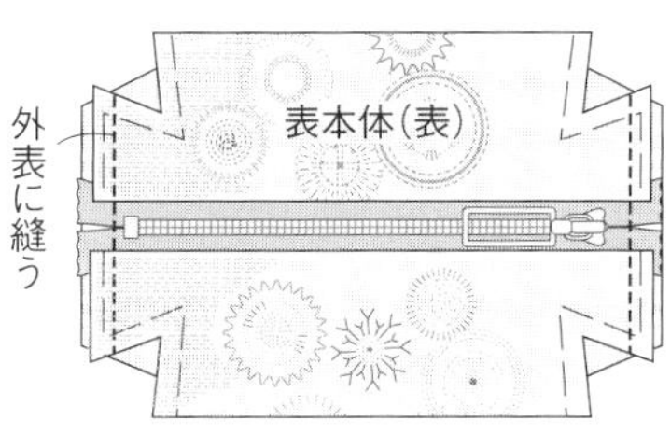

1 本体の両わきを外表に合わせて縫う。

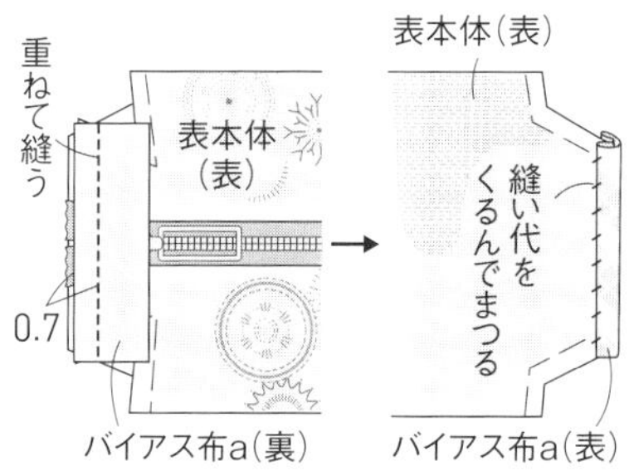

2 両わきとも縫い代を0.7㎝にカットし、**1**の縫い目にバイアス布aを中表に重ねて縫う。次にバイアス布で縫い代をくるんでまつる。縫い代は底側に倒しておく。

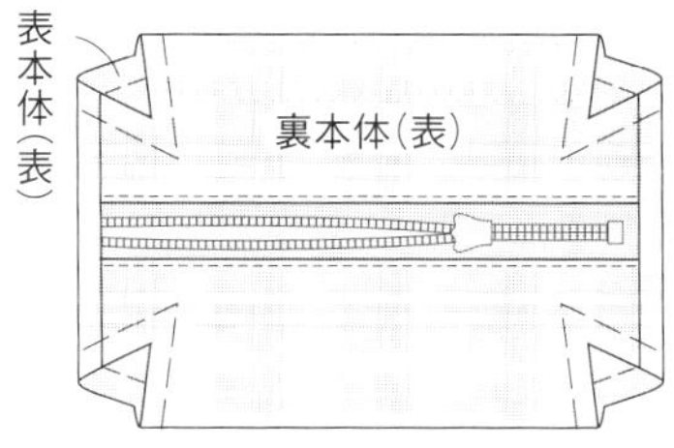

3 ファスナーを開き、裏に返す。

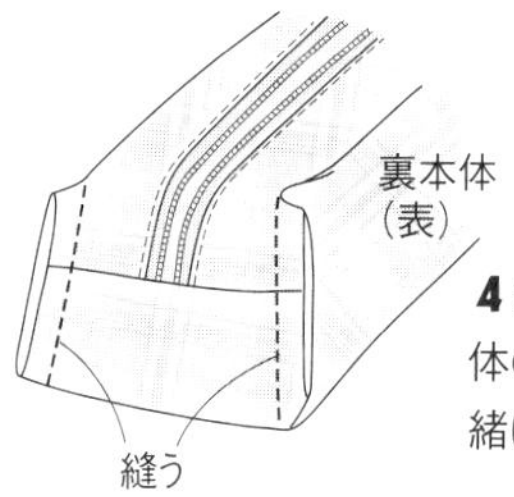

4 表本体と裏本体のわきの角を一緒につまんで縫う。

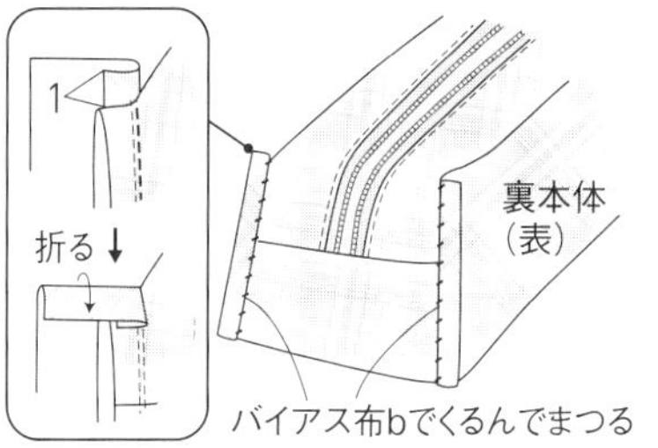

5 **2**と同様に縫い代を0.7㎝にカットし、**4**の縫い目にバイアス布bを中表に合わせて縫うが、両端はバイアス布を1㎝はみ出しておく。次に両端のバイアス布を折り込み、バイアス布で縫い代をくるんでまつる。

6 表に返して形を整える。

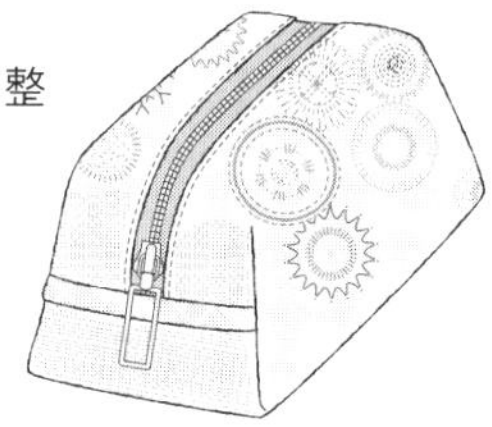

がまぐちポーチ

使用型紙（C面）

正面　まち

●出来上がり寸法（口金の玉は除く）
幅約12.5cm　丈約8cm　まち幅約11cm

材料

木綿…110cm幅　30cm（表正面、表まち）
（柄どりが不要な布の場合は60×15cm）
ナイロン…60×15cm（裏正面、裏まち）
両面接着キルト綿…60×15cm
がまぐち口金（差し込みタイプ）
ブラックニッケル…幅12.5cm×高さ6cm
（外寸／玉は含まない）　1個
紙ひも…口金の溝幅に合う太さ　40cm
そのほかに、キルト糸

用具

＊38ページを参照。そのほかに、マイナスドライバー、ペンチ、当て布など

作り方のポイント

ミシンキルトをするときは、ミシンの上糸は表布、下糸は裏布の色に合わせて縫う。

作り方

❶ 正面とまちを作る
❷ 正面とまちを縫う
❸ 口金をつける

寸法図

正面
表正面（木綿）
裏正面（ナイロン）
両面接着キルト綿
各2枚

＊すべて0.7cmの縫い代をつけて裁つ

まち
表まち（木綿）
裏まち（ナイロン）
両面接着キルト綿
各2枚

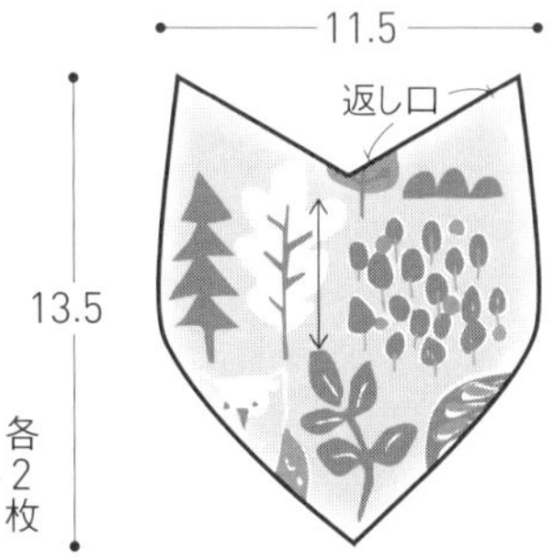

❶ 正面とまちを作る

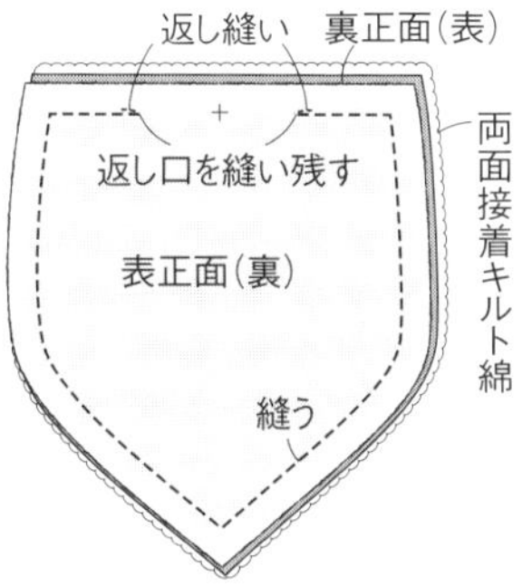

1 表正面と裏正面を中表に合わせ、裏正面の裏面に両面接着キルト綿を重ねる。返し口を残して周囲を縫う。縫い始めと縫い終わりは返し縫いをする。

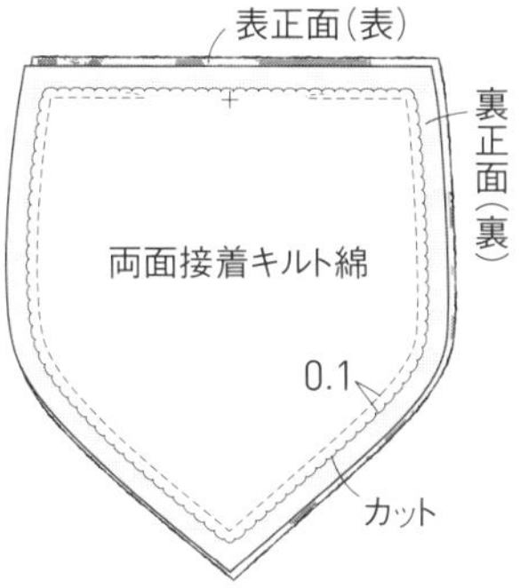

2 両面接着キルト綿を縫い目から0.1cm残してカットする。

3 返し口から表に返し、形を整える。表正面側から当て布をしてアイロンをかけ、両面接着キルト綿を接着させる。

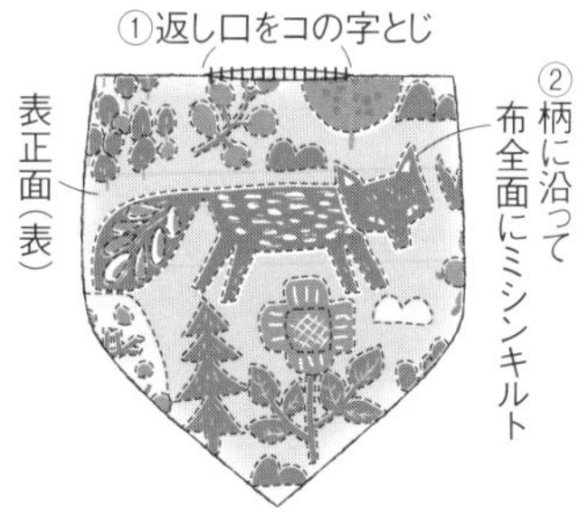

4 返し口の縫い代を折り込み、コの字とじでとじる（①）。柄に沿って布全面にミシンキルトをする（②）。同様にしてもう1枚作る。

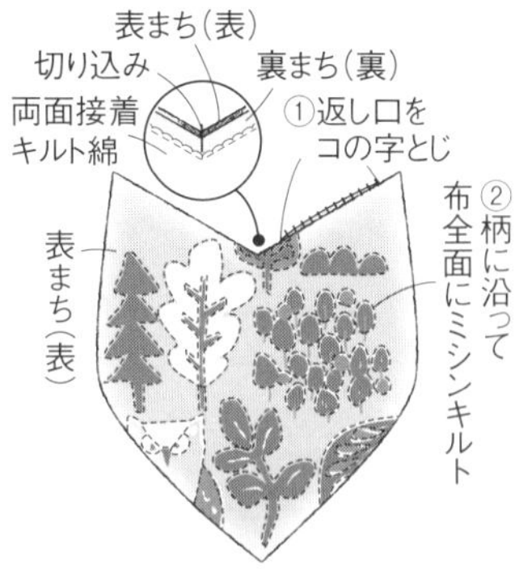

5 **1**、**2**と同様にまちを縫い、V字部分の縫い代に切り込みを入れて**3**、**4**と同様に作る。全部で2枚作る。

❷ 正面とまちを縫う

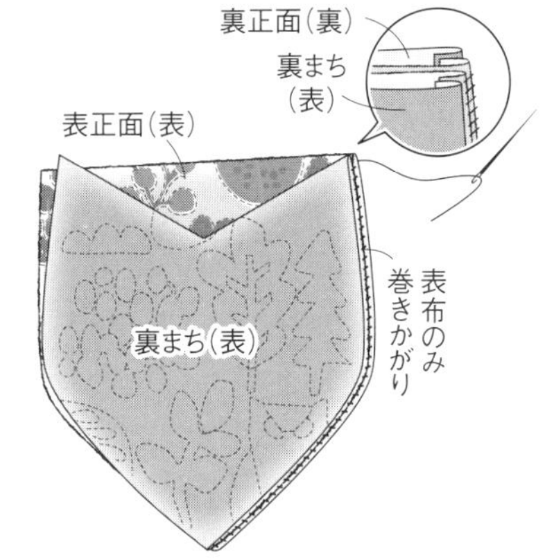

1 表正面と表まちを中表に合わせ、表布のみをすくって巻きかがる。

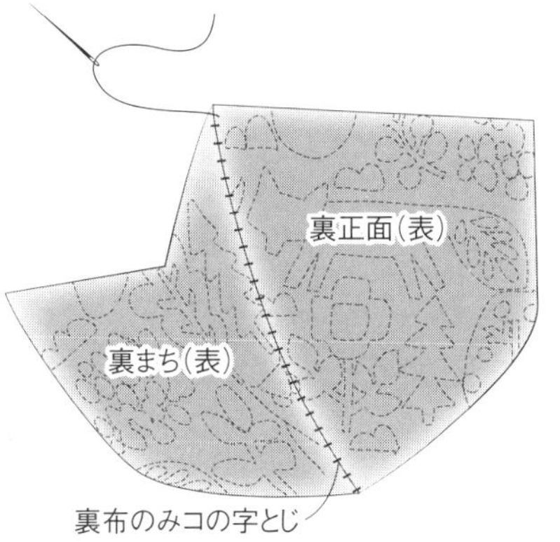

2 **1**を開いて裏布どうしを突き合わせ、裏布のみをすくってコの字とじをする。同様にしてもう1組作る。

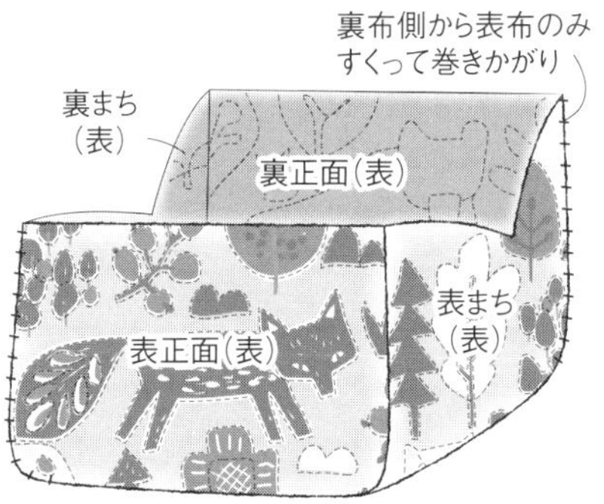

(裏側は裏布のみすくってコの字とじ)

3 2組の正面とまちをそれぞれ合わせ、**1**、**2**と同様に表布側は巻きかがり、裏布側はコの字とじをして本体を作る。

❸ 口金をつける

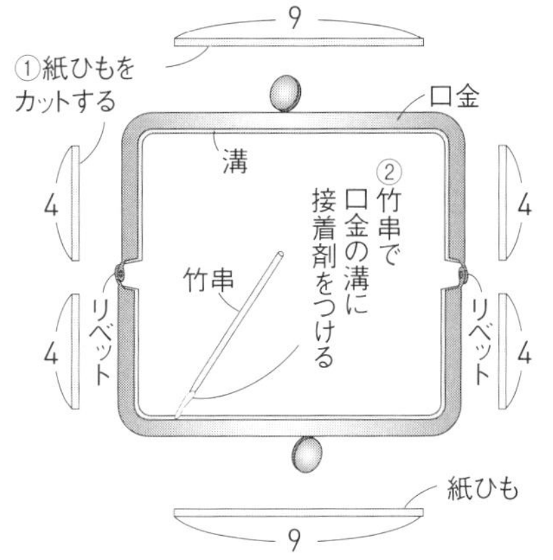

1 口金の角の部分を除いて、口金の寸法に合わせて紙ひもをカットする(①)。竹串で口金の溝に接着剤をつける(②)。

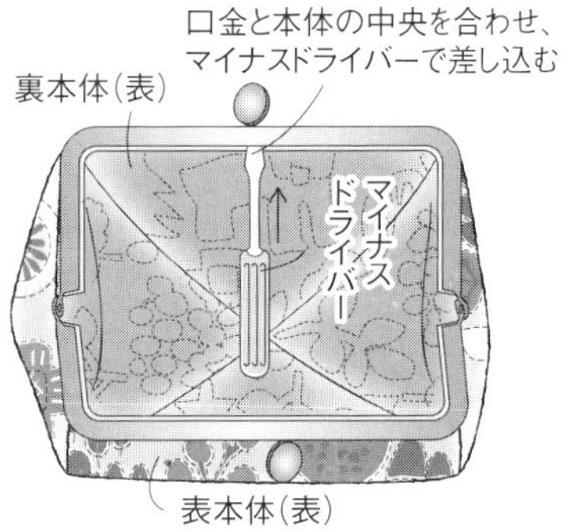

2 本体の中央と口金の中央を合わせて、マイナスドライバーで本体を口金の溝に差し込む。

3 しつけ糸で口金と本体の中央を仮留めする(①)。口金の角と本体のはぎ目を合わせてマイナスドライバーで本体を差し込み、しつけ糸で仮留めする(②)。口金のリベットと本体のV字部分をしつけ糸で仮留めする(③)。

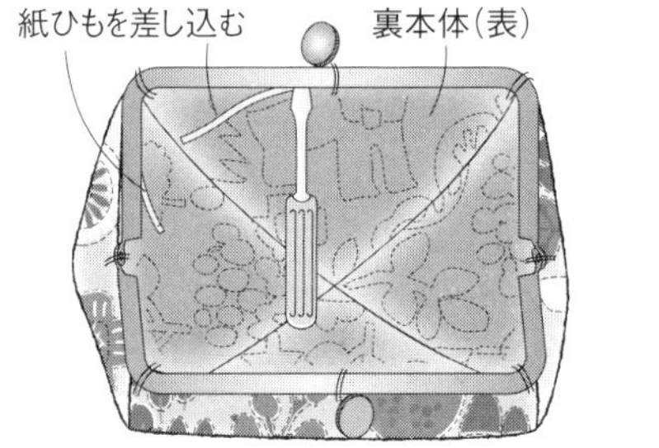

4 紙ひもを口金と本体の間にマイナスドライバーで差し込む。

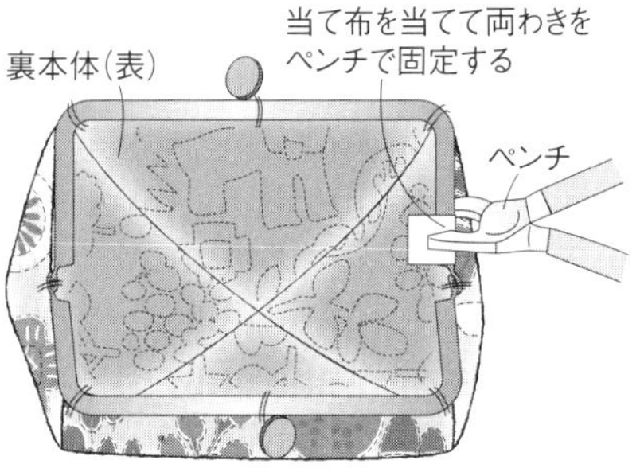

5 当て布を当て、口金の両わきをペンチで締めて固定する。

6 しつけを外す。

P.32

マルチケース

●出来上がり寸法
（開いた状態。タブを除く）
丈約19.4cm　幅約24.4cm

材料

木綿
　柄布㋐…28×20cm
　（表本体、マグネットボタン包み布）
　柄布㋑…37×20cm
　（裏本体、カード入れ裏布）
　柄布㋒…81×12cm（カード入れ表布）
　柄布㋓…26×20cm
　（ポケットA・B、ファスナー止め）
　柄布㋔…3.5cm幅バイアス布　90cm
　（本体用バイアス布）
　柄布㋕…12×5cm（ペンホルダー）
　柄布㋖…12×6cm（タブ）、3.5cm幅
　バイアス布　20cm
　（カード入れ用バイアス布）
ファスナー…長さ15cm　1本
マグネットボタン（縫いつけタイプ）
　…直径1.2cm　1組
中厚接着芯…27×18cm
両面接着シート…23×18cm
そのほかに、手縫い糸

作り方

＊各パーツは型紙を作らずに寸法図を参照して布を裁つが、本体角のカーブは実物大型紙を厚紙に写して型紙を作っておく。
＊裏本体とペンホルダー・タブの内側になる1枚にそれぞれ中厚接着芯を貼っておく。
＊バイアス布の裁ち方・はぎ合わせ方は38ページ参照。

❶ ポケットを作る
❷ カード入れを作る
❸ ペンホルダーとタブを作る
❹ 仕上げる

寸法図

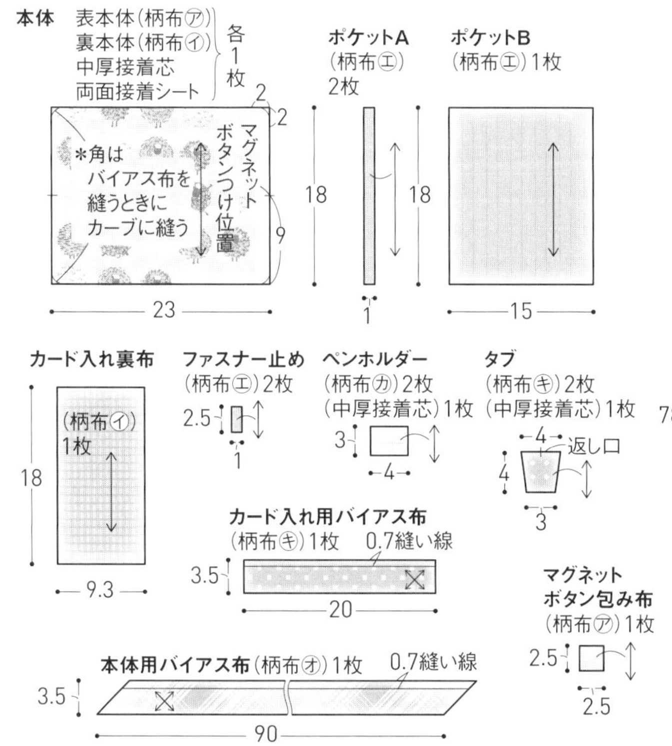

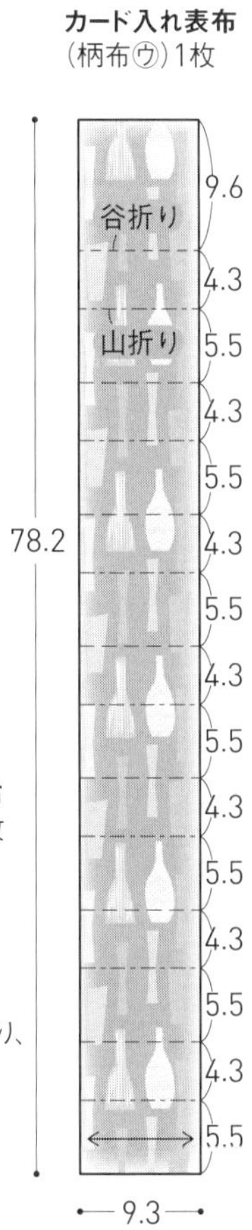

＊中厚接着芯・両面接着シート・バイアス布2種・マグネットボタン包み布は裁ち切り、ペンホルダー・タブは0.7cm、そのほかは1cmの縫い代をつけて裁つ

本体角のカーブ
実物大型紙

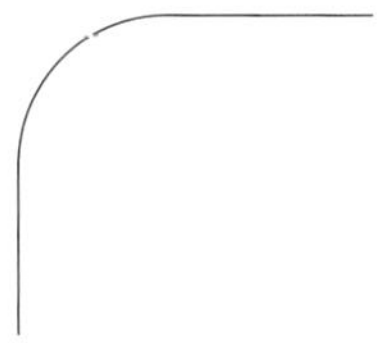

❶ ポケットを作る

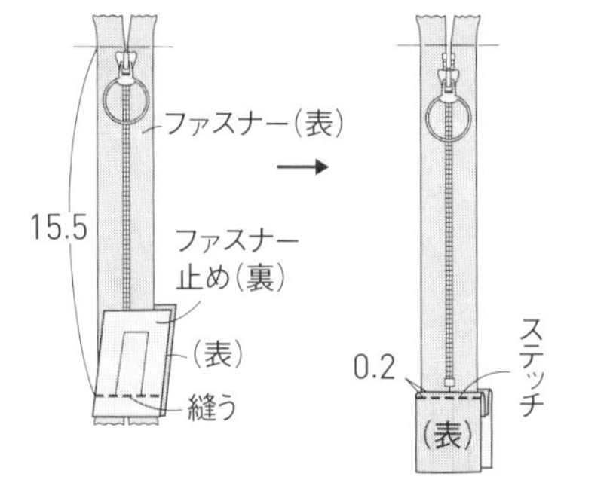

1 ファスナー下止めをはさんでファスナー止め布2枚を中表に合わせて縫う。表に返し、ステッチをかける。

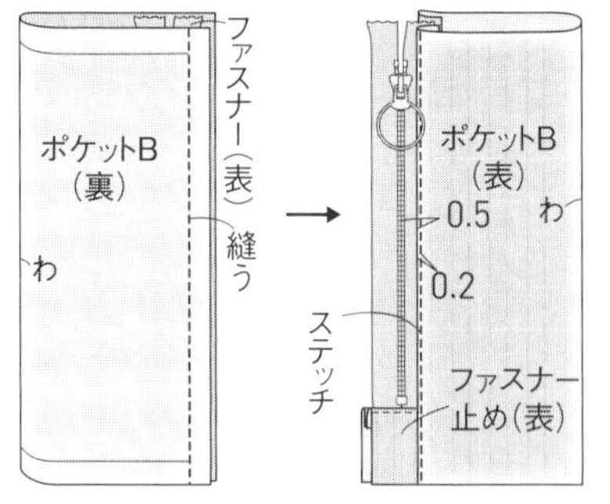

2 ポケットBを中表に二つ折りにし、**1**をはさんで縫う。表に返してステッチをかける。

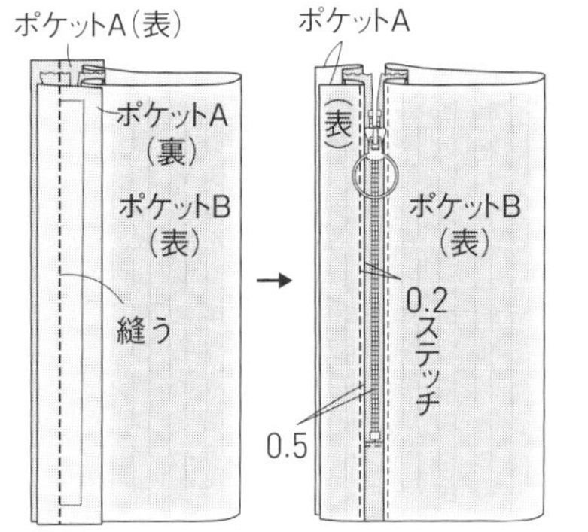

3 ファスナーの反対側を中表にしたポケットA2枚ではさみ、出来上がり線を縫う。表に返してステッチをかける。

❷ カード入れを作る

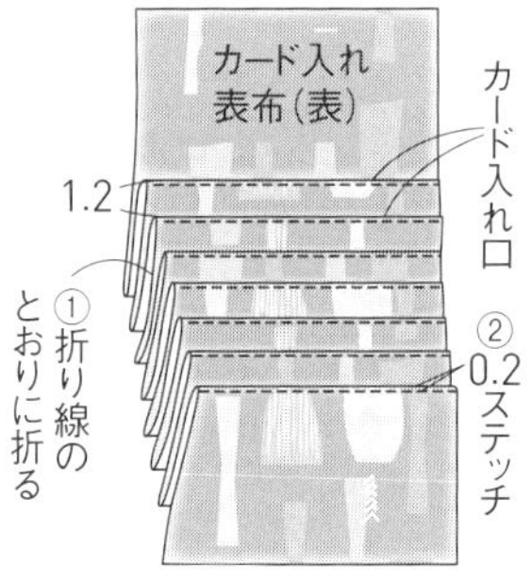

1 カード入れ表布を折り線のとおりに折り(①)、折り山にステッチをかける(②)。

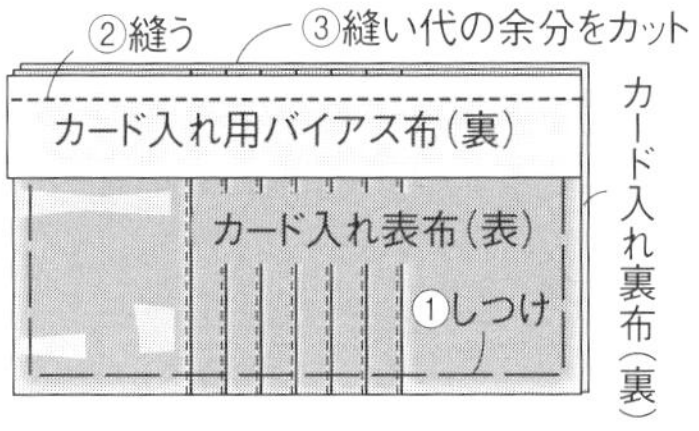

2 カード入れ表布と裏布を外表に合わせて周囲にしつけをかける(①)。カード入れ用バイアス布をカード入れ表布と中表に重ねて、バイアス布の縫い線とカード入れの出来上がり線を合わせて縫う(②)。バイアス布に合わせて表布と裏布の縫い代の余分をカットする(③)。

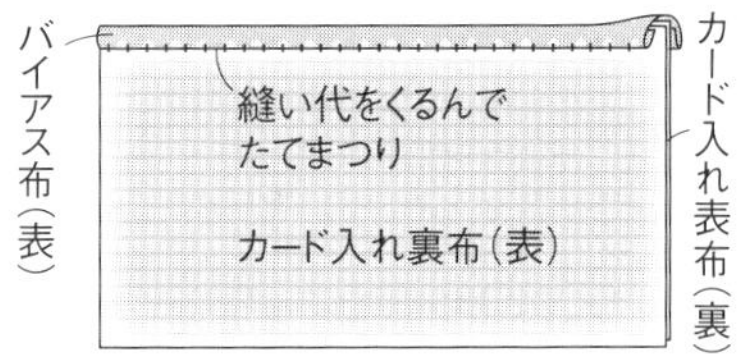

3 バイアス布で縫い代をくるんでたてまつりする。

❸ ペンホルダーとタブを作る

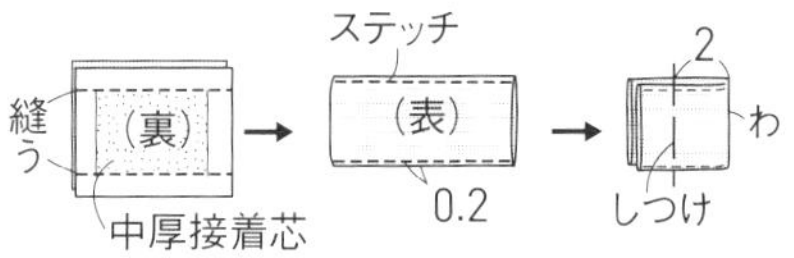

1 ペンホルダー2枚を中表に合わせて上下を縫う。表に返してステッチをかける。二つ折りにしてしつけをかける。

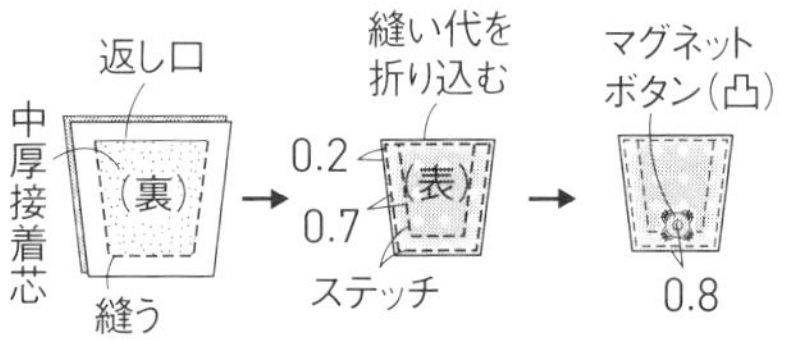

2 タブ2枚を中表に合わせ、返し口を残して印〜印まで縫う。表に返して返し口の縫い代を裏面に折り込み、周囲にステッチをかける。内側になる面にマグネットボタン(凸)を縫いつける。

❹ 仕上げる

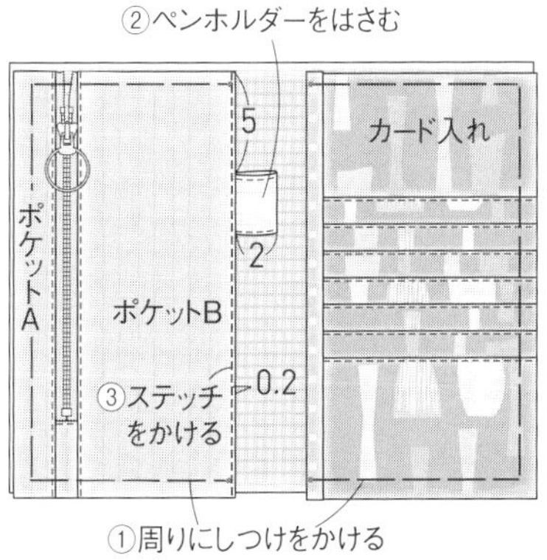

1 本体裏布の表面にポケットとカード入れを重ね、周囲をしつけで仮留めする(①)。ポケットBにペンホルダーをはさんでポケットにステッチをかける(②③)。

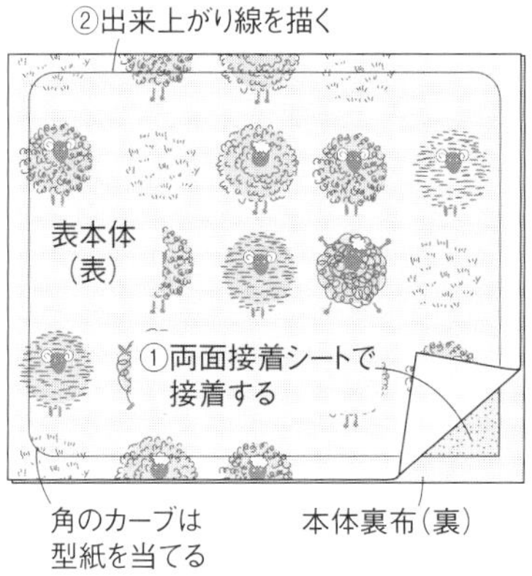

2 本体表布と裏布を外表に合わせ、間に両面接着シートをはさんでアイロンで接着する(①)。表布の表面に出来上がり線を描く(②)。

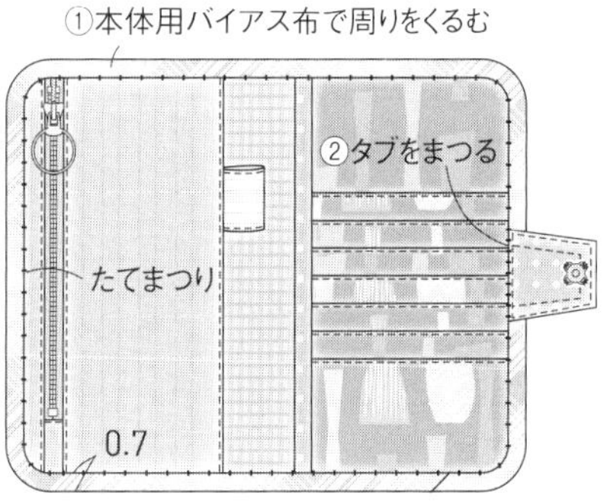

3 本体用バイアス布を表本体の出来上がり線に中表に重ねてしつけをかける。93ページ❹を参考にして周囲の縫い代をバイアス布でくるむ(①)。タブと本体の中央を合わせてまつる(②)。

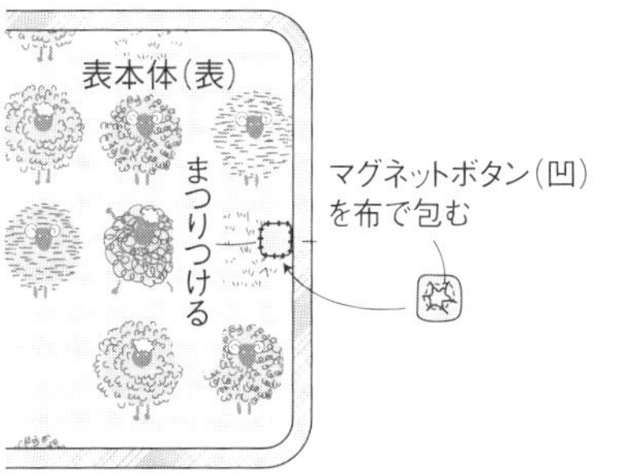

4 マグネットボタン(凹)を布で包み(91ページ❻-**1**参照)、表本体のマグネットボタンつけ位置にまつりつける。

めがねケース

使用型紙(C面)

まち　マグネットボタン包み布　タブ
表本体前　アップリケ図案

●出来上がり寸法
幅17cm　丈6cm　底6cm

材料

木綿
　チェック柄㋐…19×8cm（表本体前）
　チェック柄㋑…19×13cm
　（表底・表本体後ろ）
　チェック柄㋒…33×19cm
　（裏本体、まち、
　タブ、マグネットボタン包み布）
　柄布㋓〜㋗…各4×4cm
　（アップリケA〜E）
薄手接着芯…22×18cm
プラスチックボード…17×17cm
マグネットボタン（縫いつけタイプ）
　…直径2cm　1組
25番刺しゅう糸　グレー・黒…各適宜
そのほかに、手縫い糸

作り方のポイント

刺しゅうのステッチの刺し方は69ページ参照。

作り方

＊表底・表本体後ろ、裏本体、プラスチックボードは型紙を作らずに寸法図を参照して布を裁つ。

❶ アップリケをする
❷ 表本体を作る
❸ タブを作り、つける
❹ 表本体と裏本体を縫う
❺ まちを作り、つける
❻ マグネットボタンをタブにつける

❶ アップリケをする

1 アップリケ布の表面に出来上がり線を写す。

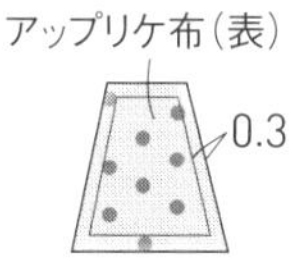

寸法図

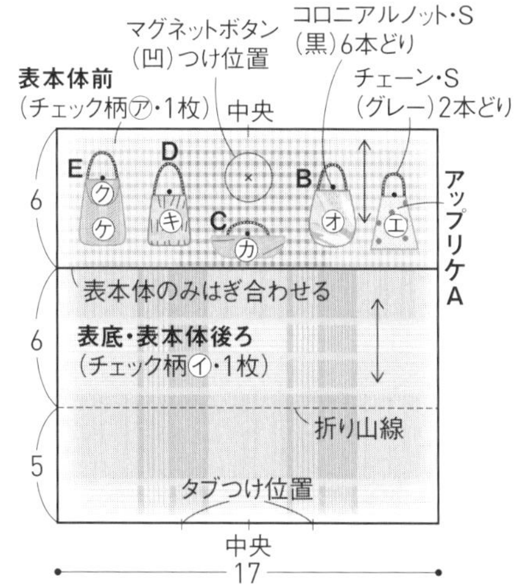

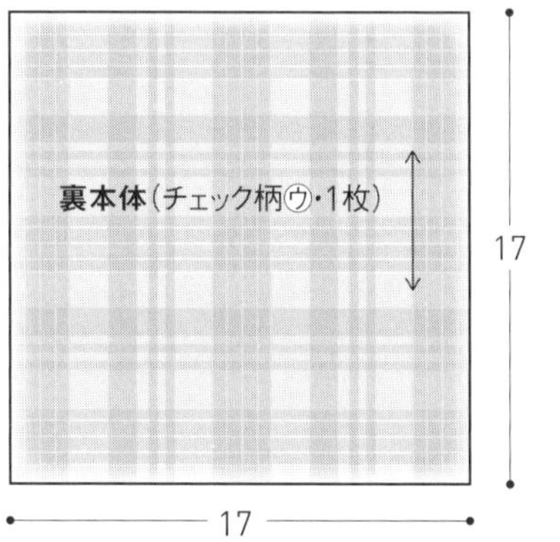

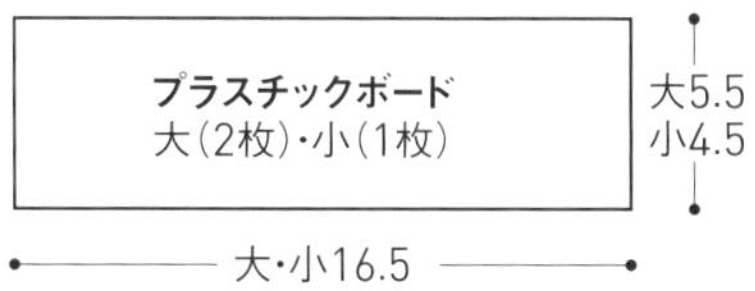

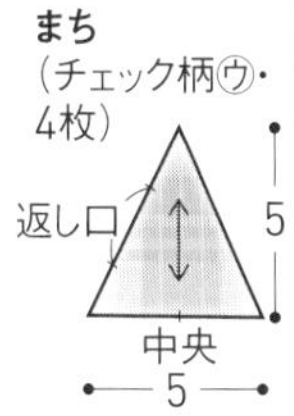

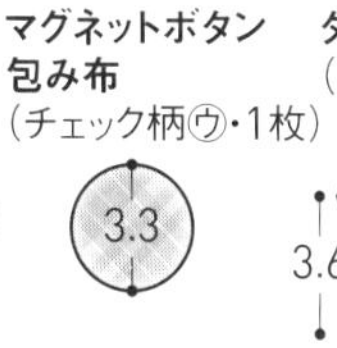

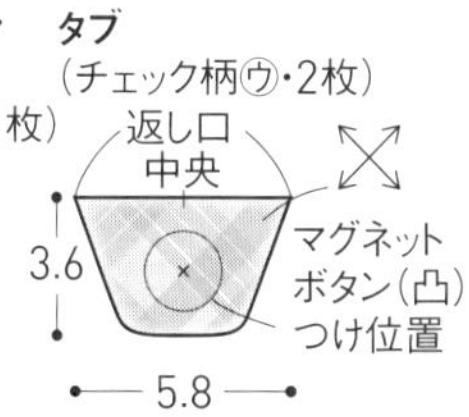

＊アップリケ布は0.3cm、マグネットボタン包み布とプラスチックボードは裁ち切り、そのほかは0.7cmの縫い代をつけて裁つ

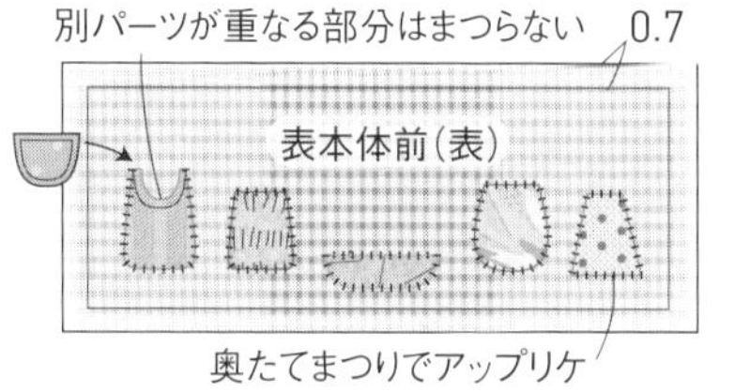

2 74ページ❶を参照して表本体前の表面に図案を写し、図案に沿ってアップリケ布を待ち針で留める。縫い代を針先で裏面に折り込みながら、手縫い糸1本どりで奥たてまつりでアップリケする。

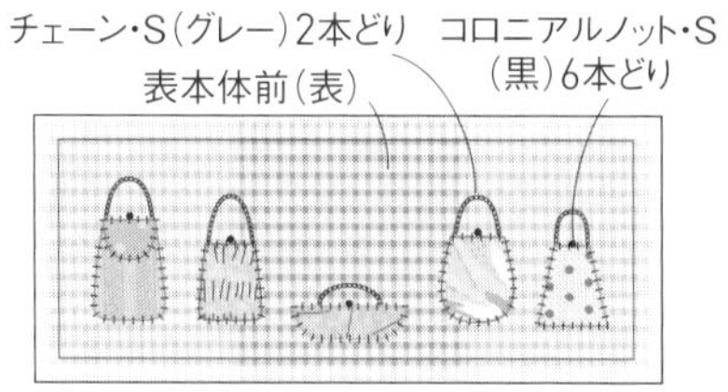

3 持ち手は7番刺しゅう針で刺しゅう糸2本どりにしてチェーン・ステッチ、留め具は4番刺しゅう針で刺しゅう糸6本どりにしてコロニアルノット・ステッチを刺す。

❷ 表本体を作る

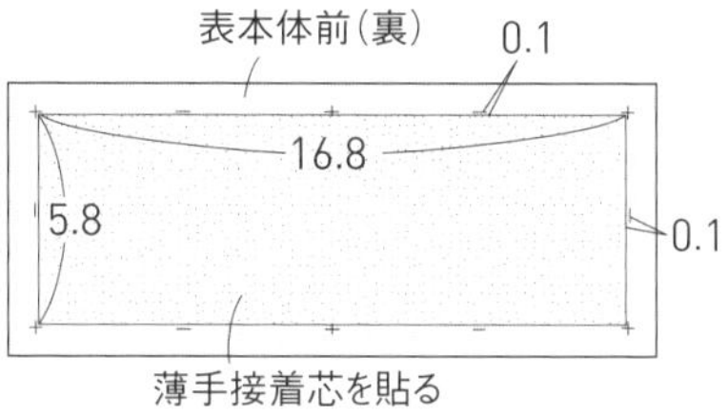

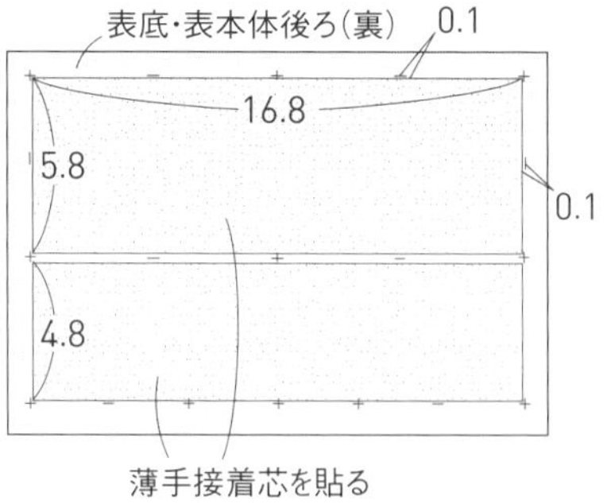

1 表本体前と表底・表本体後ろの裏面に、図の寸法にカットした薄手接着芯を出来上がり線から0.1cmずつ控えて貼る。

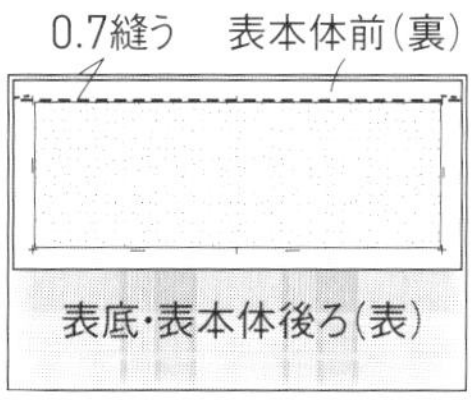

2 表本体前の底側と表底・表本体後ろを中表に合わせて縫う。

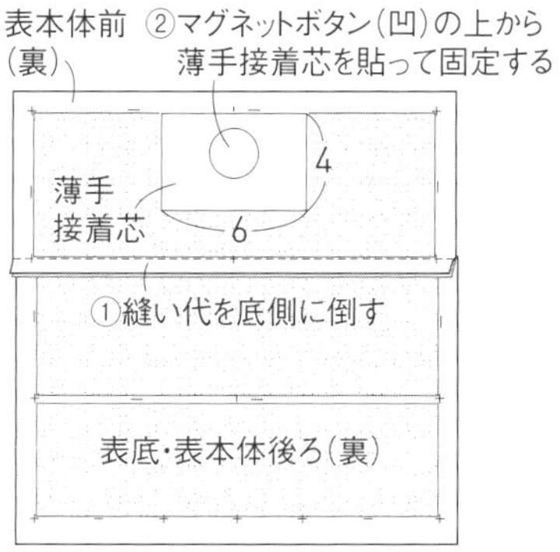

3 縫い代を底側に倒す(①)。表本体前のマグネットボタンつけ位置に吸着面を下にして置き、上から6×4cmの薄手接着芯を貼って固定させる(②)。表本体が出来た。

③ タブを作り、つける

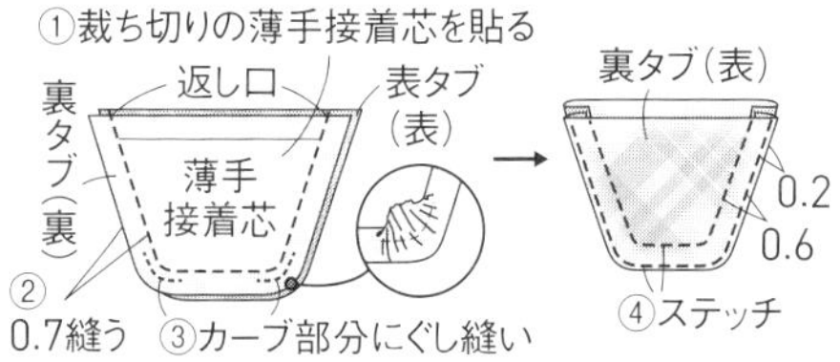

1 裏タブの裏面に裁ち切りの薄手接着芯を貼る(①)。タブ2枚を中表に合わせ、返し口を残して縫う(②)。カーブ部分の縫い代をぐし縫いし、糸を引いてカーブを整える(③)。返し口から表に返し、ステッチを2本かける(④)。

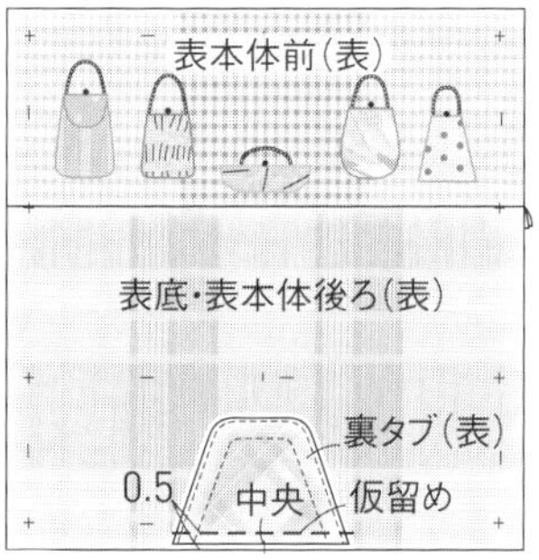

2 表本体後ろとタブの中央を中表に合わせて仮留めする。

④ 表本体と裏本体を縫う

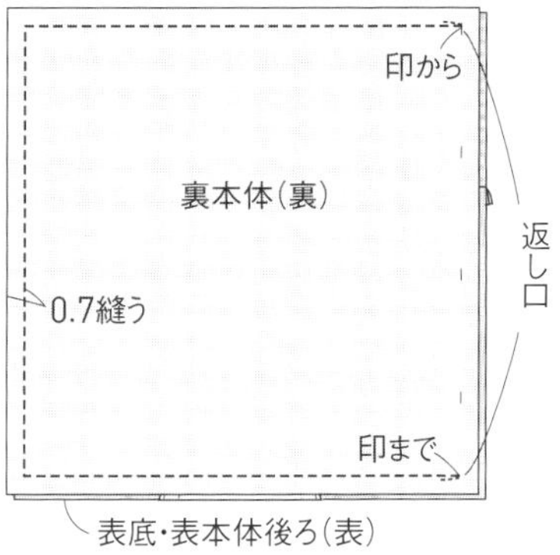

1 表本体と裏本体を中表に合わせ、返し口を残して印〜印まで縫う。

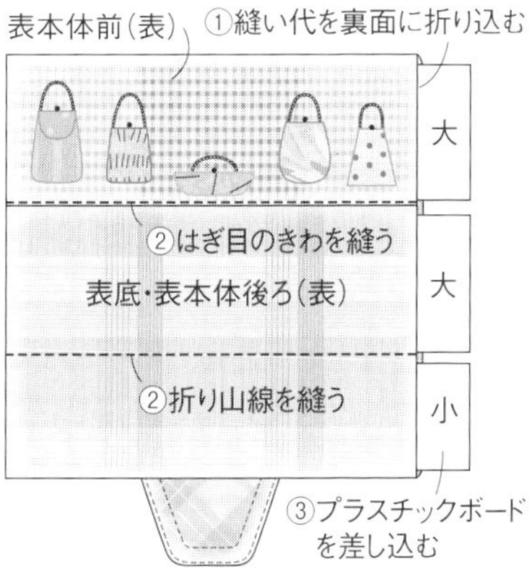

2 表に返し、返し口の縫い代を裏面に折り込む(①)。表本体前のはぎ目のきわと、表底・表本体後ろの折り山線を縫う(②)。プラスチックボードを表本体と裏本体の間に差し込む(③)。

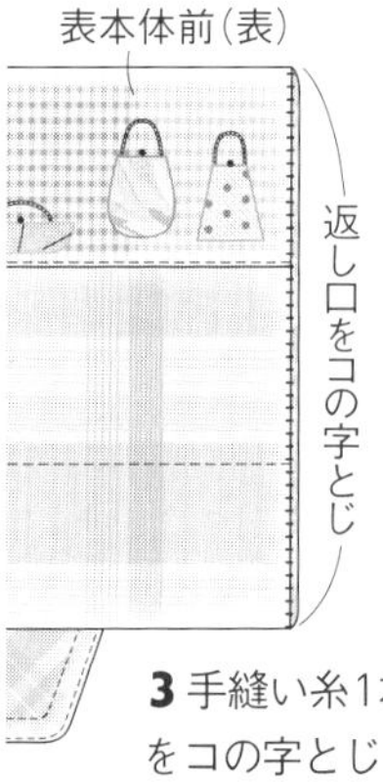

3 手縫い糸1本どりで返し口をコの字とじでとじる。

⑤ まちを作り、つける

1 まち2枚を中表に合わせ、返し口を残して縫う(①)。縫い代の角をカットする(②)。

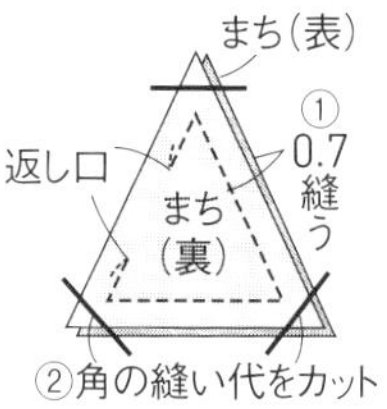

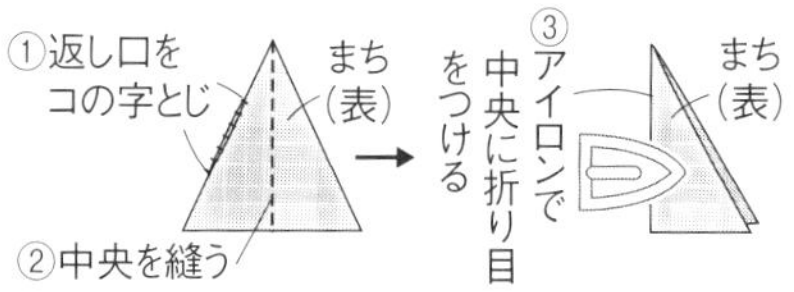

2 表に返し、目打ちなどで角をしっかりと出す。返し口をコの字とじでとじる(①)。中央を縫い(②)、アイロンで折り目をつける(③)。同様にもう1枚作る。

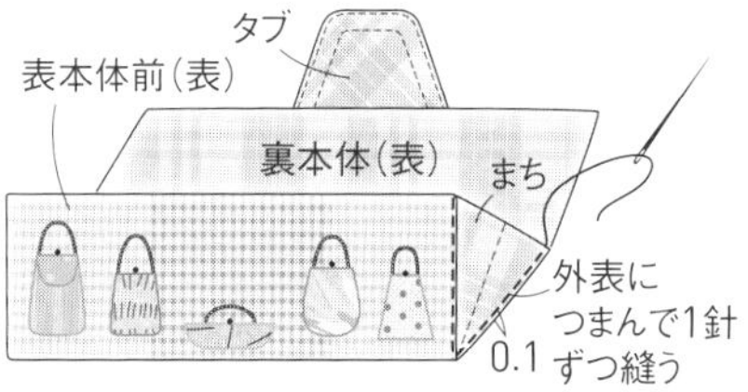

3 表本体を外側にして折り、まちを合わせて1針ずつ手縫いで縫い合わせる。

⑥ マグネットボタンをタブにつける

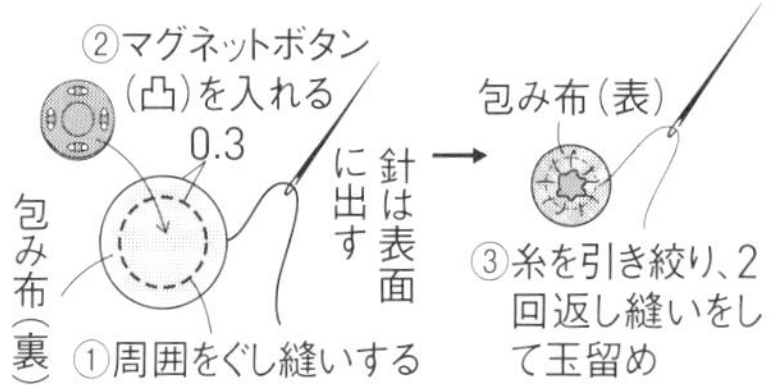

1 マグネットボタン包み布の回りを0.3cmの縫い代でぐし縫いし(①)、マグネットボタン(凸)を吸着面を下にして入れる(②)。ぐし縫いの糸を引き絞り、2回返し縫いをして玉留めする(③)。

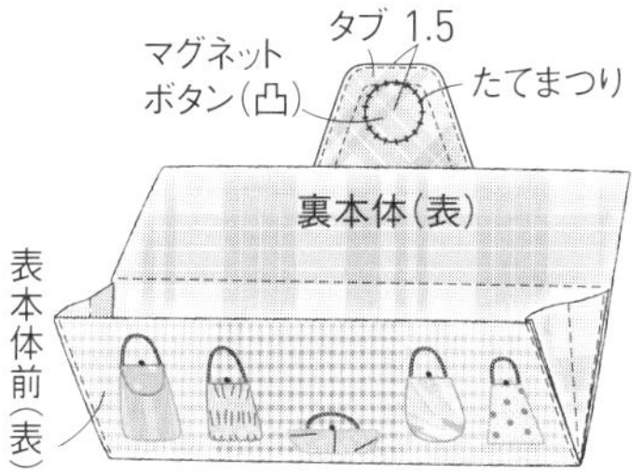

2 タブに**1**をたてまつりで縫いつける。

P.34

編み針ケース
棒針ケース・かぎ針ケース

●出来上がり寸法
棒針ケース　37.4×37.4cm
かぎ針ケース　29.9×16.4cm

材料

棒針ケース
木綿
柄布㋐…38×38cm（表本体）
柄布㋑…110cm幅　38cm
（裏本体、カバー、ポケットA・B・C）
柄布㋒…3.5×48cm（ひも）、3.5cm幅
バイアス布　155cm（本体用バイアス布）
両面接着シート…38×38cm
ボタン　黒…直径2.8cm　1個

かぎ針ケース
木綿
柄布㋓…31×17cm（表本体）
柄布㋔…58×31cm
（裏本体、カバー、ポケット）
柄布㋕…3.5×42cm（ひも）、3.5cm幅
バイアス布　97cm（本体用バイアス布）
両面接着シート…31×17cm
パーツ　生成り…直径1.3cm　1個
ビーズ　赤…直径0.6cm　1個

作り方

＊各パーツは型紙を作らずに寸法図を参照して布を裁つ。

❶ ポケットを作る
❷ カバーを作る
❸ ひもを作る
❹ 周囲をバイアス布でくるむ

寸法図 棒針ケース

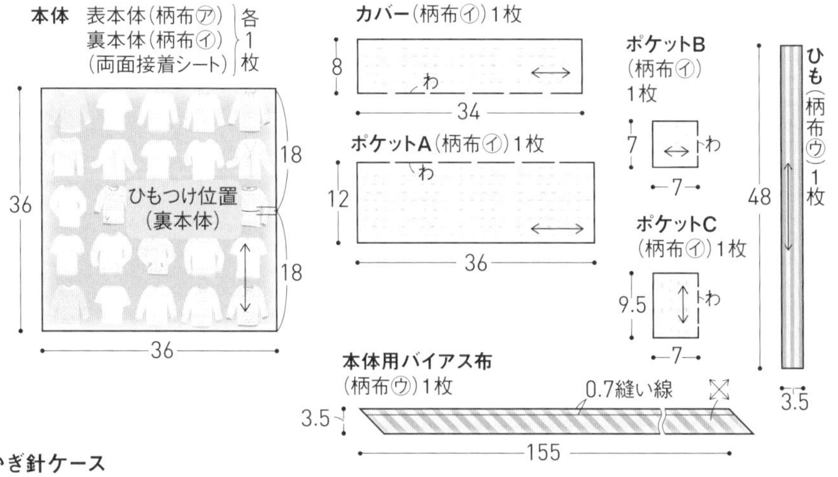

かぎ針ケース

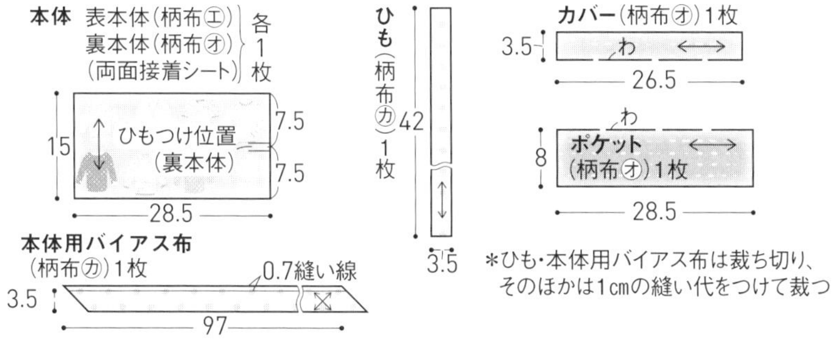

＊ひも・本体用バイアス布は裁ち切り、そのほかは1cmの縫い代をつけて裁つ

棒針ケース

❶ ポケットを作る

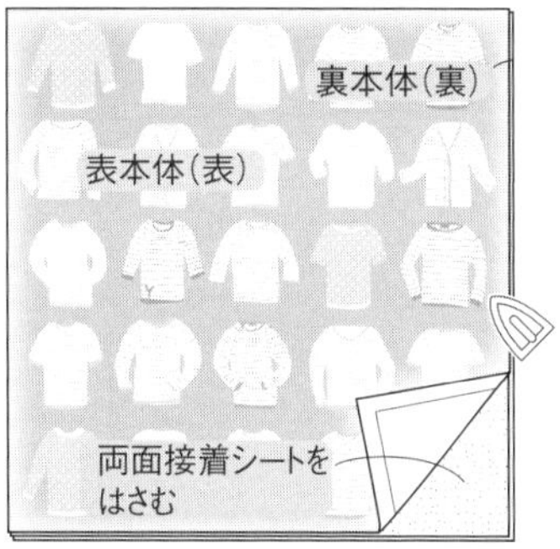

1 表本体と裏本体を外表に合わせ、両面接着シートをはさんでアイロンで接着する。

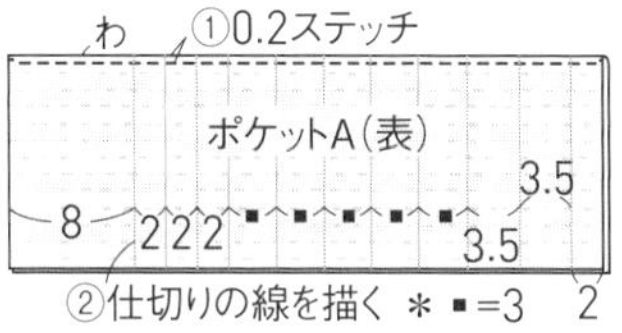

2 ポケットAは外表に二つ折りにし、折り山にステッチをかける（①）。仕切り線を印つけペンで描く（②）。

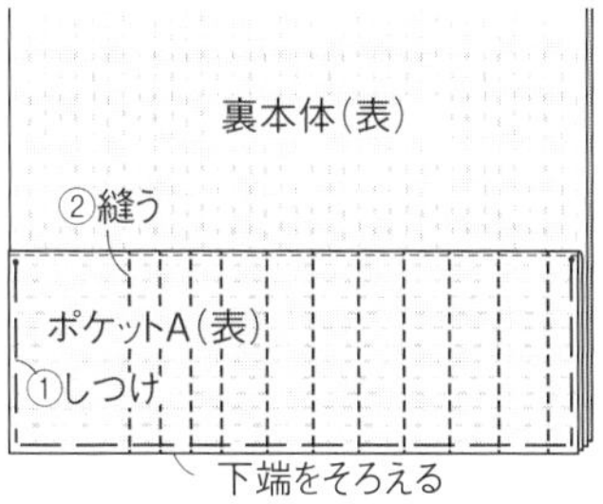

3 裏本体表面にポケットAの下端を合わせて重ね、しつけをかける（①）。仕切り線の印位置を縫う（②）。

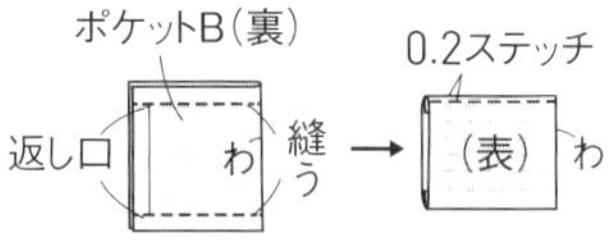

4 ポケットBを中表に二つ折りにし、返し口を残して縫う。表に返し、入れ口側にステッチをかける。同様にポケットCも作る。

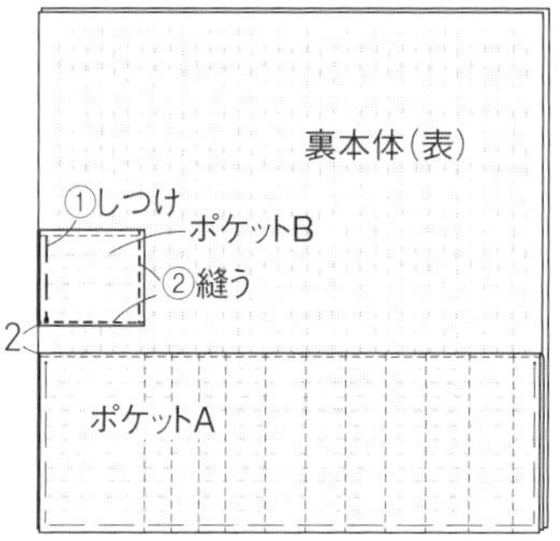

5 ポケットBを裏本体表面に当ててしつけをかけ、わきと底を縫う（①②）。

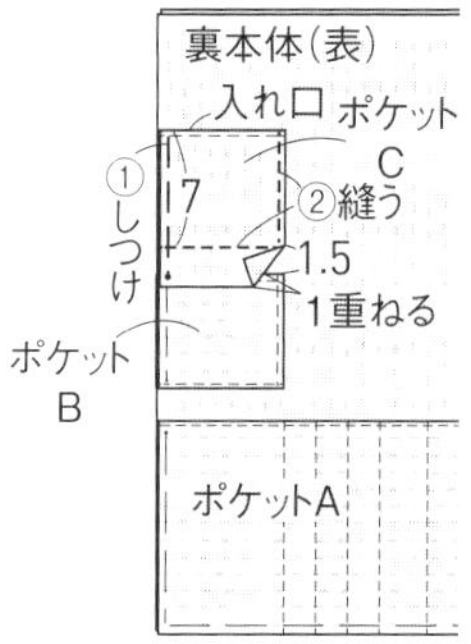

6 ポケットCはポケットBの入れ口に1cm重なるように裏本体表面に当ててしつけをかけ（①）、図の寸法でわきと底を縫う（②）。

❷ カバーを作る

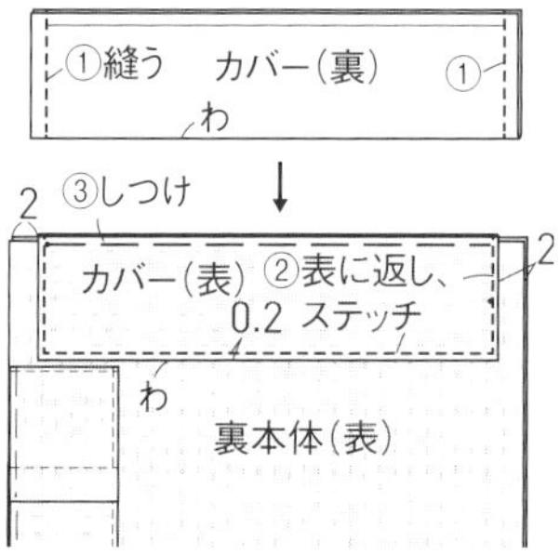

カバーを中表に二つ折りにし、両わきを縫う（①）。表に返し、返し口以外の3辺にステッチをかける（②）。裏本体と上端をそろえて重ね、しつけをかける（③）。

❸ ひもを作る

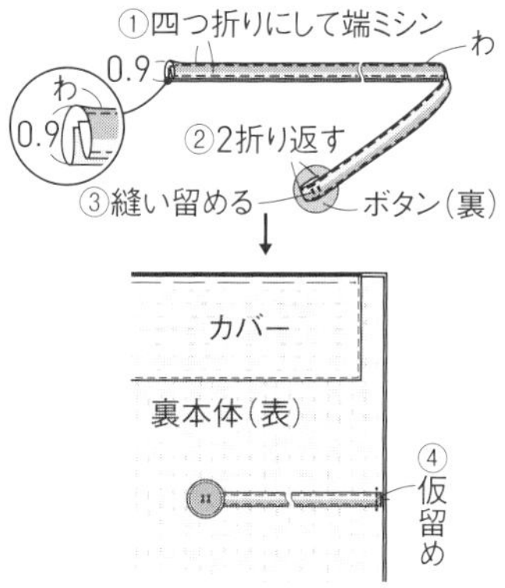

ひもを外表に四つ折りにして折り山に端ミシンをかける（①）。一方のひも先を折ってボタンに縫い留める（②③）。反対側のひも先を裏本体のつけ位置に仮留めする（④）。

❹ 周囲をバイアス布でくるむ

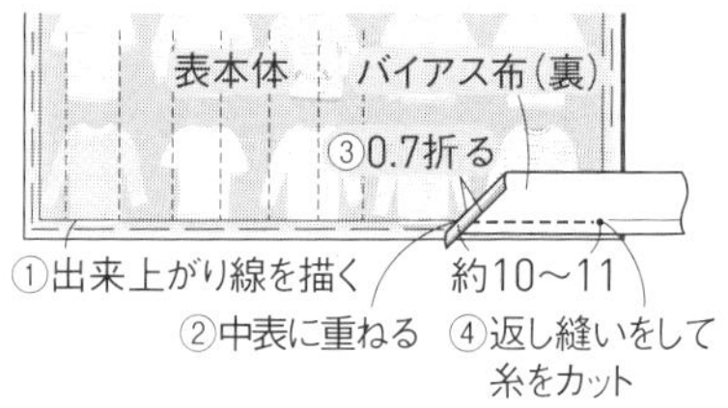

1 表本体に出来上がり線を描き（①）、本体用バイアス布を中表に重ね、布端を0.7cm折る（②③）。本体の出来上がり線とバイアス布の縫い線を合わせ、角の印位置まで縫い、返し縫いをして糸をカットする（④）。

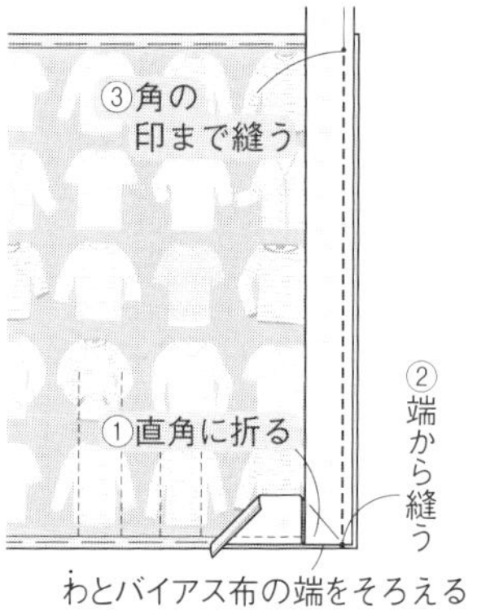

2 バイアス布を直角に折り（①）、わとバイアス布の端をそろえて端〜次の角の印位置まで縫い（②③）、返し縫いをして糸をカットする。

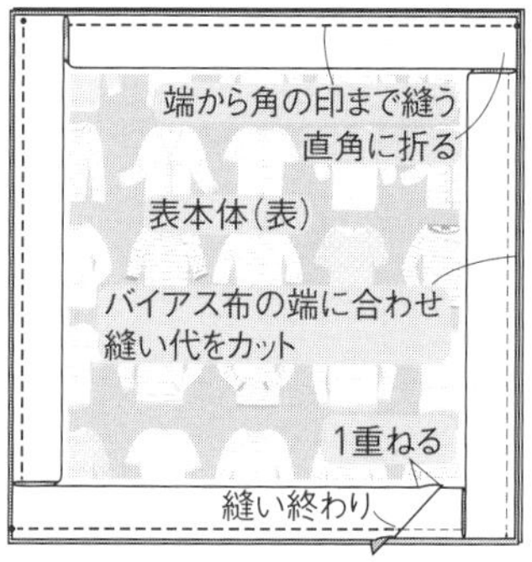

3 **2**と同じ要領でバイアス布をぐるりと縫う。最後は縫い始めに1cm重ねて余分をカットする。本体の縫い代をバイアス布に合わせて切りそろえる。

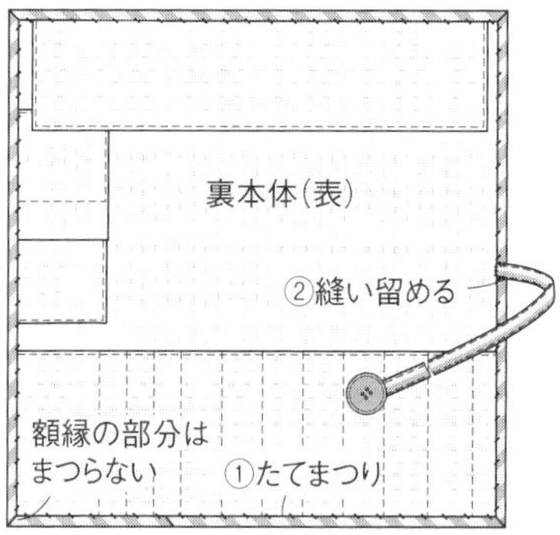

4 バイアス布で縫い代をくるみ、たてまつりする（①）。角は額縁仕立てにする。ひもをバイアス布側に倒して縫い留める（②）。

かぎ針ケース

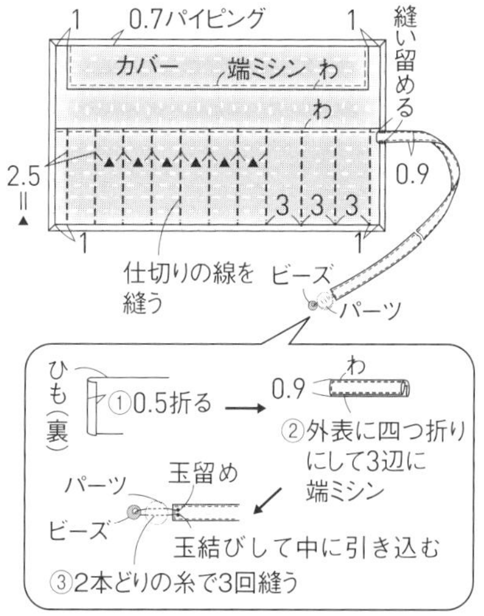

92ページ ❶-**1**〜**3**、❷と同様にポケットとカバーを作る。ひもを①〜③のとおりに作り、❹と同様に周囲をバイアス布で始末する。

かぼちゃの小物入れ a・b

使用型紙(D面)

本体

●出来上がり寸法
a　底の直径15cm　高さ6.5cm
b　底の直径15cm　高さ7.5cm

材料

a
木綿
柄布…55×35cm（表本体、口布）
ドット柄…30×30cm（裏本体）
手縫い糸　えんじ色…適宜
化繊綿…適宜

b
木綿
柄布…75×40cm（表本体、口布）
チェック柄…35×35cm（裏本体）
手縫い糸　カーキ色…適宜
化繊綿…適宜

作り方

＊口布は型紙を作らずに寸法図を参照して布を裁つ。
＊aとbは高さが違うが、作り方は同じ。

❶ 厚紙で型紙を作り、縫い線を描く
❷ 表本体と裏本体を縫う
❸ 本体に口布をつける

❶ 厚紙で型紙を作り、縫い線を描く

1 付録の実物大型紙を型紙用紙に写す。放射状の縫い線の端も写して厚紙に貼り、本体の輪郭どおりにカットして、中心に目打ちで穴をあける。同様に底の型紙も作る。
2 型紙と寸法図を参照し、印つけペンで出来上がり線、合い印を布に写し、指定の縫い代をつけて各パーツを裁つ。表本体は中心と縫い線の端に印をつけ、中心と縫い線の端をつないで放射状の線を描く。中心を合わせて底の型紙を重ね、底の縫い線を描く。

寸法図

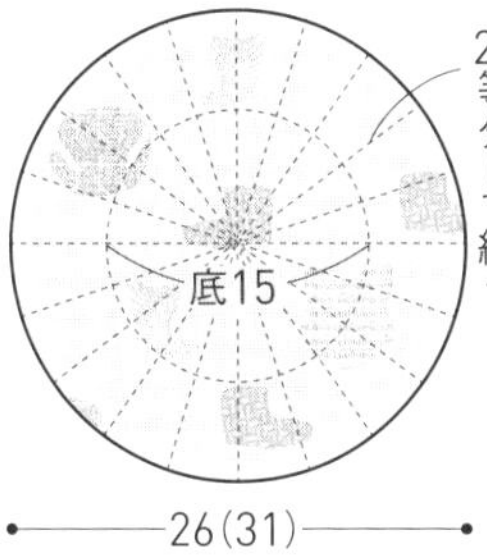

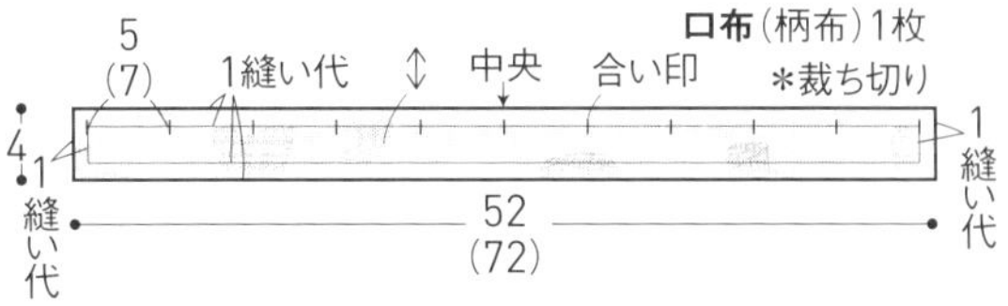

＊(　)内の数字はbの寸法
寸法が1つのものは共通
＊口布は裁ち切り、表本体は1cm、裏本体は1.3cmの縫い代をつけて裁つ

❷ 表本体と裏本体を縫う

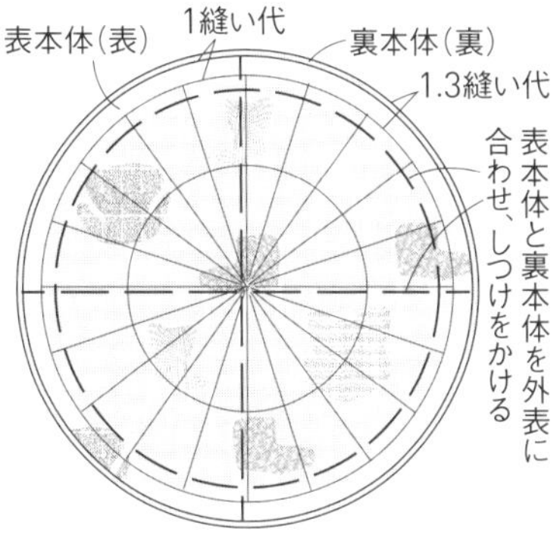

1 表本体と裏本体を外表に合わせ、十字と外回りにしつけをかける。

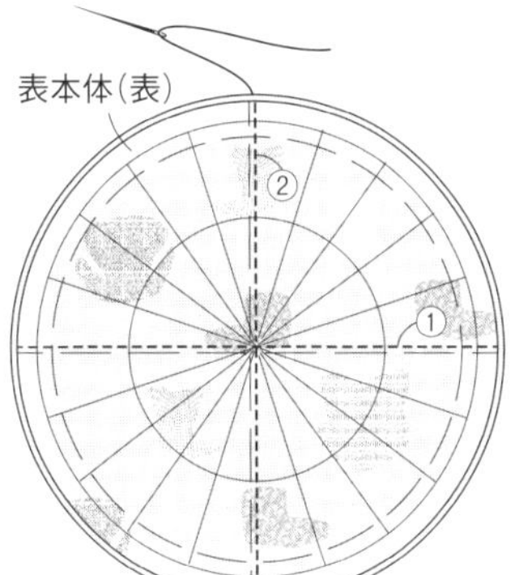

2 手縫い糸1本どりで、①②の順に十字にぐし縫いする。縫い始めと縫い終わりは1針返し縫いをする。

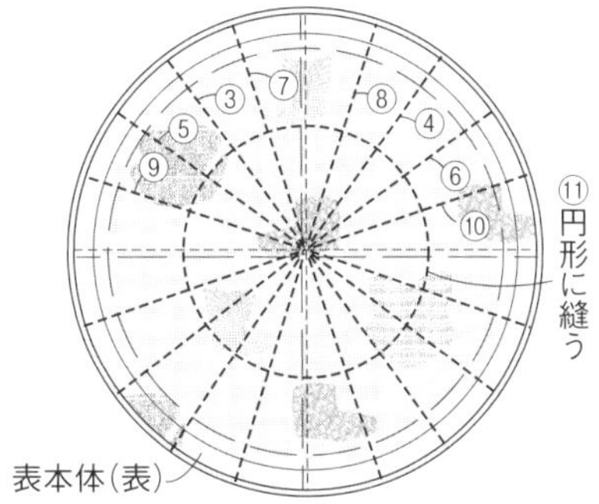

3 ③〜⑩の順に放射状に縫い、最後に⑪の底部分を円形に縫う。

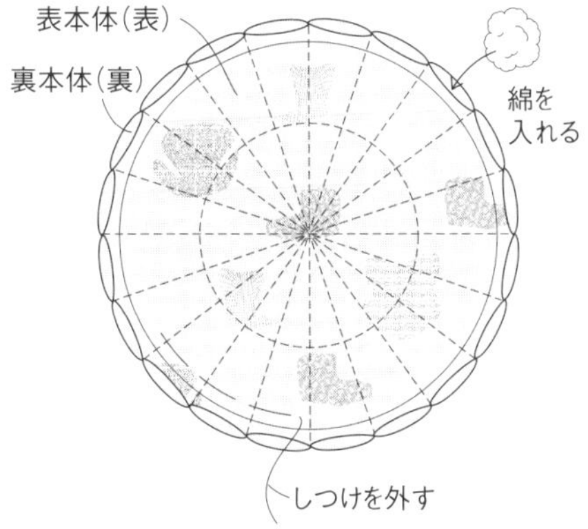

4 しつけを外し、側面になる部分の表本体と裏本体の間に化繊綿をふっくらとした形が出るまで入れる。入れすぎて固くならないよう注意する。

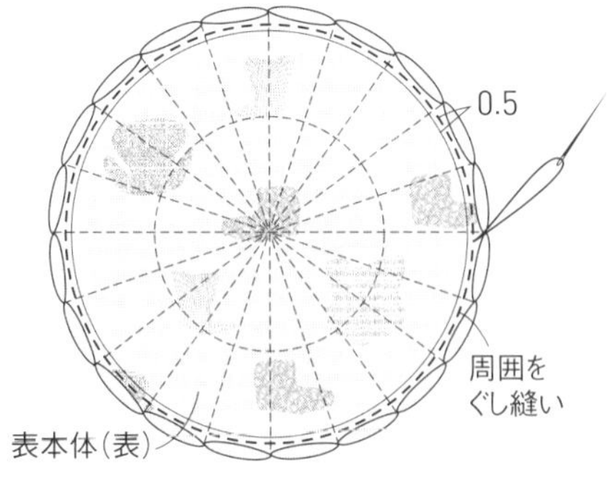

5 しつけ糸を2本どりにして、本体周囲の縫い代をぐるりとぐし縫いする。

6 口布の出来上がり寸法までぐし縫いの糸を引き絞り、側面を立ち上げる。縫い終わりは玉留めせず、針を外して糸を10cm程度残しておく。

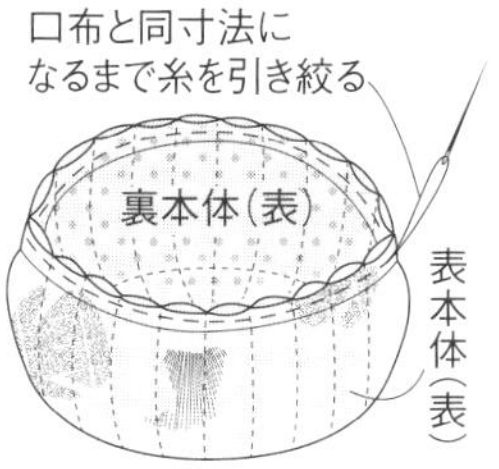

❸ 本体に口布をつける

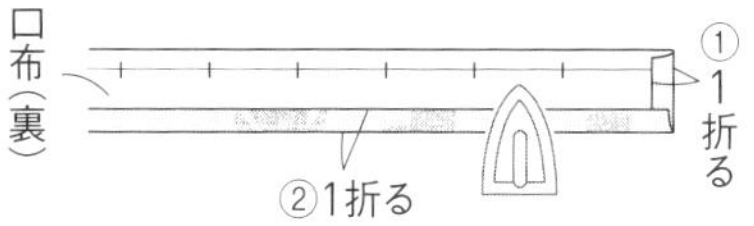

1 口布の一方の短辺の縫い代を折る(①)。長辺(合い印をつけていないほう)の縫い代を折ってアイロンで折り目をつける(②)。

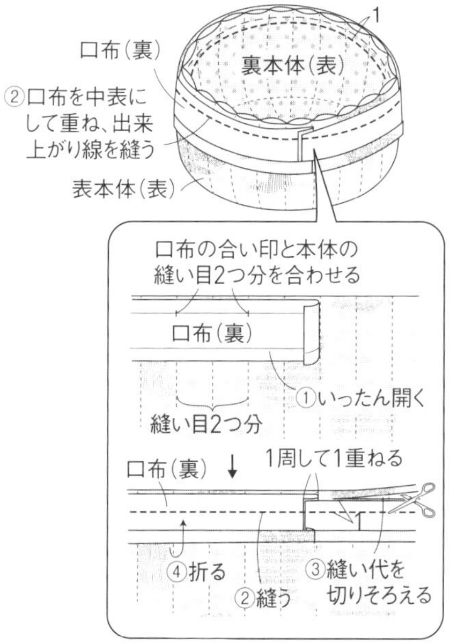

2 **1**で折った口布の長辺の縫い代をいったん開く(①)。表本体と口布を中表に合わせ、口布の端を1cm重ねて1周縫う(②)。縫い代を1cmに切りそろえ(③)、開いた口布の折り目を再度折る(④)。

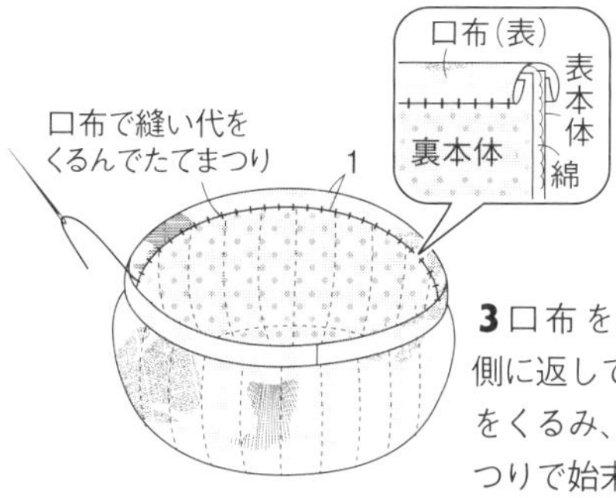

3 口布を裏本体側に返して縫い代をくるみ、たてまつりで始末する。

かぼちゃの小物入れ c

使用型紙(D面)

本体　持ち手

●出来上がり寸法　(持ち手を除く)
底の直径9cm　高さ6.5cm

材料

木綿
　ドット柄…35×26cm(表本体、口布)
　柄布㋐…25×25cm(裏本体)
　柄布㋑…10×23cm(持ち手)
手縫い糸　こげ茶色…適宜
化繊綿…適宜
ボタン…直径1.2cm　2個
接着芯…5×25cm
キルト綿…5×25cm

作り方

❶ **本体を作り、口布をつける**
→p.94❶〜p.95❸
❷ **持ち手をつける**

寸法図

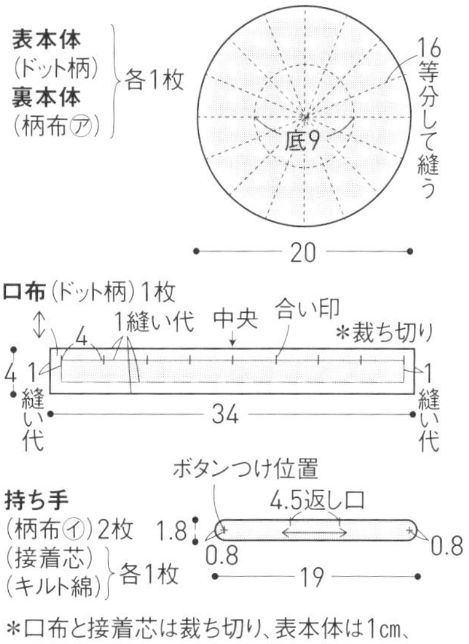

*口布と接着芯は裁ち切り、表本体は1cm、裏本体は1.3cm、持ち手、キルト綿は0.7cmの縫い代をつけて裁つ

❷ 持ち手をつける

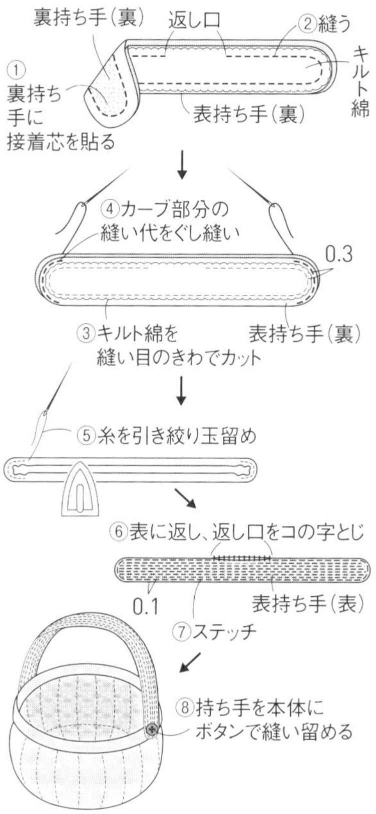

裏持ち手裏面に接着芯を貼る(①)。表持ち手と裏持ち手を中表に合わせて表持ち手裏面にキルト綿を重ね、返し口を残して縫う(②)。キルト綿を縫い目のきわでカットする(③)。1本どりのしつけ糸でカーブ部分の縫い代にぐし縫いをする(④)。ぐし縫いの糸を引き絞り、縫い代を表持ち手側にアイロンで折って玉留めをする(⑤)。返し口から表に返して形を整え、返し口をコの字とじでとじる(⑥)。表持ち手側から持ち手全面にステッチをかける(⑦)。持ち手を本体にボタンで縫い留める(⑧)。

斉藤謡子の いま作りたい シンプルな服と かわいい小物

2021年1月25日　第1刷発行

著者　斉藤謡子
©2021　Saito Yoko
発行者　森永公紀

発行所　NHK出版
〒150-8081　東京都渋谷区宇田川町41-1
電話 0570-009-321（問い合わせ）
0570-000-321（注文）
ホームページ　https://www.nhk-book.co.jp

振替　00110-1-49701

印刷・製本　凸版印刷

乱丁・落丁本はお取り替えいたします。
定価はカバーに表示してあります。
本書の無断複写（コピー、スキャン、デジタル化など）は、
著作権法上の例外を除き、著作権侵害となります。

Printed in Japan
ISBN978-4-14-031217-9　C2077

斉藤謡子　さいとう・ようこ

パッチワーク・キルト作家、布作家。洋裁、和裁を学んだ後、アメリカのアンティークキルトに興味を持ちキルトを始める。NHK「すてきにハンドメイド」をはじめ、テレビや雑誌などで作品を多数発表するほか、スクールや通信講座で講師を務め、海外でも作品展や講習会を行うなど人気が高い。著書に『斉藤謡子の いつも心地のよい服とバッグ』『斉藤謡子の　布で描くいきものたち～キルトのバッグ、ポーチ、タペストリー』（ともにNHK出版）ほか多数。

斉藤謡子キルトスクール&ショップ
キルトパーティ(株)
〒272-0034
千葉県市川市市川1-23-2　アクティブ市川2F
TEL047-324-3277　FAX047-325-2788
https://quilt.co.jp

ブックデザイン	蓮尾真沙子（tri）
撮影	白井由香里（カバー、p.1～18、20～22、26～30、37） 森山雅智（p.19、23～25、31～36） 下瀬成美（p.38～43）
スタイリング	池水陽子
モデル	横田美憧
ヘア&メイク	AKI
作り方解説	小島恵子
グレーディング	小島恵子
作り方トレース	tinyeggs studio（大森裕美子）
型紙トレース・レイアウト	ウエイド
校正	廣瀬詠子
Special Thanks	奥田千香美、唐澤紀子、 小堺久美子、百目鬼尚子
編集	近藤美幸、山口ゆり（NHK出版）
製作協力	山田数子、折見織江
撮影協力	AWABEES　TEL 03-5786-1600